A New History of
Modern Western Philosophy(Ⅲ)

현대 철학사(Ⅲ)

라캉처럼 욕망하고 들뢰즈처럼 리좀하기

고 수 현

dm 동문사

머리말

이 책은 저자가 총 일곱 권으로 기획하고 저술한 서양철학사 시리즈 중에서 마지막 권인 『현대 철학사(Ⅲ)』에 해당한다. 현대 철학사는 말 그대로 현대인들에게 미치는 사상적 영향력이 크다는 관점에서 세 권으로 설정하였는데, 이 책의 시대적 배경으로는 20세기 전반 이후부터 21세기에 이르는 시기까지이며, 사상적으로는 구조주의(structuralism, 構造主義)와 포스트구조주의(post-structuralism)를 다루었다.

일반적으로 철학사에서는 칸트철학을 계승하여 근대 독일관념론을 완성한 헤겔(Hegel, Georg Wihelm Friedrich)이 사망한 1831년 이후부터 전개된 사상을 현대 철학으로 지칭한다고 보면, 현대 철학의 시대적 배경은 그리 길지가 않다. 그러나 말 그대로 현대를 살아가는 현대인들에게 미치는 사상적 영향성을 본다면 현대 철학의 비중이 가장 크다고 볼 수 있다. 따라서 저자는 전체 일곱 권의 시리즈 중에서 현대 철학사 부분에 세 권을 배치하게 된 것이다.

먼저, 유럽대륙을 중심으로 생성된 현대사상인 '독일유물론'을 시작점으로 제2차 세계대전 즈음까지 사상계를 주도했던 '실존주의'까지는 『현대 철학사(Ⅰ): 니체처럼 긍정하고 카뮈처럼 반항하기』에서 다루었다. 그리고 영국과 미국을 중심으로 생성되어 21세기 현재까지도 주류 철학의 위치를 차지하고 있다고 볼 수 있는 '실용주의'와 '분석철학'은 『현대 철학사(Ⅱ): 러셀처럼 행복하고 비트겐슈타인처럼 침묵하기』에서 다루었다. 그러므로 이

번에 발간되는 『현대 철학사(Ⅲ)』에서는 현대 철학사 중에서도 20세기 전반 이후에 프랑스 지역을 중심으로 한 유럽대륙에서부터 대두된 구조주의(structuralism, 構造主義)와 포스트구조주의(post-structuralism)에 이르는 21세기에 최 근접한(contemporary) 현대 철학사를 다루었다.

여기에서 21세기에 최 근접한 현대 철학사라고 하는 것은 19세기 말엽에 태동하여 제1차 세계대전과 제2차 세계대전이 일어났던 20세기 전반까지 확산되었던 모더니즘(Modernism)의 시대와 그 출발점을 같이 한다. 모더니즘의 단어적인 의미는 현대이지만 근대라는 용어로도 혼용이 되는데, 그 사상적 특징은 합리성과 인간이성을 중시한다. 그리고 과학지상주의 관점을 가지고 세계의 체계화(구조화)와 총체성을 지향하는 낙관주의와 구조주의를 지향하는 의미가 있다.

그리고 1960년대 후반부터 1970년대 후반 프랑스에서 등장한 철학운동인 포스트구조주의는 구조주의를 받아들이면서도 폐쇄체계를 구축하여 구조를 주체화시키려는 구조주의의 경향을 비판한다. 그리고 비형이상학적 사고에 대한 가능성을 모색하고자 하는 경향을 띠며, 구조를 형성하는 이항 대립(binary oppositions)에 대한 의문을 포함하여 구조주의를 스스로 정당화하는 자만(自慢, complacent)에 대해서도 거부한다. 이러한 유럽 철학의 흐름을 미국 학자들이 포스트구조주의로 칭하고 문화현상에서 예술분야 또는 정치사회 상황까지를 포괄한 개념으로는 포스트모더니즘(post-modernism)으로 지칭하고 있는 것이다.

하지만 포스트모더니즘은 철학적 사조(세계관)라기보다는 정치 문화 예술적 사상의 총칭으로 볼 수 있다는 점에서는 철학사에서는 구분이 되어야 한다. 제2차 세계대전 이후인 1960년대 무렵에 새롭게 대두되기 시작한 포스트모더니즘이라는 용어는 문자상의 풀이로 볼 때는 후기 모더니즘 혹은 탈 모더니즘이라고도 칭할 수 있는 후기자본주의의 물적 실체로서의 현상을 의미한다고 볼 수 있기 때문이다.

다시 말하면 모더니즘 시대의 핵심적 철학 사조가 프랑스를 비롯한 유럽대륙 중심으로 전개된 구조주의(structuralism)에 이어서 포스트모더니즘 시대를 구성하는 주요 사상은 탈구조주의 내지는 포스트구조주의(post- structuralism)가 그 자리를 차지한다고 볼 수 있다. 구조주의와 관련된 중요한 이론이 대상을 바라보는 소쉬르(Ferdinand de Saussure, 1857~1913)의 구조주의적 언어체계인 '이항 대립(binary opposition)'에 있다고 본다면 포스트구조주의는 대상을 이해하기 위해서는 대상 그 자체와 대상을 생산하는 지식의 체계를 모두 연구하는 것이 필요하다고 주장한다는 차이가 있는 것이다.

유럽 대륙 중심으로 보면, 프랑스의 레비-스트로스(Levi-Strauss, 1908~2009)가 20세기 전반에 소쉬르와 야콥슨(Roman Jakobson)의 언어학을 응용해 언어와 문화에 내재하는 '이항적 대립'을 분석함으로써 구조주의를 이론화했다. 그리고 라캉(Jacques Lacan, 1902~1981)은 프로이트의 정신분석이론과 야콥슨의 구조주의 언어학 간의 상호 관련성을 확신하여 의식과 전의식, 또는 자아와 원초적 자아의 분석에 관심을 두고 정신분석적 구조주의를 창안했다.

그러나 20세기 후반에 이르러 구조주의는 미셸 푸코, 질 들뢰즈, 자크 데리다 등이 주도한 다양한 포스트구조주의로 나아가게 되는 것이다. 이 말은 포스트구조주의가 21세기에 최 근접한 현대 철학의 위치에 있지만 포스트모더니즘과 유사하게 실존주의나 실용주의에서처럼 어떤 공통된 사고나 접근방법으로 묶을 수 있는 '주의'나 '철학'을 의미하지 않는 다양성과 개성을 가지고 있다는 점을 의미한다.

따라서 21세기 현대인들은 이러한 거대 사유체계 속에서도 자신의 사유체계를 정립하고 건강하게 살아가기 위해서는 시대적 흐름을 관통하는 철학자들의 사상을 접하는 것이 매우 유용하다고 볼 수 있다. 왜냐하면 그 시대를 살아가는 사람들의 정신적 혼란을 이겨내는 과정에서는 시대를 관통하는 사상과 세계관들이 큰 역할을 해 왔다고 볼 수 있기 때문이다.

이제 이러한 맥락에서 〈현대 철학사(Ⅲ)〉에 해당하는 이 책에서 다룬 주요 내용을 보면, 전체를 2편으로 구분하고, 총 6장으로 배치하였으며, 그 세부적인 구성 체계와 그 내용을 보면 다음에서와 같다.

제1편에서는 〈20세기 전반 이후의 구조주의〉라는 소제목을 두고, 3개 장(제1장, 제2장, 제3장)을 두었다.

제1장에서는 구조주의의 개념을 모더니즘과의 관계에서 파악하고 스위스의 언어학자 소쉬르의 언어학적 구조주의 체계와 프랑스의 레비-스트로스의 인류학적 구조주의 체계를 그들의 생애사와 함께 다루었다.

제2장에서는 오스트리아의 신경과 의사이자 정신분석학자이며 심리철학자이기도 한 프로이트의 정신분석적 구조주의 체계를 그의 생애사와 함께 다루었다. 특히 프로이트는 정신분석을 철학적 차원보다는 이론적 차원으로 정립하기를 원했지만, 인간의 정신적 구조를 의식, 전의식, 무의식으로 이루어졌다고 설명하고 성격의 구조모형을 원초아(id), 자아(ego), 초자아(superego)의 삼원형으로 제시하여 라캉을 비롯한 구조주의 철학자들에게 영향을 미쳤다는 점에서는 중요성이 있다.

제3장에서는 프로이트의 성격구조이론과 야콥슨이나 레비-스트로스의 언어적이고 인류학적 구조주의에서 영향을 받은 프랑스의 신경과 의사이자 철학자이기도 한 라캉의 정신분석적 언어구조주의 체계를 그의 생애사와 함께 다루었다. 특히 라캉의 정신분석적 언어구조주의는 욕망이론이 핵심이 되는 만큼 이 책의 부제 명칭의 하나를 '라캉처럼 욕망하고'로 설정하였다.

제2편에서는 〈20세기 중반 이후의 포스트구조주의〉라는 소제목으로 3개장(제4장, 제5장, 6장)을 배치하였다.

제4장에서는 포스트구조주의의 개념을 포스트모더니즘과의 관계에서 파악하고, 20세기 후반 최고의 마르크스주의자로 불리는 프랑스 철학자 알튀세의 마르크스주의적 포스트구조주의 체계를 그의 생애사와 함께 다루었다. 아울러 알튀세의 제자이기도 한 푸코의 포스트모더니즘적인 포스트구조주의 체계를 그의 생애사와 함께 다루었다.

제5장에서는 들뢰즈와 데리다의 사상을 동시에 다루었다. 우선 들뢰즈는 푸코와 거의 동년배이지만 프랑스 학계에서는 그 명성이 늦게 알려진 인물이다. 하지만 푸코가 "아마도 어느 날 이 세기는 들뢰즈의 시대라고 불릴 것이다."라고 예언하기도 했던 것처럼 그의 리좀적(rhizomatic) 포스트구조주의 사유방식은 21세기를 살아가는 현대인들에게 미치는 영향력이 지대하다. 들뢰즈는 스피노자, 칸트, 헤겔, 니체 등의 사상을 철학사적으로

재해석하여 차이(différence)와 생성(becoming, 되기), 리좀(rhizome)의 인간상을 주창한 21세기형 포스트구조주의자로 주목받고 있기 때문이다. 이 책의 부제 명칭의 하나를 '들뢰즈처럼 리좀하기'로 설정한 것도 같은 이유에서이다. 그리고 푸코나 들뢰즈에 비해서는 6~7년 정도 늦은 나이로 해체주의적 포스트구조주의를 전개한 자크 데리다의 주요 사상인 차연(差延·différance)과 해체(deconstruction)의 철학을 그의 생애사와 함께 다루었다.

마지막 장인 제6장에서는 부르디외와 보드리야르의 사상을 다루었다. 우선 부르디외는 프랑스 사회학자이자 포스트구조주의자로서 신자유주의를 비판하면서 명성이 알려지기 시작한 인물이다. 즉 사회학을 '구조와 기능의 차원에서 기술하는 학문'으로 파악하는 한편으로 후기구조주의 입장에서 구조와 아비투스(Habitus)적 행위의 관계를 설명하는 입장을 취하는 것이 특징적이다.

그리고 보드리야르는 부르디외와 마찬가지로 프랑스 사회학자이자 포스트구조주의자로서 기호와 이미지에 의해 통제되고 조작되는 현대 소비사회를 시뮬라시옹(Simulation)의 시대라고 규정하면서 유명세를 타게 된 인물이다. 보드리야르는 현대사회가 노동과 생산으로 발전되는 시대는 이미지나 소비사회로 접어들었으며, 현대 소비사회에서 중요한 것은 생산관계에서의 상품의 '사용가치'나 '교환가치'가 아닌 사회적으로 의미가 부여된 '기호가치'라고 주장한다. 그의 이러한 주장은 사회 · 경제 현상에 대하여 탈 마르크스주의적 해석을 내놓은 포스트구조주의적 사회철학자로 위치하게 되는 역할을 하였다고 볼 수 있다.

그러므로 이 책은 저자가 시대별로 전체 일곱 권 시리즈(고대/중세, 근세 전기, 근세 후기, 근대, 현대 Ⅰ, 현대 Ⅱ, 현대 Ⅲ)로 기획하여 이미 발간한 여섯 권의 서양철학사에 이어서 마지막 권에 해당한다. 따라서 독자들이 총 일곱 권의 서양철학사를 연계하여 읽게 되면 서양철학사 전체를 맥락적으로 이해할 수 있다는 점을 부언한다. 특히 최근의 교육환경은 입시 위주와 취업이나 자기계발적인 분야의 전공 교과목이 주류를 이루고, 철학사를 비롯한 인문학 교과목이 부수적 위치로 밀리고 있다는 점에서는 저자가 심혈을 기울여 발간하는 전체 일곱 권의 시리즈는 지성인으로서의 욕구를 충족시켜줄 수 있을 것으로 본다.

뿐만 아니라 성인 시기에도 인간 두뇌와 컴퓨터 기술의 결합체인 인공지능과 인터넷을 기반으로 다양한 사물들을 연결하는 사물인터넷(Internet of Things)이 인간 노동을 대신하는 4차 산업혁명(The Fourth Industrial Revolution)* 사회 속에서도 최종적인 판단은 결국 인간 스스로 해야 하기 때문에 흔들리지 않는 지혜(소피아, Sophia)를 갖추기 위해서는 이 책의 유용성은 크다고 볼 수 있다.

다시 말하면 '철학하기'는 100세 시대를 살아가는 현대인들에게는 성인 시기에도 철학 학습의 효용성이 매우 크다는 점을 인식할 필요가 있다. 특히 21세기의 현대인들은 생애주기가 30년 정도까지도 늘어난 노후시기를 건강하게 영위해야 하는 인생과제가 있다는 측면에서 보면 고정된 타성이나 관성에서 벗어나 가치관과 사유방식의 재정립을 위한 창조적 학습이 요구되기 때문이다.

이는 앨빈 토플러가 "21세기의 문맹자는 글을 읽고 쓸 줄 모르는 사람이 아니라, 창조적으로 다시 배울 수 없는 사람"이라고 언급한 것처럼 평생교육의 중요성이 크다는 의미와도 상통한다. 모쪼록 이 책을 접하는 독자 여러분은 '**라캉처럼 욕망하고 들뢰즈처럼 리좀하기**(현대 철학사 Ⅲ)'라는 '철학하기(필로소페인, philosophein)'를 통하여 활기차게 살아가는 삶의 에너지 원(Energy source of life)을 얻을 수 있기를 간절히 기원한다.

2022년 12월

고 수 현

---

* 1차 산업혁명은 증기기관 기반의 기계화 혁명, 2차 산업혁명은 전기 에너지 기반의 대량생산 혁명, 3차 산업혁명은 컴퓨터와 인터넷 기반의 지식정보 혁명, 4차 산업혁명은 인공지능기술 및 사물인터넷, 빅데이터 등 정보통신기술(ICT) 혁명에 의해서 생산이 급격하게 늘어나는 특징이 중심이다.

차 례

Part

01

20세기 전반 이후의 구조주의

프롤로그
구조주의의 흐름

20세기 전반 이후에 스위스의 언어학자 페르디낭 드 소쉬르(Ferdinand de Saussure, 1857~1913)의 언어구조주의를 시작으로 한 구조주의(Structuralism) 사조가 형성되고 확산되는 과정을 파악하기 위해서는 시대적 배경으로서 우선 서양정치경제사를 분석해볼 필요가 있다.

제1차 세계대전이 끝나고 1920년대에 접어들어서는 영국과 프랑스 등의 유럽 국가는 경제를 회복하고 있었지만 독일은 패전국으로서 국가재정이 바닥이 난 상태에서 채권국인 미국의 차관으로 경제를 유지하고 있었던 시기였다. 그러던 중 미국에서 시작된 경제대공황으로 독일과 이탈리아, 일본에서는 극단적인 민족주의를 내세운 강력한 독재 정권이 전체주의를 등장시킨다. 그중에서도 독일은 나치정권의 히틀러는 오스트리아 병합에 이어서 폴란드를 넘어 프랑스를 점령하고 영국까지 공격하는 제2차 세계대전을 일으키게 된다.

그러나 소련과 미국의 참전으로 전쟁이 종료된 20세기 중반 이후에는 승전국인 미국과 소비에트 사회주의 공화국 연방(Union of Soviet Socialist Republic, USSR)[1]이 냉전적인 정치경쟁체제(The Cold War System, 冷戰體制)를 유지

1) 1904~1905년 러일전쟁의 패배라는 외부적 상황과 맞물려 일어난 1905년 러시아혁명과 제1차

하며 자본주의와 사회주의라는 정치·사회체제 이데올로기가 헤게모니(hegemony)를 차지했던 시기로 볼 수 있다.

그리고 서양철학사 자체적으로 본다면, 두 차례에 걸친 세계대전으로 유럽대륙 중심의 현상학이나 실존주의가 퇴색하면서 미국과 영국 중심의 실용주의와 분석철학이 주류 철학의 위치를 차지하게 된다. 그러나 좀 더 넓은 의미에서 본다면 프랑스 사상계를 중심으로 한 유럽사회는 주류 철학인 분석철학과 마찬가지로 언어문제를 기본적으로 다루면서도 전통적이고 분석적인 언어문제가 아니라 언어가 나타내는 표면적 의미에 숨어있는 무의식적인 언어구조에 관심을 가지는 구조주의(Structuralism) 철학의 사조가 확산된다.

구조주의는 스위스의 언어학자 페르디낭 드 소쉬르(Ferdinand de Saussure, 1857~1913)를 시작으로 언어학적이고 기호학적인 방법론을 기초로 한 세계관으로서 문화사상적인 모더니즘(Modernism)과 비슷한 시기에 등장하였다. 따라서 봉건적인 요소들을 제거하고 계몽주의 사상의 연장선상에서 이성주의, 개인주의, 합리주의 사상을 추구하는 모더니즘과도 상통하는 측면이 있다.

구조주의에서 바라다보는 언어는 일상적 사용에서 겉으로(표면적으로) 드러난 의미와는 다른 어떤 기호적으로 변환된 체계, 즉 구조적 법칙을 가지고 있다는 점을 전제한다. 이 말은 구조주의자들이 다루는 언어는 영미철학인 분석철학자들이 다루는 언어처럼 분명하거나 투명하지 않으며, 항상 숨어있고(은폐되고) 기호(상징)에서도 훨씬 넓은 의미를 가진다는 점을 의미한다.

이러한 구조주의 사상은 그 이전에도 없지는 않았는데, 마르크스(1818~1883)나 니체(1844~1900)가 제시한 철학적 사유(세계관)나 프로이트(1856~1939)가 제시한 정신분석에서의 정신구조 사상도 그 예로 들 수 있다.

세계대전(1914~1918)에 연합국으로 참전 중이었던 1917년 10월에 일어난 러시아혁명에 의해 소비에트 사회주의 정부가 성립되었다. 정권의 성립과정을 보면, 러시아 사회민주주의노동당 안에 존재하는 양대 분파 중 레닌(Lenin)이 이끈 강경파인 볼셰비키(Bolshevik)가 온건파인 멘셰비키(Mensheviki)를 누르고 정권을 획득하고 1918년 1월에 개최된 제3차 러시아 소비에트 대회에서 러시아 소비에트 연방 사회주의 국가가 탄생했다.

우선, 마르크스는 『자본론(*Das Kapital : Kritik der politischen Ökonomie,* 자본: 정치경제학 비판)』 제1권(1867)에서 생산방식과 생산력 같은 하부구조(infrastructure, base)가 법과 개념, 정치체제 등의 상부구조(super structure)를 결정한다는 이론을 제시했다. 그는 풍차는 봉건주의 구조를 만들고, 증기기관은 자본주의 구조를 만들었다고 지적하여 구조주의적 관점을 보인 것이다.

니체 역시 『도덕의 계보학(*Zur Genealogie der Moral: Eine Streitschrift*)』(1887)에서 도덕적 가치의 연원이 서구 역사를 통해 강요되어 뿌리내린 것으로 보고 구체적으로 추적하고 있다. 그중에서도 19세기 유럽의 도덕기호 이면에는 기억, 국가, 문명, 종교 등의 계보와 불가분의 구조적 관계가 있다는 주장을 한다.

프로이트도 인간의 사고방식을 바꾸어 놓았는데 과거의 전통적인 인간의식 중심의 인간이해를 뛰어넘어 무의식의 구조적 세계를 해독하지 않고는 인간이해는 불가능하다는 인식을 그의 정신분석학이 담겨 있는 『꿈의 해석(*Die Traumdeutung*)』(1900)에서 제시하였다. 그의 정신분석(Psychoanalysis)이론은 인간이 본질적으로 이성적인 존재라는 근대적 인간관을 뒤집은 매우 혁명적인 주장으로 볼 수 있는 것이다.

이러한 관점의 구조주의는 20세기 중반에 접어들면서 영국과 미국의 분석철학과는 또 다른 축에서 프랑스 사상계를 중심으로 언어구조를 매개로 발전한 구조주의 사상의 배경으로 이해될 수 있다. 왜냐하면 20세기 중반 이후인 1950년대에 대두된 구조주의는 실존주의 사상을 비판하면서 다른 한편으로는 근대성 혹은 현대성(modernism)에 대한 비판으로 문화사적, 정치적, 또는 인간 존재론적인 철학까지도 포함하여 언어학을 매개로 발전한 개념이기 때문이다.

시대적인 배경을 보면 제2차 세계대전 시기까지 유럽에서 번성했던 현상학적 실존주의(Phenomenological Existentialism)가 합리적 이념을 비판하고 인간주체의 철학을 전개했다면, 구조주의는 반대로 인간주체철학적인 현상학이나 실존주의를 비판하고 다시 합리주의 정신을 차용하면서 대두된 것이 특징이라고 할 수 있는 것이다. 이것을 철학적 범주의 개념으로 축소해

보면 인본주의(인간주체주의)적 사고방식의 부정을 의미하기도 하며, 영미철학인 기존의 분석철학에서보다 넓은 의미의 비언어적 기호까지도 포함하여 구조적 방법론으로 사유하고자 하는 경향을 말한다.

그러므로 구조주의는 철학사조(세계관)이기 이전에 인간과학 방법론이라고도 할 수 있다. 즉 사람들에게 겉으로 보이는(의식하는) 현상은 다양한 형태로 존재하지만, 그 표면(겉)에 나타나 있는 현상인 의식과는 달리 심층(속)에는 모든 현상에 적용이 가능한 무의식적인 공통관계를 갖는 보편적이며 불변하는 구조(체계)를 갖고 있다고 접근하는 연구방법이 구조주의인 것이다.

구조주의에서는 '동일성'이나 '실체', 즉 근원적 동일성으로서의 실체적 보편성은 더 이상 존속할 수 없게 된다. 구조주의 관점에 따르면 모든 것은 '관계의 산물'이기 때문이다. 따라서 실체, 주체, 형상, 본질 등은 그 자체로 무의미한 요소들이라는 점에서 상호 간의 차이에 기반을 둔 관계세계의 산물일 수밖에 없다. 이러한 원리를 철학에 적용하면, 구조주의의 출발점이 인간주체의 실체가 아니라 인간이 사유하고 관계를 할 때 자신도 모르게 따르는 규칙(rule)의 대표적인 것으로서 '언어'를 설정하고 과학적 접근을 해야 한다는 것을 의미한다.

이러한 구조주의적 접근의 시초에 해당하는 소쉬르의 언어학에서는 "언어는 관념을 표현하는 기호의 체계이다."라는 언어 구조주의적 인식의 기초를 제공하고 있다. 일반적으로 구조주의(Structuralism)의 시초를 스위스의 언어학자 페르디낭 드 소쉬르(Ferdinand de Saussure, 1857~1913)의 강의록 등을 모아 사후에 제자들이 출판한 『일반언어학 강의(*Cours de Linguistique Générale*)』(1916)에서 비롯되었다고 보는 이유도 여기에 있다.

하지만 여기에서 다루고자 하는 구조주의는 '구조주의 언어학'이라는 언어과학적인 발전과정을 포함한 철학적인 발전과정 전체를 대상으로 한다. 다만, 구조주의가 발전하는 철학적 영역으로 본다면 언어학과 정신분석적 특징에 따라 구분이 될 수 있다. 우선 소쉬르가 창시한 언어구조학을 계승한 차원에서 구조주의를 선두에서 발전시킨 가장 대표적인 철학자로는 인류학자이기도 한 프랑스의 클로드 레비-스트로스(Claude Lévi-Strauss, 1908~2009)를 들 수 있다. 그리고 다른 한편에서는 오스트리아의 프로이트가 창시한 정신분석적 구조주의를 계승한 학자로는 프랑스의 자크 라캉(Jacques Lacan, 1901~1981)을 들 수 있다.

아울러 마르크스의 구조주의적 사유체계는 알뛰세 등의 포스트구조주의자들에게 주로 영향을 미치는 것으로 파악될 수 있고, 니체의 구조주의적 사상은 푸코 등의 포스트구조주의자나 포스트모더니즘 사상가들에게서 그 영향성을 찾을 수 있다. 이제 여기에서는 구조주의자들의 주요 사상을 대변하는 레비-스트로스와 자크 라캉의 업적을 중심으로 사상적 흐름을 먼저 정리하고자 한다.

레비-스트로스는 무엇보다도 소쉬르의 구조주의 언어학에서의 구조주의적 사고방식을 그의 『친족의 기본구조(*Les strucltures elementaires de la parente*)』(1949)와 『슬픈 열대(*Tristes tropiques*)』(1955), 『구조인류학(*Anthropologie structurale*)』(1958) 등에서 처음으로 철학적 함축성을 이끌어내어 구조주의를 인문사회과학의 보편적 방법론으로 확산시키는 역할을 했다고 볼 수 있다. 다만, 레비-스트로스가 전개한 구조주의는 문화인류학의 입장에서 한정해보면 문화인류학적 구조주의 학파로도 지칭이 될 수 있다.

그는 소르본대학 법학과에서 철학교사 자격을 취득하고 자신보다 3세 연상이었던 파리고등사범학교(에콜 노르말 쉬페리에르) 출신의 장 폴 사르트르(Jean Paul Sartre, 1905~1980)나 동년배인 모리스 메를로 퐁티(Maurice Merleau-Ponty, 1908~1961)와 같은 미래의 실존주의자들과도 교류하면서 학문적 방황을 하게 된다. 그러던 중 레비-스트로스가 위대한 구조주의 철학자로서의 길을 가게 된 계기는 그의 은사였던 셀레스탱 부글레(Celestin Bouglé)가 1935년에 브라질의 상파울루(São Paulo)에 갓 설립된 상파울루대학의 사회학 교수로 레비-스트로스를 추천한 것에서 비롯되었다.

그 후 제2차 세계대전을 겪게 되면서 레비-스트로스는 프랑스 군대에 징집되어 잠시 복역하다가 독일 점령 하의 프랑스를 탈출하여 미국으로 가서 인류학자 로버트 로위(Robert Harry Lowie)나 러시아제국 태생으로 미국으로 망명 온 미국 언어학자 로만 야콥슨(Roman Jakobson)을 만나게 되면서 본격적으로 문화인류학 분야의 구조주의 철학을 정립하게 된다. 『친족의 기본구조』(1949)와 『슬픈 열대』(1955), 『구조인류학』(1958) 등에서 보인 그의 철학적 업적은 1959년에 콜레주 드 프랑스(Collège de France)[2]의 사회인류학 정교수로 부임하게 되는 결과로 나타났던 것이다.

이에 비하여 자크 라캉은 프로이트의 정신분석 심리학에서의 무의식을 구조주의의 원류로 보고 구조주의 언어학적 차원에서 재해석하여 자신의 이론을 전개하여 현대 심리학 분야에 지대한 영향을 미치는 역할을 하였다. 이러한 의미에서 자크 라캉은 20세기를 여는 1901년에 태어나 프로이트가 창시한 정신분석을 철학적으로 재해석한 정신분석학자이자 구조주의 철학자로 볼 수 있다. 그러므로 그의 사상은 '정신분석적 언어구조주의' 혹은 '언어구조주의적인 정신분석학'으로 규정할 수 있다. 그리고 오늘날에도 프로이트나 라캉의 사상만큼 여러 분야에서 영향력을 미치고 있는 사상이 거의 없다고 본다면 라캉이 미치는 사상계의 영향력 또한 충분히 가늠할 수 있다.

하지만 프로이트와 라캉이 전개하는 사상을 단순하게 비교하는 것은 별 의미가 없다. 이를 직접적으로 표현하면, 라캉은 프로이트가 '정신분석'이라는 자신만의 이론적 체계로서 『꿈의 해석(*Die Traumdeutung*)』(1900)이라는 저서를 출간한 다음 해에 태어났고, 라캉이 본격적으로 정신분석학을 연구한 시기도 1930년경이라는 시기적 간격이 있기 때문이다.

당시 프로이트의 정신분석학은 영국에서는 수용적이었지만 프랑스에서는 제대로 받아들여지지 않았던 시기였다. 대신 프로이트보다 1년 늦은 1857년에 태어난 소쉬르의 언어학에서 창시된 구조주의가 관심을 끌고 있었다.

2) 콜레주 드 프랑스는 대학행정의 자치성이 보장되어 수업료, 학위 수여 등의 규제로부터 자유로운 점이 특징이다. 1530년 프랑수와 1세 때 왕실문고 담당이자 고대 그리스 문학 번역가인 기욤 뷔데(Guillaume Budé)가 왕에게 인문학자들이 강의하는 교육기관을 만들 것을 건의하여 창설되었다. 따라서 처음에는 콜레주 루아얄(Collège Royal, 왕립 콜레주)로 불렸으며 제정 시대에는 콜레주 앵페리알(Collège Impérial, 제국 콜레주)이라고 불리다가 1870년부터 '콜레주 드 프랑스'란 이름으로 개칭되었다.

그 주된 역할은 소쉬르의 견해를 바탕으로 '구조주의 언어학'을 정립시킨 러시아제국 태생의 미국 언어학자인 로만 야콥슨(Roman Jakobson, 1896~1982)의 사상이 받아들여지고 있었던 것이다. 그리고 20세기 후반기에는 레비-스트로스(1908~2009) 등에 의해서 언어 구조주의로 발전되었던 것이다.

이러한 환경적 여건에서 라캉은 기본적으로 철학자가 아닌 정신분석가로서 프로이트의 사상을 접했지만, 20세기 후반에 프랑스 사상계에서 주류를 차지했던 언어 구조주의에 기초하여 정신분석학을 구조주의 철학으로 재해석하게 된다. 따라서 당초 라캉이 내건 기치는 "프로이트(사상)에로 되돌아가자."라는 슬로건적인 이념에 있었지만, 반드시 프로이트 시기의 정신분석학에 집착한 것은 아니었다고 보아야 한다.

그 이유 중의 근본적인 것은 프로이트가 그의 정신분석학의 중요한 개념인 '리비도(libido, 심리성욕 에너지)'를 독일의 19세기 중엽 물리학자 헬름홀츠(Hirman Von Helmholtz, 1821~1894)가 주장한 '열역학의 제1법칙(에너지 보존의 법칙)'에 영향을 받아 정신체계로 기술한 것이었지만, 라캉은 언어의 규칙인 랑그(langue)의 '상징적 체계'를 적용해 프로이트의 심리구조 사상으로 돌아가고자 했기 때문이다.

하지만 철학적인 관점으로 볼 때는 프로이트와 라캉은 '무의식(unconsciousness)'이라는 정신 언어구조(심적 체계)를 바탕으로 언어구조주의를 주장한다는 점에서는 맥락을 같이 한다. 라캉이 프로이트 사후에 신 프로이트 학파로서의 안나 프로이트를 비롯한 자아심리 학파에 의해 미국이나 영국에서 전개된 정신분석학이 상업화되고 치료중심적으로 발전이 되었던 점을 집중적으로 비판한 이유도 '무의식'이 아닌 '자아(ego)'에 치중하고 본 것이었다. 이러한 라캉의 정신분석적 언어구조주의 사상을 알 수 있는 저작물은 『에크리(*Écrits*)』(1966) 외에도 라캉의 제자로서 사위가 된 자크 알랭 밀러(Jaoque Alain Miller)의 주도로 총 27권의 완간을 목표로 발간되고 있는 『세미나(*Le Seminaries*)』 등이 있다.

Chapter

1

소쉬르 / 레비-스트로스의 구조주의

제1절 페르디낭 드 소쉬르의 생애 배경과 언어학적 구조주의

1. 구조주의의 개념과 모더니즘과의 관계

1) 구조주의의 개념

현대 철학에서는 언어문제를 가장 중요한 기본문제로 다루고 있으며, 이는 거의 모든 인문사회과학과 자연과학에서도 마찬가지이다. 특히 19세기 후반에 이르면서부터는 분석철학(Analytic Philosophy)을 독일 예나대학의 고틀로프 프레게(Frege, 1848~1925)가 명제논리와 술어논리를 표현하는 형식적 언어를 고안하면서 창시한 후 영국의 러셀(Russell)과 비트겐슈타인(Wittgenstein)을 비롯한 영미철학자들이 이상적(인공적) 언어나 일상적인 언어들을 분석하는 것에 관심을 가졌다.

이들 분석철학자들은 이상적이고 일상적인 언어들이 사실과 전적으로 같은 사유구조로 분석될 수 있다고 보아 형이상학적이고 절대적인(absolute) 헤겔 아류의 신관념론에 반발하여 비판하였다. 즉 이들은 헤겔의 영향을 받은 영국의 이상주의 철학자 브레들리(Francis Herbert Bradley, 1846~1924)가 주도한 신관념론 혹은 영국 관념론(British idealism)을 비판하는 한편으로 영국경험론 전통과는 강한 유대감을 보이게 된다. 그러므로 분석철학은 철학 연구에서 언어 분석의 방법이나 기호 논리의 활용이 불가결하다고 믿는 1900년 이후부터 20세기 중반까지 번성했던 철학으로서 실존주의와 더불어 20세기의 새로운 사상적 흐름을 주도했다고 볼 수 있다.

이에 비하여 구조주의(Structuralism)는 1940년대부터 1960년대까지 유럽사회의 사상계를 휩쓸었던 실존주의와 현상학을 비판하면서 나온 사상이다. 그러나 분석철학이나 구조주의가 대두된 시기는 크게 차이가 나지 않는다. 구조주의적 사유체계나 관점은 그 이전의 마르크스(Karl Marx, 1818~1883)의 사회철학적 마르크스주의나 프로이트의 심리철학적 사상에서도 찾을 수 있지만 철학적으로는 스위스의 언어학자 페르디낭 드 소쉬르(Ferdinand de Saussure, 1857~1913)가 언어학적이고 기호학적인 방법론을 적용하여 전개한 구조언어학에서 시발하는 것으로 보기 때문이다.

소쉬르는 독일의 라이프치히대학에서의 석사학위와 베를린대학에서의 박사학위를 받고 그의 학부 시절 모교인 제네바대학의 교수로 돌아와서 1907년부터 1913년까지 세 차례에 걸쳐 개강한 일반언어학 강의에서 구조언어학, 더 나아가서 구조주의 사상을 전개했는데, 사후에 제자들이 강의록 등을 모아 출판한 『일반언어학 강의(*Cours de Linguistique Générale*)』(1916)을 고전으로 보는 것이다. 이에 영향을 받은 구조주의 철학자들은 기존의 현상학에서의 인식론이나 존재론에서 벗어나 숨어있는, 즉 무의식적 언어구조를 강조하는 사상을 전개하게 된다.

이처럼 구조주의는 사상적 배경에서는 분석철학이 신관념론을 비판하면서 대두된 것과는 달리 실존주의와 실존주의의 방법적 근거인 현상학을 비판하면서 대두했지만 기본적으로는 언어문제를 다룬다는 측면에서는 공통점이 있다. 하지만 구조주의는 분석철학이 일상언어 분석(ordinary language analysis)이나 모호하지 않은 이상언어(인공언어)의 구성을 위한 기호논리학(수리논리학)에 관심을 가진 것과는 대치된 입장을 보였다.

구조주의에서는 이러한 전통적 또는 분석적 언어관심이 아니라 언어가 나타내는 표면적 의미에 숨어있는 또는 무의식적 언어의 구조에 관심을 가진 것이다. 이러한 관심은 제2차 세계대전 이후 프랑스 사상계를 중심으로 1980년대까지 인문 사회과학의 거의 모든 분야에서도 유행하여 구조주의 사유체계가 풍미하게 된다.

구조주의 사유체계에서 바라다보는 언어는 일상적 사용에서 겉으로(표면적으로) 드러나는 의미와는 다른 어떤 변환된 체계, 즉 구조적 법칙을 가지고 있다는 점을 전제한다. 이 말은 구조주의자들이 다루는 언어가 분석철학자들이 다루는 언어처럼 분명하거나 투명하지 않으며, 항상 숨어있고(은폐되고), 기호(상징)에서도 훨씬 넓은 의미를 가진다는 점을 의미한다. 즉 구조주의는 언어를 넘어서 심상, 몸짓 등 언어가 아니더라도 최소한의 의미체계를 구성하는 광범위한 영역으로 발달하면서 현대유럽사상의 중심에서 그 영향력을 미치게 된 것이다.

시대적으로 보면, 19세기 후반의 실증주의(Positivism)가 관찰이나 실험으로써 검증할 수 있는 지식만을 인정하려는 사조로서 대두된 이후 20세기 전반에는 19세기의 합리주의나 실증주의에 반대하여 인간의 주체적 존재성을 강조하는 실존주의(Existentialism)나 실존주의의 방법적 근거로서의 현상학(Phenomenology)이 중심철학이 되었다.

그러한 사상적 흐름이 이어지는 가운데, 1950년대 말에 등장한 구조주의(Structuralism)는 실증주의뿐만 아니라 실존주의나 현상학 사상과도 대립하고 비판하기에 이른 것이다. 이는 구조주의가 '나'라는 주체(인간) 중심의 철학까지도 비판하고 오히려 합리주의를 계승하는 경향을 나타내게 된다는 점을 말한다. 다시 말하면 인본주의적 사고방식의 부정을 의미하기도 하며, 분석철학에서보다 넓은 비언어적 기호까지도 포함하여 구조적 방법론으로 사유하는 것을 말한다.

그러므로 구조주의는 철학사조이기 이전에 인간과학 방법론이라고도 할 수 있다. 즉 사람들에게 겉으로 보이는(의식하는) 현상은 다양한 형태로 존재하지만 그 표면(겉)에 나타나 있는 현상인 의식과는 달리 심층(속)에는 모든 현상에 적용이 가능한 무의식적인 공통관계를 갖는 보편적이며 불변하는 구조(체계)를 갖고 있다고 접근하는 연구방법이 구조주의인 것이다.

이러한 원리를 철학에 적용하면, 구조주의의 출발점이 인간 주체가 아니라 인간이 사유를 할 때 자신도 모르게 따르는 규칙(rule)으로서 대표적인 '언어'에 두고 과학적 접근을 한다는 것을 의미한다. 그 시초에 해당하는 소쉬르의 언어학에서는 "언어는 관념을 표현하는 기호의 체계이다."라는 구조주의적 인식의 기초를 제공했으며, 그의 언어학적 구조주의 모형은 이후에 다양한 인문사회과학에 폭넓게 적용되었다는 점에서 그러하다.

그중에서도 프랑스의 인류학자 클로드 레비-스트로스(Claude Lévi-Strauss, 1908~2009)는 『슬픈 열대』(1955)와 『구조인류학』(1958)에서 구조주의적 사고방식에서 처음으로 철학적 함축성을 이끌어내어 구조주의를 인문사회과학의 보편적 방법론으로 확산시키는 역할을 하게 된다. 이러한 맥락에서 구조주의는 분석철학의 흐름과 유사하게 세계관으로서의 뚜렷한 사조를 구축하기 이전에 인문사회과학의 연구방법론에서부터 출발하여 점차 언어와 세계와의 관계, 인간의 본성, 문화의 의미와 연결되면서 철학적 사조로 정립이 되어갔다고 볼 수 있다.

그러므로 구조주의는 언어학, 사회학, 심리학(정신분석학) 등의 인간과학을 이해하는 것에서부터 시작되어야 한다는 점은 분명하다. 하지만 분석철학이 수학이나 수리논리학과 맞물린 연구방법론이지만 과학이 아니라 철학에 속하는 것처럼, 철학적 사조로서의 구조주의는 과학적 방법론의 그것과는 구별되어야 한다. 즉 레비-스트로스가 『구조인류학』(1958)에서 '신화'를 포함하여 한 사회의 심층에 있는 다양한 구조(체계)들을 이해하는 데 있어서 언어학적 개념이 이용될 수 있다고 주장한 그 자체는 과학적 방법론에 해당한다고 보아야 한다.

왜냐하면 레비-스트로스가 언어 자체뿐만 아니라 친족이나 신화 따위도 구조라는 것을 깨닫고, 구조주의 음운학자인 로만 야콥슨(Jakobson, Roman.

1896~1982)이 사용한 '음소(phoneme)'라는 개념에 착안해 신화를 구성하는 요소인 '신화소(mytheme)'라는 개념을 고안한 것은 과학적 방법론으로 보아야 하는 것이다. 하지만 오이디푸스 신화를 신화의 기능이라는 관점에서 '신화소(mytheme)'들이 또 다른 신화소들과 늘 관계를 맺으면서 기능을 한다고 보고 있는 것은 '구조주의'라는 사유체계에 해당한다고 보아야 한다.

이처럼 레비-스트로스가 그의 철학에서 오이디푸스 신화를 다루고 있는 것은 당시 프로이트가 『꿈의 해석』(1900)에서 '오이디푸스 콤플렉스(Oedipus complex)' 개념을 다룬 정신분석학이 유럽사회에 확산되었던 영향이 크다고 볼 수 있다. 프로이트가 그러했듯이 신화들은 대체로 비슷한 구조를 가지고 있다는 점에서 레비-스트로스도 상통하는 관점을 보인 것이다. 그러나 신화 내러티브를 구성하는 가장 기본 단위인 신화소(mytheme)는 양자가 서로 비슷하거나 동일한 패턴의 구조를 가지고 있지만 다양한 의미를 생산하는 차이들의 체계(system of differences)를 발생시킨다는 점이 중요하다. 이 차이들의 체계는 프로이트의 경우 '무의식'이라는 사고 구조(structure)에 해당된다. 그리고 레비-스트로스의 경우에는 전통적인 철학에서 중요시되었던 두 가지 차원인 실재적인 것(the Real)과 상상적인 것(the Imaginary)이 아니라 상징적인 것(the Symbolic)인 것에 있다는 점이다.

그러므로 구조주의는 전통철학에서, 특히 실존주의나 현상학에서 중요시했던 '상상적인' 것, 즉 의식, 주체성, 책임, 자유, 결단 등과 대립한다. 따라서 '실재적인' 것과 상상적인 것 두 차원 외에 그것들을 일정하게 조정하는 구조인 '상징적인' 것인 코드(code) 등이 존재한다는 점을 강조한다. 그것은 의식의 사고구조가 아니라 무의식의 사고구조를 의미한다.

이러한 관점으로 프랑스의 철학자 자크 라캉(Jacques Lacan, 1901~1981)은 바로 프로이트의 정신분석학 이론의 중심인 인간의 무의식을 탐구한 정신분석적 언어구조주의를 구축하게 된 것이다. 즉 라캉에 있어서의 구조주의는 "무의식은 언어처럼 구조되어 있다."는 그의 주장과 마찬가지로 언어구조(언어학)와 '무의식(정신분석학)'을 합한 개념이 되는 것이다.

2) 구조주의와 모더니즘의 관계

모더니즘(Modernism)은 근대주의 혹은 현대주의로 번역되며, 흔히 모더니티(Modernity)라는 용어와 연관되어 설명이 되지만 구별되어야 한다. 우선 모더니즘이 모더니티(modernity)와 연관되어 설명이 되는 이유 중의 하나는 어원에서 비롯되는데, 모더니티와 모더니즘(modernism) 등의 파생어를 갖고 있는 영어의 '모던(modern)'의 어원은 모두 라틴어 '모데르누스(modernus)'에 기원하기 때문이다. 그리고 라틴어로서 모데르누스는 '모도(modo)'라는 말로부터 파생되었는데, '바로 지금'이라는 시대적 의미가 있다.

라틴어(lingua latīna)는 라틴 민족의 언어라는 뜻으로 영문으로는 '라틴(lingua Latin)'이라고 표기하며, 한문으로는 나전어(羅甸語)라고 표기하는데, 문법학적으로 볼 때는 언어의 계통은 인도유럽어족에 속한다. 알파벳의 형성은 고대 그리스 알파벳이 에트루스키(Etrusci)[1]어 표기를 거쳐 라틴어 알파벳으로 성립한 것으로 추정된다. 라틴어는 원래 초기 페니키아문자에서 유래된 고대 그리스문자를 바탕으로 발칸반도 지역에 퍼져 살았던 사람들이 이탈리아반도의 북부지역인 라티움(Latium)으로 이동하여 세운 고대국가 에트루리아인(Rasna, 라스나)이 사용했던 언어를 말한다. 그리고 토스카나 지역(Region Toscana)의 중심도시인 피렌체(Firenze)로도 이동하면서 고대 로마 공화정 시기부터 로마제국 영토의 공식 언어로 확산이 된 것으로 보인다.

그러나 로마제국은 다민족국가였던 만큼 라틴어 외에도 그리스어(히브리어), 헬라어, 레반트(Levant, 시리아와 요르단 지역)의 아람어(Aramic), 이집트의 콥트어(Coptic) 등의 지방어도 널리 쓰였기 때문에 라틴어는 성직자나 지배계층의 언어였다고 볼 수 있다. 이는 기독교를 창시한 예수도 모국어로 아람어를 사용했으며, 베드로의 제자인 요한 마르코(Joannes Marcus)가 저술하여 가장 오래된 것으로 추정되는 마가복음(마르코의 복음서, Gospel According to Mark)에도 라틴어, 아람어 그리고 히브리어가 다수 사용되었다는 것에서도 알 수 있다.

---

1) 에트루리아인들은 스스로 '라스나(PASNA, Rasna)'라고 불렀으며, 고대 로마인들은 에트루리아인들이 중부지역으로 이동하여 정착하면서 에트루스키(Etrusci) 혹은 투스키(Tusci)라고 불렀는데, 오늘날 지방 이름인 토스카나(Toscana)라는 이름으로 현대까지 남아있다.

그런데 기독교가 소아시아의 중심도시인 타르수스(Tarsus) 지역의 유대인 출신인 사도 바울(Paulus, 바울로, 바울로스)에 의해서 기원후 1세기에 로마지역을 중심으로 전파되면서 당시(5세기 전후)의 기독교문화중심 시기를 그 이전에 비기독교 시기와 구별하기 위해서 의식적으로 '지금 여기'라는 의미로 '모데르누스(modernus)'라는 용어를 사용한 것으로도 추정이 된다.

그러므로 기독교시대가 그 이전의 이교도시대와 단절하고 새로운 변화를 추구하고자 하는 사상적 의미로 볼 수 있다. 그러나 이 말이 일반화된 것은 르네상스시대를 거쳐 절대왕정시대에 접어들면서 문학과 예술분야의 아카데미(학술원)들이 설립되면서부터인 근대에서였다. 그리고 18세기까지도 모더니티(modernity)와 모더니즘(modernism) 사이의 구분적인 의미는 일어나지 않았다고 볼 수 있다.

이 말은 르네상스와 종교개혁을 거쳐 절대왕정국가의 성립으로 과거 성직자, 귀족, 왕이 권력층을 형성했던 신분 구조가 무너지고 어느 정도 시민자본가 계층이 성장할 수 있는 기반이 만들어졌지만, 시민혁명과 산업혁명이 일어났던 1700~1800년대에 와서야 드디어 자본가와 시민계층(지식인)이 그 중심에 서서 문학과 예술, 그리고 사회과학을 새롭게 전개할 수 있었다는 의미가 된다.

따라서 모더니티(modernity)는 르네상스, 종교개혁, 근대시민혁명, 산업혁명 등에 의해 확립된 새로운 사회적 흐름을 의미하며, 자본주의 사회의 형성과 산업노동이 얽힌 가운데 유물론적이고 실존주의적 사상 등과도 함께 하는 개념이다. 이러한 관점에서 '모더니티'는 우리 사회의 정치·경제적이고 사회과학적인 발전과 맞물리는 개념이라고 할 수 있다. 이에 비하여 모더니즘(Modernism)은 모더니티가 구축된 이후인 1800년대 후반부터 1900년대 중반까지의 문학과 예술, 철학사적 관점에서 혁신적이고 전위적인 사상(사조)으로 정의할 수 있다.

아울러 시대적 배경으로 보았을 때 이러한 모더니즘(Modernism)은 20세기 전반에 출현한 구조주의(Structuralism)와도 시대적 배경을 공유하는 사상이다. 즉 '모더니티(근대성 혹은 현대성)'라는 새로운 사회적 흐름에서 구축된 문학과 예술 중심의 19세기 후반부터 20세기 전반에 모더니즘이 성행하였는데, 구조주의와 마찬가지로 전통과의 단절을 목표로 대두된 사상적 특성이 있다.

그러나 상호 다른 차이점도 있다. 먼저 모더니즘(Modernism)은 모더니티(modernity)에 기반을 두고 자본가와 지식계층이 사회의 상부구조에 위치하게 되면서 19세기 후반에서 제1차 세계대전 시기부터는 독일에서는 흔히 '전위주의(Avantgardismus, 아방가디스무스)', 프랑스에서는 아방가르드(Avant-garde)라는 명칭으로 불렸다. 이는 기존의 전통과 인습에서 벗어나 문화적인 '선발대(Vanguard)' 활동들이 하나의 문화예술운동으로 전개되었는데, 이러한 문화예술을 전위적(선발적)으로 하거나 모더니즘의 사고방식을 가진 사람을 모더니스트나 아방가르드라고 칭하게 된 것이다.

이처럼 기성의 예술 관념이나 형식을 부정하고 혁신적 예술을 주장한 전위주의(前衛主義) 예술운동 혹은 사상이 영어로 '모더니즘(modernism)'으로 번역이 되는데, 영미계통의 문학 작가로는 영국의 데이비드 허버트 로렌스(David Herbert Lawrence, 1885~1930), 미국의 에즈라 파운드(Ezra Pound, 1885~1972), 영국의 토머스 스턴스 엘리엇(Thomas Stearns Eliot, 1889~1965) 등이 대표적인 역할을 하였다.

하지만 이러한 서구대륙의 전위적인 문학과 예술운동이 미학적 근대성을 매개로 한다는 점에서는 공통적이지만 유럽대륙의 아방가르드의 특징은 언어를 예술의 제1의 수단으로 파악하고, 실천적인 예술운동을 강조하는 것에 있다는 점에서는 영미 권역의 모더니즘과의 차이도 있다. 대표적인 아방가르드운동에는 미래주의(Futurism), 다다이즘(Dadaism)[2], 초현실주의(Surrealism), 표현주의(Expressionism), 상징주의(Symbolism), 구성주의(Constructivism) 등이 있다.

한편, 구조주의(Structuralism)는 분석철학에 비하여 문화사적으로나 정치사적으로 접근하면서 이러한 '모더니티(modernity)'의 폐해에 대한 비판으로 대

2) 제1차 대전 말기인 1916년경 스위스 취리히에서 일어난 반항적, 퇴폐적 경향을 띤 예술운동으로 다다(dada)라는 기술적인 용어는 '아무것도 아닌 것', 또는 '장난감 회전목마'를 지칭하기도 하나 예술사조상의 위치는 전통예술에 비해 반전통을 표방하는 모든 것을 뜻한다고 볼 수 있다.

두되었으며, 모더니즘보다는 반세기 정도 후에 출현하여 전통적 사상과의 단절을 강조한 특징이 있다. 모더니즘의 특징이 주관적 경험과 개인주의를 기본원칙으로 삼고, 문학과 예술에서 실존주의 인생관을 주장한 것에 비하여 구조주의는 인간주체적(인간중심적)이고 합리적으로 사고해서는 안 된다고 주장하는 실존주의적 모더니즘을 비판한다는 점에서도 그러하다.

이는 근대성(현대성)에 대한 비판이며 인간 주체에 대한 과도한 의미부여(가치부여)를 반대하고, 체계(system)와 구조(structure)로 가고자 하는 극단적 합리성을 주장한 것이다. 이렇게 볼 때 구조주의는 20세기를 지배했던 마르크스주의(사회주의)와 현상학적 실존주의 흐름을 깨고 등장한 사상이며, 인간과학방법론으로서 모더니즘에도 영향을 미치게 된다. 1960년대 중반부터 모더니즘에 대한 반동으로 자크 데리다, 미셸 푸코, 자크 라캉, 장 프랑수아 리오타르 등에 의해 프랑스에서부터 포스트구조주의적인 포스트모던 시대가 열리게 된 것이 이를 방증한다.

2. 페르디낭 드 소쉬르의 생애 배경과 언어학적 구조주의 체계

1) 페르디낭 드 소쉬르의 생애 배경

페르디낭 드 소쉬르(Ferdinand de Saussure, 1857~1913)는 1857년에 스위스 제네바(Geneva)에서 태어났다. 소쉬르의 가문은 대대로 학자를 배출한 프랑스의 명문 귀족이었는데, 프랑스에서 정치적 박해를 받아 17세기에 스위스로 이주했다. 소쉬르의 증조부 호라체 베네딕트 드 소쉬르(Horace Benedict de Saussure, 1740~1799)는 자연과학자이자 등산가로 알려져 있다. 즉 호라체 베네딕트 드 소쉬르는 1760년에 프랑스, 이탈리아, 스위스에 걸쳐있는 알프스산맥 몽블랑(Mont Blanc)에 최초로 등정하는 사람에게 상금을 주겠다고 선언했지만 아무도 등정하지 못하자 1787년에 자신이 직접 몽블랑에 오를 정도로 알피니즘(Alpinisme)[3]의 창시자였던 것이다.

3) 알피니즘(Alpinisme)은 영어로 '담론'이나 '이데올로기'를 나타내는 '이즘(ism)'과는 상관이 없으

그리고 소쉬르의 큰삼촌 니콜라 데오드르 드 소쉬르(Nicolas-Théodore de Saussure, 1767~1845)는 제네바대학의 지리학과 교수를 지냈으며, 부친 앙리 루이 프레데릭 드 소쉬르(Henri Louis Frédéric de Saussure, 1829~1905)는 광물학자이자 곤충학자였다. 소쉬르의 어머니 루이즈 엘리자베트 드 푸르탈레스(Louise Elisabeth de Pourtalès, 1837~1906)도 백작 가문의 딸로서 음악과 예술에 조예가 깊었다. 따라서 분석철학의 대가 비트겐슈타인(Wittgenstein, 1889~1951)이 오스트리아-헝가리제국의 최고의 부르주아지의 후예였다면 소쉬르는 스위스 최대의 학자 가문의 후예로 칭할 수 있다. 이러한 가문에서 9남 3녀의 대가족의 장남으로 태어난 소쉬르는 어릴 때부터 선조들로부터 내려오는 많은 책들과 수집품들 속에서 성장하며 지적 재능을 발휘할 수 있었다.

뿐만 아니라 그는 자신의 가문과 교분이 있는 학자들로부터도 어린 시절부터 영향을 받았다. 그 예로서 열두 살 때 '언어학적 고생물학'의 창안자인 픽테(A. Pictet)를 별장에서 만나 언어학에 관심을 가지게 된 것은 소쉬르에게 생애적인 사건이 되었다고 볼 수 있다. 픽테의 영향으로 소쉬르는 이후 언어학에 심취하게 되었고, 1870년(13세)에 제네바의 마르티느연구소에서 초등학교 과정을 이수하게 된다. 그리고 15세(1872년)에 인도-유럽어의 비교 논문인 〈제 언어에 관한 시론〉이라는 짧은 논문을 써서 픽테에게 보이고 격려를 받게 되었다고 전해진다.

그 후 소쉬르는 1873년에 중등학교에 진학하면서부터는 프랑스어, 독일어, 영어, 라틴어, 그리스어는 물론이고 고대 인도어인 산스크리트어까지도 상당한 소양을 갖추었다. 그러나 가문의 전통에 따라 화학과 물리학을 공부하기 위하여 제네바대학(Collège de Genève)에서 진학하게 된다. 하지만 소쉬르는 1년을 수학한 뒤에는 갈망하던 언어학을 공부하기 위하여 19세(1876년)에 당시 유럽언어학의 중심지였던 독일의 라이프치히대학으로 옮겨서 학부와 대학원 과정을 이수하게 된다.

그곳에서 언어학회에 정식으로 가입한 후 본격적으로 인도-유럽어

며, 프랑스어로 등산(등반) 혹은 등반하는 기술을 의미한다.

(Indo-European language)를 연구하게 된 것이다. 그 결과 1877년(20세)에 〈인도-유럽어 접미사〉에 관한 2편의 논문을 발표함에 이어 1878년에는 〈인도-유럽어의 원시모음체계에 관한 논고〉도 발표할 수 있었다. 그리고 1880년(23세)에는 〈산스크리트어에 있어서 절대 속격[4]의 용법에 관하여(De l'emploi du génitif absolu en Sanscrit)〉라는 논문으로 베를린대학에서 박사학위를 취득하였다.

소쉬르는 박사학위를 받은 후 곧바로 파리로 이주하여 1881년부터 파리대학과 고등연구실습원(École pratique des hautes études)에서 9년간 비교문법을 강의하였다. 그 결과 1891년에는 프랑스 정부로부터 훈장을 받기도 하였다. 그러나 건강상의 문제로 1891년에는 고향인 제네바대학의 역사비교언어학 교수직으로 옮겨서 비교문법을 강의하게 된다. 그러다가 1907년부터 자신의 주전공이 아닌 일반언어학 강의를 시작하면서 명성을 얻게 된다. 하지만 1912년에 접어들면서 건강이 더욱 악화되면서 강의를 중단하고 요양하다가 폐렴으로 1913년에 스위스 서부지역인 뷔플랑르샤토(Vufflens-le-Château)에서 56세를 일기로 사망하였다. 자녀로는 정신분석가였던 레이몬드 드 소쉬르(Raymond de Saussure) 등을 두었다.

이처럼 소쉬르는 프랑스 파리의 고등연구실습원에서부터 제네바대학에 이르기까지 평생의 대부분을 역사비교언어학 교수로 재직하며 '비교문법' 등을 강의했다. 그러나 이 분야에서는 큰 업적을 남기지 못하다가 만년에 이르러 '일반언어학'을 강의하게 되면서 그 자신만의 빛을 발하게 되었다고 볼 수 있다. 생전에 명성을 날렸던 역사비교언어학이 아니었던 것이다.

어쩌면 소쉬르는 오랫동안 역사 비교 차원에서 언어학을 다루어왔던 과정에서 더 이상 역사적 방법으로는 언어 고유의 영역을 다룰 수 없다는 한계를 파악하고 과학적 규칙성을 가진 일반언어학으로 전환했는지도 모른

4) 서구의 전통문법에서 명사나 대명사가 동사와 맺는 관계를 표시하는 문법 체계를 말하는 격은 크게 직격(直格 casus rectus)과 사격(斜格 casus obliqui)의 두 부류로 나누어 인식하였다. 그리고 나중에는 동사와 직접 관계되는 명사를 직격, 동사와 직접 관계되지 않는 명사를 사격이라고 부르게 되면서, 직격에는 주격, 대격(對格, accusative case), 속격(屬格, genitive case)이라는 분류법도 생겼다. 여기에서 절대 속격(absolute genitive, 독립 속격)은 속격 다음에 연결되던 명사가 생략된 명사구를 말한다.

다. 하지만 소쉬르의 이러한 통찰적 일반언어학도 세상에 드러나지 못했을 개연성은 충분했다. 1908년에 제자들에 의해 『기념논집』이 출간되기는 했지만, 그의 창시적인 구조언어학의 내용은 담기지 않았고, 사망하기 직전까지도 소쉬르는 자신의 새로운 관점의 언어학이 책으로 출간되는 것을 선호하지도 않았기 때문에 단 한 권의 저서도 남기지 않았던 것이다.

그렇지만 그의 구조언어학은 사후인 1916년에 8명의 제자들이 소쉬르가 1907년부터 1913년 사이에 3회에 걸쳐 제네바대학에서 강의했던 '일반언어학'의 강의내용을 받아 적은 노트를 편집하여 발간하게 되면서 세상에 알려지게 된다. 『일반언어학 강의(*Course in General Linguistics*)』(1916)라는 이름으로 출간된 이 책은 구조주의 철학의 시발점으로 자리 잡게 하였던 것이다. 이 책에 담긴 소쉬르의 언어 연구관점은 프랑스어로 '랑그(langue, 언어)'와 '파롤(parole, 말)'이라는 대상으로 상징이 된다. 구체적으로 보면, 언어활동 능력의 사회적 산물인 동시에 개개인이 이 능력을 발휘할 수 있도록 사회집단이 채택한 약정의 총체로서의 언어(랑그, langue)와 그 총체를 근거로 개인이 활용하는 구체적 발화인 말(파롤, parole)이라는 양분된 이론을 사용한다. 이는 언어의 규칙적인 기호(sign) 체계(system)에 맞춘 언어학적 혁명이었다고 할 수 있다. 왜냐하면 그의 사후 50여 년이 지난 시점에 일어난 언어의 인문철학적인 접근이 '구조주의(Structuralism)'라는 철학 사상의 만개로 이어졌던 것이다.

그중 한 가지 예로는 소쉬르가 사망한 지 40여 년이 지난 시점에서 미국의 언어학자 노암 촘스키(Noam Chomsky)도 펜실베이니아대학 구조언어학과에서 박사학위를 취득(1955년)하고 활발하게 연구활동을 하면서 촉진된 것을 들 수 있다. 촘스키는 박사학위 논문을 기초로 1957년에 발표한 『변형생성문법의 이론(*Syntactic Structures*)』과 1975년에 출판한 『언어학 이론의 논리적 구조(*The Logical Structure of Linguistic Theory*)』에서 '세상의 모든 언어는 일정한 규칙으로 이루어진 체계'라고 정의하면서 명성을 얻게 된다.

아울러 촘스키는 인간은 선험적으로 지닌 내재문법의 규칙에 따라 언어를 배운다는 주장도 한다. 여기에서 선험적으로 지닌 '내재문법'은 인간이 자연적으로 취득하는 생물학적인 능력을 의미한다고 볼 수 있다. 이러한 견해는 소쉬르와 같은 언어구조학을 주장하면서도 소쉬르가 언어를 기호의 사회적 의미체계인 '랑그(langue)'로 본 것에 비하면, 촘스키는 선험적인 인지구조를 강조한 것이며, 언어체계가 심리적 의미를 가진다고 할 수 있다.

2) 페르디낭 드 소쉬르의 언어학적 구조주의 체계

현대 철학사로 볼 때 1831년의 헤겔(Hegel) 사후 헤겔 좌파에 의해 독일유물론과 생의 철학이 발달하고, 곧이어 실증철학과 실존철학이 20세기 전반까지를 지배했으며, 20세기 후반에 접어들면서부터는 분석철학과 구조주의가 21세기와 연접하며 발달하고 있는 추세에 있다. 이러한 20세기 이후의 철학사적인 지도에서도 분석철학과 구조주의는 '언어(학)'라는 공통적 분모를 가지며 현대 철학사를 이끌고 있다. 이러한 측면에서 페르디낭 드 소쉬르(Ferdinand de Saussure, 1857~1913)는 20세기 후반 이후의 언어철학 사상사의 시작점이자 조타수(a steerman)의 역할에 위치하고 있다고 볼 수 있다.

그러나 거의 같은 시기에 분석철학을 창시한 독일의 고틀로프 프레게(Gottlob Frege, 1848~1913)가 논리학과 수학의 철학에 대한 집중적인 연구를 통해 『산수기초 : 수의 개념의 수리논리학적 탐구』(1884)이라는 걸출한 초기 분석철학 저서를 낸 것에 비하면, 소쉬르는 생전에 단 한 권의 책도 내지 않았다는 차이점이 있다. 이러한 이유로 철학사에서는 구조주의를 대표하는 철학자로는 소쉬르를 건너뛰고, 레비-스트로스(Lévi-Strauss, 1908~2009), 프로이트(Sigmund Freud, 1856~1939), 라캉(Lacan, 1901~1981)을 드는 경우가 많다. 그리고 알튀세(Althuser, 1918~1990)와 푸코(Foucaut, 1926~1984)는 구조주의와 후기구조주의의 경계선에서 거론이 되지만 소쉬르는 이들에게 언어학적 영감을 준 정도로만 다루어지는 경향이 있는 것이다.

하지만 고대철학자 소크라테스가 단 한 권의 책을 남기지 않았지만, 그의 제자 플라톤에 의해 고대와 중세의 존재론적 형이상학의 태두를 차지하고 있듯이, 소쉬르는 현대 철학이 근대의 인간주체적인 인식론의 패러다임을 거쳐 언어를 매개로 한 체계원리, 즉 '구조'의 철학으로 발전하게 한 시작점에 있다고 볼 수 있다. 그 이유는 소크라테스가 문자중심의 철학보다는 말

중심의 철학을 지향하여 저서를 남기지 않았던 것으로 추측이 되듯이, 소쉬르 역시 자신의 언어인문학적 방법을 문자로 남기는 것을 원하지 않았던 것으로 보인다. 이처럼 소크라테스와 소쉬르가 생전에 저서를 남기지 않았다는 점은 닮은꼴이지만 소쉬르의 경우는 그의 언어학적 사상을 전혀 '문자'로 남기지 않았던 것은 아니다.

소쉬르는 고대철학자가 아닌 20세기의 현대를 살아간 지식인으로서 교수자가 되기 위한 학력을 쌓아야 했기 때문이다. 예를 들면 23세(1880년)에 독일의 라이프치히대학에서 언어학 전공으로 박사학위를 받은 논문인 〈산스크리트에 있어서 절대 속격의 용법에 관하여〉(1880)가 남아있다. 그리고 만년에 파리에서 고향인 제네바로 돌아가 1907년부터 1912년까지 제네바대학에서 강의한 '일반언어학' 수업자료의 일부 자필 원고가 남아있다. 그 외에도 사후에 추종 학자들에 의해 발표된 노트나 수기자료들도 있다. 다만 이러한 수기자료들은 대부분 소쉬르가 건강상의 문제로 제네바대학에서 강의를 그만둔 이후 관심을 가졌던 독일 신화와 중국학 관련 자료에 한정된다. 그러므로 이러한 단편적인 자료들에서 소쉬르가 구조주의에 미친 사상을 파악하는 것은 한계가 있다고 볼 수 있다.

이처럼 소쉬르는 강의와 학문연구 외에는 사회참여활동도 하지 않았으며, 심지어 철두철미한 강의준비로도 학생들에게 정평이 나 있었지만, 강의가 끝난 후에는 강의자료 자체도 없앴을 정도였던 것으로 전해진다. 하물며 소쉬르가 20세기 구조주의 철학의 출발선상에 서게 된 것은 그의 강의를 수강한 제자들이 정리한 강의노트가 매개체가 되었던 것이다. 즉 소쉬르가 사망한 3년 뒤인 1916년에 그의 제자들인 샤를 발리(Charles Bally)와 알베르 세슈에(Albert Sechehaye)는 소쉬르가 세 차례(1907년, 1908~1909년, 1910~1911년)에 걸쳐서 개설한 '일반언어학' 강의를 수강한 6~12명의 동료 수강생들의 노트를 정리하고 편집하여 같은 제목인 『일반언어학 강의(*Course in General Linguistics*)』(1916)로 출간했던 것이다. 그리고 1996년에는 이 책의 원고가 발견되어 이를 묶은 『일반언어학 노트(*Ecrits de Linguistique Générale*)』로도 출간되었다.

이 책이 출간된 이후 20세기뿐만 아니라 21세기에도 지속적인 관심을 받고 있는 이유 중의 하나는 언어학을 매개로 한 온갖 종류의 사상적인 전통을 망라한 내용을 다루고 있다는 점이다. 즉 체계적(구조주의적), 관념론적, 문법적 언어학의 특징을 기본으로 언어지리학, 음성학, 기교주의 영역까지도 담고 있기 때문이다. 이는 많은 분야의 학자들이 인용하고 주해하거나 혹은 토론하고 반박하는 과정에 참여하게 된 이유이기도 하다. 그 결과 언어학 그 자체에서는 현대 언어학의 창시자로 지칭이 되었고, 철학계에서는 소쉬르가 언어학적 측면에서 제시한 여러 가지 개념들이 재해석되어 구조주의가 태동하는 시발점으로 작용했다고 볼 수 있게 된 것이다. 따라서 언어와 구조는 현대 사상의 뿌리라는 점에서 언어의 자의성 개념을 통해 인식의 코페르니쿠스적 전환을 일으킨 소쉬르의 업적은 구조주의와 포스트구조주의를 논의하는 시작점의 위치에 있다고 볼 수 있다.

『일반언어학 강의(*Cours de Linguistique Générale*)』는 크게 서론, 제1부 일반원리, 제2부 공시언어학, 제3부 통시언어학, 제4부 지리언어학, 제5부 역사언어학(회고언어학)의 문제 등의 다섯 개 부문으로 구성되는데, 서론 부분에서는 언어학의 대상에 관련된 문제가 제기된다.

제1부에서는 일반 시니피앙(signifiant, 기표) 원리들로서 '기호(sign)'와 '공시태(共時態, synchrony)'[5]가 다루어진다. 소쉬르는 언어학적 '기호(sign)'를 소리와 개념의 관계로, 즉 '기표(시니피앙, signifiant)'와 '기의(시니피에, signifié)'의 결합으로 보았다. 예를 들면, '들깨(荏)칼국수'라는 소리나 글자를 보았을 때 일단 사람들은 들깨의 구수한 이미지(image)가 떠오르게 되는데, 이때 소리나 글자가 청각영상이나 음향영상, 표현으로서 '기표(시니피앙)'가 되고, 기표의 자극으로 머릿속에 떠오르는 개념이나 관념(의미 내용)은 '기의(시니피에)'가 된다. 따라서 소쉬르는 언어학적 기호를 기표(음성적, 음운적 표현체)와 기의(표현체에 담긴 내용물)의 결합체인 기호(sign)체계로 보았다고 할 수 있다.

이는 소쉬르를 '언어기호학'의 창시자로 보는 이유이기도 하다. 그러나 거의 같은 시기에 미국의 실용주의 철학자 찰스 퍼스(Peirce)도 표상체(기호),

5) 공시태는 어떠한 언어의 특정한 시기의 상태를 이르는 반면, 통시태는 시간의 흐름에 따른 언어의 상태를 뜻하는데, 언어학 연구관점의 상호보완적 입장이다.

대상, 해석작용의 3원적 체제로 기호학을 정립하고 있는 견해와는 차이가 있다. 다시 말하면 소쉬르는 기호의 주된 기능은 기표(signifiant)와 기의(signifie)의 결합을 통해서 이루어지는 '의미작용(signification)'에 있고, 여기에서 기호는 기표와 기의로 이루어진다는 2원적 '체계(system)'의 관점을 보인 것이다.

미국 기호학의 원류가 되는 퍼스의 기호학이 유럽 기호학의 시초가 되는 소쉬르의 기호학과 차이가 나는 점은 해석체이다. 소쉬르에게서 기호는 기표와 기의의 관계만이 존재하지만 퍼스의 기호학에서는 기호와 대상과의 관계를 인지하고 특정 행위를 하도록 만드는 해석체를 상정하고 있는 것이다.

이처럼 기호학의 체계라는 관점이 훗날 구조주의 철학자들이 선호했던 '구조(structure)'라는 개념의 기원이 된 것으로 볼 수 있는 것이다. 더 직접적으로 표현하면, 소쉬르는 언어를 기표(시니피앙)와 기의(시니피에)의 결합체계인 기호(sign)의 이원적 구조로 보았다고 할 수 있다. 소쉬르의 『일반언어학 강의』가 제자들에 의해 출판된 이후 기표(시니피앙)의 구조가 러시아 태생의 미국 언어학자 로만 야콥슨(Roman Osipovich Jakobson, 1896~1982)에 의해 발전되며 '음운론'이라는 분야로 새롭게 탄생하고, 이 이론이 프랑스의 인류학자 레비-스트로스에게 결정적인 다시 영향을 미치면서 이른바 구조인류학 분야가 탄생되었다고 볼 수 있는 것이다.

제2부에서는 공시태(共時態, Synchrony) 관점에서 언어를 연구하는 공시언어학(Synchronic linguistics)의 기초개념인 단위, 동일성, 체계(구조), 가치, 관계 및 구성 원리에 관한 내용들이 다루어진다. 공시태(共時態)는 통시태(通時態, Diachrony)와 상대적인 언어학의 연구 관점인데, 말 그대로 공시태(Synchrony)는 동시대에서 언어의 변화를 살펴보는 것이고, 통시태(Diachrony)는 역사적 흐름에서 언어 변화의 양상을 시간적 흐름으로 살펴보는 것을 의미한다. 언어를 연구하는 이 두 가지 관점은 상호보완적인데, 동일한 시기에 공존하는 두 언어가 있다면 그중 한 언어는 거의 진화하지 않고, 또 다른 언어는 시간의 흐름에 따른 진화양상을 보일 수 있다. 이때 전자는 공시태 관점이고 후자는 통시태의 관점인 것이다.

이는 19세기의 언어학 연구에서는 언어의 역사적인 변천을 다루는 역사

언어학과 여러 언어를 비교하는 비교언어학에 치우쳐 있었기 때문에 문헌으로 남아 있는 언어자료와 같은 언어를 쓰는 사회 속의 대중들이 사용하는 언어실태를 다 같이 언어라고 보고 구별하지 않았다는 점을 전제한다. 즉 소쉬르가 등장하면서 언어의 공시태와 통시태가 엄격히 구별하게 되었다는 점을 말해준다.

제3부에서는 통시태 관점에서 언어를 연구하는 통시언어학(Diachronic linguistics)의 기초개념인 음성변화, 음성 진화의 문법적 결과, 유추, 유추와 진화, 민간어원, 교착, 통시적 단위, 동일성 및 실재 등을 다루고 있다.

제4부에서는 지리언어학을 언어의 다양성, 지리적 다양성의 복잡화, 지리적 다양성의 원인들, 언어파의 전파 등으로 다룬 후에, 제5부에서는 역사언어학(회고언어학)의 제 문제에 이어서 결론을 짓고 있다.

이러한 제2부~제5부에서 다루는 소쉬르의 언어학 개념 중 가장 대표적인 것은 '랑그(langue)'와 '파롤(parole)'의 개념이다. 랑그와 파롤은 '기표(記表, signifiant 시니피앙)'와 '기의(記意, signifié 시니피에)'처럼 대립의 관계이며, 바로 이 점이 소쉬르를 20세기 이후의 인문과학이라는 배의 방향키를 조정하는 조타수(操舵手)로 보게 되는 개념이라고 할 수 있다.

즉 소쉬르는 사람들의 언어활동(랑가주, langage)[6]인 '언어(말하기와 듣기)'에 대하여 기존의 언어학자들처럼 언어를 '사회, 심리, 문화적인 맥락'의 외적 요인에 따라 연구하지 않고 일종의 '체계(구조)'와 '규칙', 그리고 그와 관련된 내적 요인으로 연구하였던 것이다. 여기에서 '체계(구조)'와 '규칙'과 상관된 언어활동이 기표와 기의로 구성된 '랑그(langue, 언어)'에 해당한다. 다시 말하면 일종의 '언어규칙'이 '랑그'인 것이다.

그리고 이 언어규칙에 따라 실제로 사람들이 말하는(사용하는) 언어는 '파롤(parole, 말)'이 된다. 예를 들어 외국인 강사가 영어 강의를 할 때 랑그는 '영어'라는 언어의 규칙인 것이며, 그 외국인 강사가 실제로 사용하는 말(발화)은

6) 프랑스어에서는 '랑그', '파롤', '랑가주'를 평이하게 사용하는데, 랑가주는 '랑그'보다 조금 무거운 느낌을 주긴 하지만, 랑그와 같이 '언어'라는 뜻이다. 그리고 '파롤'은 그저 '말'이라는 뜻인데, 파롤 드 디외(parole de Dieu)는 '하느님의 말씀'이란 뜻이다.

그 언어규칙에 따른 파롤이 된다. 따라서 '랑그'는 언어의 규칙적인 체계(system)이며, 파롤은 그러한 체계(구조)의 지배를 받는 행위(현상)로 구분될 수 있다. 이 말은 기호를 구성하는 기표와 기의 외의 것은 전부 파롤의 영역에 해당한다는 의미이다.

소쉬르가 『일반언어학 강의』의 마지막 문장에서 "언어학의 유일하고도 진정한 대상은 랑그(langue, 언어)이며, 그 자체로서 그것만을 위하여 연구되어야 한다."라고 언급하고 있는 것은 바로 랑그가 가지고 있는 언어규칙으로서 상대적인 동질성을 가능하게 하는 '체계'를 강조한 것으로 볼 수 있다. 이는 예를 들어 영어와 한국어가 서로 다른 언어규칙으로 상대 언어와 다른 동질성의 체계를 가지고 있음을 보아도 쉽게 증명이 된다. 이러한 체계의 개념이 구조주의자들이 선호한 '구조(structure)'의 원리의 바탕이 된 것이다.

이러한 소쉬르의 언어학 연구는 언어체계를 '기호'로 보고 그것의 구성을 '기표(記表, signifiant 시니피앙)'와 '기의(記意, signifié 시니피에)'의 관계에서 파악함으로써, 언어(랑그, Langue)는 본질상 사회적인 것이며, 개인과는 무관하다는 점을 밝혔다는 점에서 철학적인 공로가 지대하다. 즉 언어학자가 연구의 진정한 대상으로 삼아야 할 것은 개인들의 발화(말, Parole 파롤)가 아니라 그 규칙인 '랑그'라고 보았다는 점이 혁명적이라고 할 수 있는 것이다. 이처럼 언어활동에서 '파롤'의 위치를 끌어내리고, 언어규칙체계인 '랑그'를 그 중심에 두는 언어구조를 정립했다는 측면에서 소쉬르의 관점은 구조주의 언어학이 현대 철학의 가장 중요한 분야로 자리 잡게 되는데 기여를 한 것이다.

하지만 소쉬르가 구조주의 일반언어학의 창시자로 간주된 것은 그의 사상과 학문적 이론의 토대가 『일반언어학 강의』(1916)가 아니라 박사학위 논문 〈산스크리트어 절대 속격의 용법〉(1880)을 발표하기 2년 전인 1878년에 발표한 〈인도유럽어 원시 모음체계 논고〉라는 논문이라고 보는 주장도 있다. 이 논문에서는 인도유럽어를 대상으로 역사비교언어학의 영역에서 그의 공시적 구조주의 사상이 나타나고 있다는 것이 그 근거이다.

이는 언어를 역사가 흐르는 동안 축적된 변화의 결과물로 보는 통시언어학과는 차별적이다. 즉 통시언어학은 언어의 본질을 파헤칠 때 어원이나 계통, 음운 추이에 주목하지만 공시언어학에서는 일반인들이 따로 공부하기 전에는 알 수 없는 어원, 계통, 역사적 흐름에 따른 변화를 고려하지 않고 언어현실만 연구대상으로 삼는다. 이는 소쉬르의 공시적 구조주의 사상이 대두되면서 언어의 공시태와 통시태가 엄격히 구별되었다는 의미도 있다.

제2절 클로드 레비-스트로스의 생애 배경과 인류학적 구조주의

1. 클로드 레비-스트로스의 생애 배경과 문화상대주의 체계

1) 클로드 레비-스트로스의 생애 배경

클로드 레비-스트로스(Claude Lévi-Strauss, 1908~2009)는 1908년 11월 28일에 벨기에의 브뤼셀(Brussel)에서 유대계 인상파 화가인 아버지 레이몽 레비-스트로스와 어머니 엠마 레비-스트로스의 아들로 태어나 두 달 후 파리의 푸쌩(Poussin) 구에서 성장하여 프랑스인이 되었다. 그의 부모는 육촌 사이였고 그 이유로 양쪽 집안이 다 같이 파리로 이사를 가게 되었지만 매우 가난한 생활을 이어가야 했다. 그 이유 중의 하나는 레비-스트로스의 본가는 증조부 때부터 음악과 골동품 가게를 했고, 외가도 유대교에서 의식을 담당하는 랍비(Rabbi) 출신이었기 때문이었다.

따라서 레비-스트로스는 어릴 때부터 아버지가 이발소에 걸리는 그림이나 도자기에 채색하는 일을 도우면서 그림을 접할 기회를 가지게 된다. 이것은 후에 그가 브라질 원주민 부족들의 신체장식이나 조각의 문양과 구도를 연구하는 데 도움이 되었다고 전해진다. 그가 6세였던 1914년에 제1차 세계대전이 발발하자 아버지가 프랑스 군대에 징집되면서 더욱 곤궁해지자 그의 어머니는 유대교회의 랍비인 외할아버지 집이 있는 파리 외곽인 베르사유(Versallies)로 이사하였다.

레비-스트로스는 그곳에서 이종사촌들과 같이 사일리 중고등학교(Lycée Janson de Sailly)를 다니게 된다. 이 시기에 그는 프로이트의 구조주의적 사상을 접하게 된다. 1920년부터 프랑스의 지성계에서는 정신분석 이론이 소개되고 있었고, 리세에 다닐 때 정신과 의사를 아버지로 둔 친구가 있었는데 그 아버지가 프랑스에서 최초로 프로이트에 관심을 기울인 사람 중 한 명이었던 것이다.

1918년에 제1차 세계대전이 종료되자 레비-스트로스의 집안은 1921년(13세)에 파리로 다시 이주하였고, 그도 콩도르세 중고등학교(Lycée Condorcet)에 입학하여 벨기에 출신인 마르크스주의자와 친하게 되었다. 레비-스트로스는 그 과정에서 자연스럽게 마르크스 저작들을 탐독하게 되었으며, 지리학 관련 서적에도 관심을 가졌다. 그러나 대학진학은 소르본대학 법학과로 정하게 된다. 졸업 후 빨리 교사로 진출하여 가족을 돌봐야 했기 때문이다. 그리고 어릴 때부터 학습능력이 탁월했던 레비-스트로스는 법학 외에도 철학을 전공하여 1931년(23세)에는 최연소자로 철학교사자격을 취득하게 된다. 당시 세 사람이 한 조가 되는 교사교육실습에서 동년배이자 파리고등사범학교(Ecole Normale Superieure) 출신인 모리스 메를로 퐁티(Maurice Merleau-Ponty, 1908~1961)와 같은 조가 되어 친교를 맺은 것으로도 알려지고 있다.

이후 1년 정도의 병역의무를 마치고 1932년(24세)부터는 몽뜨 · 마르쌍 중고등학교(리세)에서 철학교사로 재직하였다. 그는 이 시기에 대학시절 프랑스 사회당 하원의원인 조르주 모네(Georges Monet)의 비서를 했던 경험을 바탕으로 지방의회 선거에도 나섰다. 하지만 공교롭게도 무면허로 운전하다가 교통사고를 일으켜 중도에 포기하게 되면서 평범한 직장인 수준으로 삶을 이어가게 된다. 이 당시 레비-스트로스는 3세 연상이었고 파리고등사범학교 출신인 장 폴 사르트르(Jean Paul Sartre, 1905~1980)와도 교류하게 되는데, 사르트르는 파리고등사범학교를 졸업한 이듬해인 1929년(21세)에 철학교사시험에 합격한 후에 고등학교 교사생활을 하면서도 문학작품을 쓰면서 자리를 잡고 있었기 때문에 레비-스트로스는 이에 조바심을 느끼게 되었다.

이러한 답답한 현실 속에서 레비-스트로스가 위대한 구조주의 인류학자의 길을 갈 수 있도록 한 돌파구는 그의 은사이며, 에밀 뒤르켐(Emile Durkheim, 1815~1917)의 사회학 이론을 대중화시켰던 셀레스탱 부글레(Celestin Bouglé)로부터 열렸다. 그는 1935년에 브라질의 상파울루에 갓 설립된 상파울루대학의 사회학 교수로 레비-스트로스를 추천한 것이었다. 당시의 상파울루대학의 설립자들은 콩트(Augueste Conte, 1798~1857)의 실증주의적 사회학과 뒤르켐의 사회학적 방법론에 대한 숭배주의자였기 때문에 셀레스탱 부글레는 레비-스트로스를 사회학을 강의하는 문화사절단 일원으로 보낸 것이었다.

하지만 레비-스트로스는 이 당시 철학보다는 오스트리아 태생 미국 인류학자 로버트 로위(Robert Harry Lowie)의 책 『문화와 민족학(*Culture and Ethnology*)』(1917), 『원시 사회(*Primitive Society*)』(1920)를 접하면서 인류학에 경도되어 있었다. 그리고 당시 프랑스인들에게 브라질은 매우 낯선 곳이었다는 점에서 브라질에서 강의를 원하는 교수도 없었던 시기이기도 하였다는 점에서는 브라질로 가는 것을 내심 반겼는지도 모를 일이다. 이때 그의 첫 번째 아내 디나(Dina Levi-Strauss, 1911~1999)도 같은 프랑스 문화사절단의 일원으로 파견되어 상파울루대학에서 민족학 강의를 맡게 된다. 교수가 된 레비-스트로스는 뒤르켐의 기능주의적 사회학을 강의했지만 별로 관심이 없었기 때문에 교사 시절에 탐독했던 미국의 인류학자 로버트 로위(Robert Harry Lowie)의 『원시(미개)사회(*Primitive Society*)』(1920)의 영향으로 인류학에 더욱 관심을 가지게 된다.

따라서 대학에 휴가를 신청하여 아내 디나와 함께 마토그로소(Mato Grosso)와 아마존 열대우림(Amazon Rain forest) 지역을 탐사여행하게 된다. 그 후 3~4개월간 본격적으로 아마존강 유역의 원주민인 카두베오족과 보로로족의 부족사회를 답사하여 민족학적으로 조사하였다. 그 결과 1936년에 〈보로로족의 사회조직에 대한 연구〉와 〈문명화된 야만인 가운데서〉라는 제목의 논문을 발표하는 성과를 나타냈다. 그리고 1938년에는 아예 대학교수직을 그만두고 브라질 정부의 후원 아래 1937년부터 시작한 브라질 내륙지방의 원주민인 카두베오, 보로로, 남비카와라, 투피 카와이브 부족을 대상으로 현지연구를 하였는데, 훗날 그의 대표 저서인 『슬픈 열대』(1955)의 기초자료가 된다.

하지만 안정된 교수직을 그만두고 교사 시절 결혼했던 첫 번째 아내 디나(Dina Lévi-Strauss, 1911~1999)와 함께 아마존 밀림 지역을 조각배를 이용해 이동하며 텐트를 치고 잠을 청해야 했던 불안정한 상황에서 아내가 부상을 입게 된다. 아내는 치료를 위하여 프랑스로 돌아갔고, 그로 인하여 장기간 떨어져 있게 된 것이 원인이 되어 결국 그의 곁을 떠남으로써 이혼하게 된다.[7] 이들이 이혼하게 되는 또 다른 이유 중의 하나는 레비-스트로스(Claude Lévi-Strauss)가 비시 정부의 프랑스(Vichy France)를 탈출하고 디나(Dina)는 프랑스에 남아 프랑스 저항에 참여했기 때문이기도 하다. 이로써 레비-스트로스는 결국 브라질에서도 만족할만한 성공을 하지 못한 상태에서 1939년에는 제2차 세계대전이 발발하자 프랑스 군대에 징집되어 영국과 프랑스 군대 간의 통역장교로 근무해야 했다. 그러나 전투가 시작된 지 겨우 5주 만인 1940년 5월에 독일 군대에게 파리가 점령당하자 레비-스트로스는 1941년에 독일군의 점령지가 아니었던 프랑스 남부 몽펠리에(Montpellier)로 도망가서 고등학교(lycée) 교사직을 구하게 된다.

그러나 1940년 6월 22일에 프랑스가 독일에 항복한 후, 프랑스 남부의 휴양도시 비시(Vichy)에 세운 친독정부(親獨政府)인 이른바 비시 괴뢰정권이 유대인이었던 레비-스트로스에 대하여 채용취소를 시킨다. 이에 레비-스트로스는 다시 브라질로 가고자 시도를 하게 되는데, 그길로 프랑스를 떠나 스페인 마르세유로 가서 배편으로 미국령인 푸에르토리코(puerto Rico)로 탈출한 것이다. 그리고 평소에 흠모했던 미국의 인류학자 로버트 로위와 연락이 닿아 뉴욕시의 사회연구학교(신사회조사연구원)에 연구원(객원교수)으로 들어가 1945년까지 근무하게 된다.

레비-스트로스가 교사로 재직했던 시절에 접했던 로버트 로위의 저서가 그를 인류학자의 길로 인도했다면, 그가 신사회조사연구원에 재직했던 이 시기는 로위의 도움으로 본격적인 구조주의 인류학자의 길로 접어들게 한

7) 레비-스트로스는 이후에도 로즈마리 울모(1946~1954)와 결혼한 후 이혼 후 모니크 로만(1954~2009)과 결혼하여 2009년에 사망할 때까지 결혼생활을 유지하였다.

계기가 마련되었다고 볼 수 있다. 그 이유는 이 시기에 러시아 태생으로 미국으로 망명 온 미국 언어학자 로만 야콥슨(Roman Jakobson, 1896~1982)을 만나게 되면서 본격적인 언어구조주의를 접하게 되었다는 점에 있다. 야콥슨은 소쉬르가 시작한 언어학을 발전시켜 구조주의 언어학 체계를 세운 유럽 구조주의 언어학운동의 주요 창시자였기 때문에 레비-스트로스는 야콥슨과 공동연구를 하면서 구조주의 철학의 기본 틀을 익힐 수 있었던 것이다.

이러한 맥락에서 레비-스트로스가 야콥슨과 공동연구로 1942년에 〈워드(Word)〉 지에 발표된 〈언어학과 인류학에서의 구조적 분석〉은 구조주의 인류학의 시발점에 있다고 볼 수 있다. 이를 통하여 레비-스트로스는 독자적인 문화인류학 분야에 구조주의 언어학을 적용할 수 있게 된 것으로 보인다. 다시 말하면 레비-스트로스는 구조주의 언어학이 "언어는 그 자체 내부에 독립된 상관 구조(랑그와 파롤)를 가지고 있다."는 입장을 바탕으로 한다는 점에 착안하여, 인간의 문화와 상관이 있는 친족이나 신화에도 시간과 공간을 초월하는 일반적이고 보편적인 '구조(structure)'가 있다는 연구 관점을 정립할 수 있었던 것이다.

한편, 1944년 6월 6일에 드와이트 아이젠하워(Dwight D. Eisenhower)[8] 장군이 이끄는 연합군이 프랑스 북부의 노르망디에 상륙하여 유럽 서부 전선의 지상전이 재개된 '노르망디 작전'으로 독일군이 프랑스에서 물러가자 레비-스트로스는 프랑스 정부의 요청으로 일시 귀국하였다. 그리고 1946년(36세)에 미국에 프랑스대사관 문화고문으로 가게 된다. 이 시기에 레비-스트로스는 미국공립도서관의 자료들을 읽고 박사학위 논문 〈친족의 기본구조〉를 작성하게 된다. 이후 1948년에 파리로 귀국하여 인류학 박물관 부관장으로 재직하면서 파리대학에서 문학박사 학위를 받았다.

1949년에는 그의 박사학위 논문을 편집하여 『친족의 기본구조(*Les Structures élémentaires de la parenté*)』(1949)를 출간하였는데, 프랑스 사상계에서 반향

8) 1952년 군생활을 청산하고 대통령 선거에 공화당 대표로 나서 미국 제34대 대통령이 되었다. 군인 출신으로 그는 비서관과 내각의 각료들에게 권한을 대폭 위임하고, 행정부처의 구체적인 실무에는 적극적으로 관여하지 않았다.

을 일으켜 '폴 베리오상'을 받게 된다. 1950년에는 세계 평화와 인류 발전을 위해 노력하는 국제기구인 유네스코(국제연합교육과학문화기구, United Nations Educational, Scientific and Cultural Organization)의 문화 사절로서 동파키스탄과 인도를 약 4개월간 여행하였다. 이후 어느 정도 명성을 얻게 되자 1950~1974년까지 파리대학 고등연구원의 종교부문 연구지도교수로 재직하게 된다. 이 시기에 그가 담당한 세미나는 〈무(無) 문자 민족종교의 비교연구〉라는 주제였는데, 파리대학 고등연구원은 그를 위하여 고등연구원 부속의 사회인류학 연구실을 창설하기도 했다.

그리고 1959년에는 국립 성인교육기관이자 연구소인 콜레주 드 프랑스(Collège de France)의 사회인류학 정교수로 부임하여 친족구조와 신화구조에 관련된 구조주의 인류학 저서들을 출간하였다. 1978년(70세)에는 미국 존스홉킨스대학에 초청되어 창립 200주년 기념강연과 함께 명예박사학위를 받기도 했다. 1979년에는 멕시코 국립대학의 초청으로 수차례의 강연과 고고학적 현장을 방문했으며, 명예박사학위를 받았다. 같은 해에 캐나다 퀘벡의 라발대학에 초청되어 명예박사학위를 받고 여러 차례 강연과 세미나에 참석하여 발표하였다. 그 후에도 1980년에 일본 오사카를 방문한 것에 이어서 1981년에는 한국의 정신문화연구원(현, 한국학중앙연구원) 초청으로 강연과 더불어 경북 경주시와 경남 통도사 등을 여행하였다.

1982년(74세)에 콜레주 드 프랑스에서 퇴직하여 명예교수가 되어 자택에 칩거하며 2~3년에 한 권 정도의 저서를 출간하며, 2003년에는 철학과 관련하여 마이스터 에크하르트 상(the Meister-Eckhart-Prize)을 수상했다. 아울러 세 번째 결혼한 부인과 함께 생활하다가 2008년에는 아카데미 프랑세즈(Académie Française)에서 첫 번째로 100세를 넘긴 멤버가 되었으며, 2009년 1월 30일 101세의 나이에 심장마비로 사망하였다. 그의 시신은 프랑스 중동부의 포도와 와인 생산지인 부르고뉴(Bourgogne)의 리뉴롤 마을에 묻혔으며, 조용한 장례를 원했던 유언에 따라 가족장을 치른 후에야 사망이 발표되었다. 당시의 〈데일리 텔레그레프(The Daily Telegraph)〉 지는 사망기사에서 레비-스트로스를 프랑스 지성계와 사회과학에서의 구조주의에서 주된 전후의 영향력을 미친 사람 중 하나였다는 부고 기사를 썼다. 당시 프랑스 대통령 니콜라스 사르코지(Nicolas Sarkozy)도 그를 가장 위대한 민족학자 중 하나라고 언급했다.

2) 클로드 레비-스트로스의 문화상대주의 체계

레비-스트로스의 주요 저서로는 『친족의 기본구조(*Les Structures élémentaires de la parenté*)』(1949), 『슬픈 열대(*Tristes tropiques*)』(1955), 『구조인류학(*Anthropologie structurale*)』(1961), 『야생의 사고(*La Pensée Sauvage,* 야만의 사고)』(1962), 『토테미즘(*Le Totémisme aujourd'hui*)』(1962), 『신화(*Mythologiques*)』(1964~1971) 등이 있다. 이 중에서 그의 구조주의적 이론을 토대로 한 문화상대주의(文化相對主義, cultural relativism) 사상이 담겨 있는 책은 『슬픈 열대』(1955)와 『야생의 사고』(1962)가 대표적이다.

레비-스트로스가 인류학자로서 인간의 사회와 문화를 이해하는 방법으로써 구조주의를 발전시키고, 인류 문화는 일원적으로 진화하는 것이 아니라 제각기 독자적인 방향으로 발전하기 때문에 미개와 문명 사이의 우열을 가릴 수 없다고 보는 관점인 문화상대주의를 태생시킨 철학자로도 유명한 이유가 여기에 있다.

문화상대주의는 사회학이나 문화인류학의 이론에서 그 절대성을 인정하는 문화절대주의와 배치되는 이론이라는 점에서 구조주의와 마찬가지로 일종의 상대주의적 관점인 것이다. 이는 여러 유형의 이질적인 문화의 우열을 가리지 않고 문화를 그대로 인정하고, 거기서 인류가 화합할 수 있을 것으로 보는 다문화주의(Multiculturalism)와도 상통하는 측면이 있다.

『슬픈 열대(*Tristes Tropiques*)』(1955)는 전체가 9부로 구성된 기행문 형식의 두꺼운 책이다. 1937년에서 1938년까지 브라질의 아마존강 유역의 카두베오족(Caduveo)과 보로로족(Bororó), 낭비크와라족(Nambikwara), 투피-카와이브족(Tupi-Kawahib) 등 원시부족사회를 탐험한 자료를 기초로 서술되었다. 레비-스트로스의 독자적인 문명론(문화상대주의)과 구조주의 철학의 원형을 보여준 이 책의 핵심은 서양인들이 역사적 문명인임을 자처하면서 그들이 말하는 미개사회를 마음대로 파괴하고 황폐화시킨 것을 비판하고 있다는 점이다.

아울러 서구적 관점에서 비윤리적 · 야만적으로 보이는 원시부족사회의 일부다처제나 식인 풍습 등도 서구중심의 이분법적 사유에서 판단할 것이 아니라 다양성을 존중하는 문화 인식구조를 보이고 있다.

즉 서구 문명인이 야만인과 대비하여 자신의 문화가 우월하다고 여기는 태도에 대해 비판하였는데, 이러한 자신의 관점에 영향을 미친 분야로 지질학, 정신분석학, 마르크스주의를 들고 있다. 하지만 이 책을 발간하면서 레비-스트로스는 소위 서구 문명인들로부터 많은 비판을 받았는데, 이는 18세기의 장 자크 루소가 『인간불평등 기원론』(1755)에서 인간 불평등의 기원은 '사유재산의 소유'라고 지적하고, '자연상태의 자유와 평등'을 주장하여 비판을 받았던 것에 비유될 수 있다.

『야생의 사고(*La Pensée sauvage*)』(1962)는 영어 명칭인 'The Savage Mind(야만적 사고)'보다는 주로 원제 '팡세 소바주(*La Pensée sauvage*)'로 알려져 있는데, 기행문 형식인 『슬픈 열대』와는 달리 『구조인류학』(1958)에 이어서 레비-스트로스가 펴낸 두 번째의 이론서이다. 따라서 1960년대 이후에 일어난 구조주의 열풍의 발화점이 되었다고 볼 수 있다. 레비-스트로스는 미개하다고 치부되는 야생인의 사고와 문명인의 사고는 그 사고방식이 동일한 체계를 가지고 있다고 보며 당대의 사르트르 등이 주장한 서구 문명사회의 이성중심주의나 실존주의를 비판하였다.

레비-스트로스는 서구 문명사회와 대비되는 원시부족사회의 지적 활동 혹은 사고의 구조를 '브리꼴레르(bricoleur)'라는 단어를 사용하며 설명하고 있다. 이 단어는 일종의 하위문화적인 의미를 내포하고 있지만 주어진 상황에서 활용 가능한 도구, 지식과 손재주기술을 갖추고 임기응변력을 발휘해 위기 상황을 탈출하는 '손재주꾼' 정도의 의미가 있다. 세부적인 구성을 보면 전체적으로 9개의 장으로 구성되어 있는데, 제8장까지는 미개한 사고방식으로서의 토테미즘 관점에 대해 비판한 후에, 제9장의 '역사와 변증법'에서는 사르트르의 『변증법적 이성비판』(1960)에서 보인 실존주의에 대한 논쟁을 걸고 있다. 이것은 프랑스를 비롯한 유럽에서 실존주의적 인간주의와 역사주의가 몰락하고 반역사주의적인 구조주의가 전개되는 전환점을 제공하였다고 볼 수 있다.

2. 클로드 레비-스트로스의 인류학적 구조주의 체계

1) 『친족의 구조』에서의 인류학적 구조주의 체계

클로드 레비-스트로스는 기본적으로 사회인류학자로서 근대 인류학의 아버지로도 불리지만, 제2차 세계대전 이후에 사상계의 주류를 이루어왔던 실존주의(Existentialism)적 흐름에서 소쉬르로부터 시작된 구조언어학의 영감을 받아 구조주의 인류학을 정립함으로써 구조주의 철학을 본격적으로 열게 되는 역할을 하였다.

따라서 프랑스에서는 실존주의를 대표하는 장 폴 사르트르(1905~1980)가 사망하자 그 후의 사상계를 이끌어 갈 지성으로 거론되었던 인물이기도 하다. 이러한 레비-스트로스의 구조주의 인류학 체계를 파악할 수 있는 주요 저서로는 그의 처녀작인 『친족의 기본구조(*Les Structures élémentaires de la parenté*)』(1949), 『구조인류학(*Anthropologie structurale*)』(1961, 1973), 『신화(*Mythologiques*)』(1964~1971) 등이 있다.

레비-스트로스는 원래 1927~1932년 파리대학에서 법학과 철학을 전공했지만 당시 철학은 주로 언어문제를 다루었기 때문에 매력을 느끼지 못했다. 더구나 취업을 위해 공부했던 법학에서도 학문적 흥미를 가질 수 없었다. 따라서 정치에 관심을 두게 되면서 마르크스사상에도 접해보고 당시 세간의 관심을 받았던 프로이트의 정신분석학도 공부해보았지만 역시 지적인 만족감을 얻지 못하고 지적 방황을 계속하였다.

그러던 중 1932년에 몽뜨 · 마르쌍 중고등학교(lycée)의 철학교사로 재직하게 되면서 1933년경에 오스트리아 태생의 미국 인류학자 로버트 로위(Robert Heinrich Lowie, 1883~1957)가 쓴 『원시(미개)사회(*Primitive Society*)』(1920) 등을 읽고 인류학에 대한 지대한 관심을 가지게 된다.

레비-스트로스의 이러한 인류학에 대한 지적 관심을 교사생활을 거쳐

1935년에 브라질의 상파울루대학의 사회학 교수로 가게 되면서 본격화되었다. 이후 그가 교수직을 그만두고 브라질의 원시 부족사회를 탐방 연구하여 정립한 구조주의 인류학은 크게 친족구조연구와 신화구조연구로 구분된다. 한편, 레비-스트로스가 프랑스의 사회인류학자로서 구조주의자의 선구자적 위치에 서게 된 계기의 하나는 러시아 태생의 미국 구조주의 언어학자 로만 야콥슨(Roman Jakobson, 1896~1982)과 공동연구를 하게 된 것에서도 찾을 수 있다. 구조주의 언어학이 언어를 보편적인 언어규칙체계인 '랑그(langue, 언어)'와 그 랑그라는 규칙에 의해서 개별적으로 언급되거나 진술되는 '파롤(parole, 말)'로 구조를 분석하는 것에 착안하여 부족집단 간의 혼인 시스템(구조)과 신화의 구조를 파악하는 구조주의 인류학을 창안했기 때문이다.

『친족의 기본구조(*Les Structures élémentaires de la parenté*)』(1949)는 1948년에 파리대학 박사학위 논문으로 제출한 내용을 정리하여 출간한 것으로 레비-스트로스를 세계적인 구조주의 인류학자의 반열에 오르게 한 작품이기도 하다. 이 책에서는 기본적으로 자연 상태에서 문화 상태로 넘어오는(경계 짓는) 가장 기본적인 법칙을 '근친상간 금지제도'로 보고, 이 근친상간을 피하면서 친족 형성을 가능케 하는 결혼 협약의 기본구조를 밝히고 있다. 그러한 맥락에서 그는 미개인이 비합리적이고 비논리적이라는 견해와는 달리 자연적 환경에서 제공되는 것을 논리적이고 체계적으로 조직화한다는 주장을 펴고 있다.

이러한 주장의 근거로서 레비-스트로스는 근친 금혼(近親 禁婚)의 원인에 대한 자신의 견해를 제시하고 있다. 즉 유전적인 악화를 방지하기 위한 생물학적인 견해나 친족체계의 위계질서를 유지하기 위한 도덕적 · 심리적 견해에 반대하고 한 집단의 근친 금혼이 사회적 · 경제적 이익, 즉 교환 원리와 호혜성 원칙과 상관된다는 것이었다. 막연히 근친과 혼인을 금지하는 것이 아니라 내 것을 타 집단에 주고, 타 집단의 것을 내가 갖는 교환 원리로 보는 것이다. 집단들은 여자를 집단 간의 교환할 수 있는 기호로서 간주하고 교환을 통하여 서로의 공통적인 유대와 협력관계(호혜)를 얻게 된다는 의미이다.

2) 『구조인류학』, 『신화(학)』에서의 인류학적 구조주의 체계

『구조인류학(*Anthropologie structurale*)』은 1961년에 이어 1973년에 제2권이 출간되었다. 이 책에서 레비-스트로스는 소쉬르가 언어의 대립하는 의미구조가 이항대립(binary opposition)을 통해 형성된다고 보았던 사유를 문화인류학에 적용시키고 있다. 인간의 문화구조 바탕에 이항대립이 깔려있다고 분석한 것이다.

그중에서도 고대 그리스 비극시인 소포클래스(Sophocles, B.C. 496~B.C. 406)의 비극 작품 『오이디푸스 왕(*Oedipus the King*)』[9]에서는 오이디푸스 신화 이야기가 주인공 오이디푸스가 아버지 라이오스를 시비 끝에 죽이게 되고, 어머니 이오카스테와 결혼하여 4명의 자녀를 낳게 되는 이야기를 기능적으로 분석하면서도, 과잉적 친족관계와 소원해진 친족관계의 이항대립으로 보고 있다. 이는 오이디푸스가 자신의 운명과 싸우는 인간 주체와는 상관없는 인류의 무의식적 사유구조를 분석하고 있는 것으로 보는 구조주의(structuralism) 관점의 초석이 된다. 그가 "문화는 인간의 무의식적 심리구조의 산물이다."라고 언급하고 있는 것도 그의 문화인류학적 구조주의 사상을 대변하는 의미로 볼 수 있다.

10년간 저술된 방대한 규모의 저서 『신화(*Mythologiques*)』(1962~1971)는 레비-스트로스가 남북 아메리카 인디언들의 방대한 신화를 전체 네 권의 신화 이야기로 분석함으로써 겉으로 보이는 인간현상이 아니라 인간 심층에 존재하는 문화형성의 원리인 구조적 무의식의 존재를 확인하고자 했던 저작이다. 즉 언어적 차원의 교환 원리, 여자 교환이나 물질 교환 등의 원리만이 아니라 신화 차원에서도 감정-의무-가치관과 같은 무의식적 존재가 구조화 되어 있다고 본 것이다.

이는 신화도 언어처럼 이원대립의 이야기 구조를 가지고 있다고 착안한

9) 오이디푸스(Oedipus)는 테베의 왕으로 전설에 따르면, 테베의 왕 라이오스는 아들에게 살해될 것이라는 신탁을 듣고 아내 이오카스가 낳은 아들을 두 발목을 한데 못질한 후 키타이론산에 버린다. 이때 '부풀어 오른발'이라는 뜻의 '오이디푸스'가 그 아이의 이름이 된다. 그러나 아이는 한 목동에게 발견되어 코린트의 왕 폴리보스의 양자가 되어 성장한다.

것이며, 인간의 무의식과 그에 다른 사회구조원리를 알 수 있는 수단이 된다고 본 것이다. 다시 말하면 언어가 의미가 없는 '음소' 단위가 모여서 기본적 의미를 가진 단위인 단어가 만들어지고, 단어가 모여서 수많은 의미 있는 문장을 만드는 구조이듯이, 신화도 언어 이론처럼 '신화소(mythemes)'의 연합과 결합의 구조로 의미가 있는 신화 이야기가 만들어진다고 본 것이다.

이 말은 다양한 문화에서 나온 수많은 신화들이 몇 개의 의미 있는 기본 단위인 신화소로 환원할 수 있다는 것을 주장한 것이다. 여기에서 신화소는 언어 이론에서 음소와 같은 역할을 하게 되며, 신화소가 법칙에 의하여 결합함으로 신화 이야기라는 의미를 생산하게 된다고 본 것이다.

예를 들면, 한국의 『삼국유사』(1285)에서 고조선의 건국신화로 나오는 단군신화이야기는 하느님인 환인(桓因)의 아들 환웅(桓雄)이 인간 세상을 다스리기를 원하여 풍백(風伯), 우사(雨師), 운사(雲師)를 비롯한 삼천여 명의 수하를 이끌고 태백산 정상의 신단수 아래로 하강하여 그곳을 신시(神市)라고 지칭하고, 웅녀와 신화적인 결혼을 하고 단군왕검이라는 아들을 낳아 건국하였다는 이야기이다. 여기에서는 '하강', '신화적 결혼', '건국' 등의 몇 개의 신화소가 모여서 의미를 가진 구조가 있다는 것으로 해석할 수 있다.

'신화학 대계'로 일컬어지는 레비-스트로스의 『신화(*Mythologiques*)』(1962~1971)는 전체적으로 4부로 구성된 대작으로서, 영국과 미국의 인류학계에 그다지 큰 영향을 미치지는 못했지만 이후 문학비평계에서 구조주의 문학비평이라는 시도를 낳았다. 그 세부적인 구성을 보면, 제1부 「날것과 요리된(익힌) 것(Le Cru et le cuit)」(1964), 제2부 「꿀에서 재까지(Du miel aux cendres)」(1962), 제3부 「식사예절법의 기원(L'Origine des manières de table)」(1968), 제4부 「벌거벗은 인간(L'Homme Nu)」(1971)이다.

이 책에서 레비-스트로스는 대부분 이항대립적인 중심축을 출발점으로 인간의 보편적인 의식구조를 논의한다. 남북 아메리카 인디언 신화 이야기를 무려 813개나 소개하고 구조주의적인 분석을 하고 있는 것이다. 그 방식은 대체로 특정한 하나의 신화를 구조적으로 분석한 뒤 이 신화 이야기를 이웃한 부족사회의 신화 이야기와 비교함으로써 그 공통된 특성과 사회구성 원리를 찾아가는 형태이다.

이 외에도 레비-스트로스는 1975년에 2권으로 구성된 『가면을 쓰는 법(*La voie des masques*)』을 출간했는데, 이 책에서는 미국 북서해안 인디언족의 예술 · 종교 · 신화의 구조를 분석하면서 문화를 커뮤니케이션 체계로 보고 있다. 그리고 그 체계들을 해석하기 위해서 구조언어학, 정보이론, 인공두뇌학에 기초를 둔 모델로 설명하고 있다.

이처럼 레비-스트로스는 소쉬르와 야콥슨의 언어기호학을 기초로 언어와 문화에 내재하는 '이항적 대립적 구조'를 분석함으로써 사회를 재생산하는 구조를 발견한 구조주의자였다고 볼 수 있다. 그가 사망한 해인 2009년에 제임스 프랜시스 카메론(James Francis Cameron)이 '판도라'라는 외계 위성을 배경으로 하는 과학소설(Science Fiction) 장르로 발표한 미국 영화 〈아바타(Avatar)〉[10]도 사상적인 부분에서 레비-스토로스의 영향을 받았다는 평가가 많다.

제작자이자 감독인 제임스 카메론은 영화 속에서 판도라의 원시적 문명에서 살아가는 나비(Na'vi)족을 설정하고, 나비족이 사용하는 언어도 언어학자의 도움을 받아 만들어낸 '인공언어'를 사용한다. 그러나 이 영화를 보는 관객들에게는 나비족의 이상적인 원시문명에 대해서 더 이상 '야만'이라 치부할 수 없는 감정을 느끼게 하고 마치 현대문명의 습격으로 눈물 흘리고 있는 '아마존' 부족들의 신화적 구조를 보는 것 같은 착시효과를 가져올 수도 있기 때문이다.

10) 영화에서는 서기 2154년, 지구는 에너지 고갈 문제를 해결하기 위해 지구로부터 멀리 떨어진 행성인 판도라의 토착민 '나비'(Na'vi)의 외형에 인간의 의식을 주입, 원격 조정이 가능한 새로운 생명체 '아바타'를 탄생시키는 프로그램을 개발하는 내용으로 설정하고 있다. 한편, Avatar는 지상으로 내려온 화신(化身)이라는 종교적인 뜻의 산스크리트어인데, 인터넷 용어로는 사용자의 분신을 의미한다.

Chapter 2 프로이트의 구조주의

제1절 지그문트 프로이트의 생애 배경과 정신분석이론

1. 지그문트 프로이트의 생애 배경과 과학적 심리학과의 관계

1) 지그문트 프로이트의 생애 배경

지그문트 프로이트(Sigmund Freud, 1856~1939)[1]는 1856년 5월 6일에 당시에 합스부르크 제국(1526~1918)의 일부였던 모라비아의 작은 마을 프라이버그(Freiberg, 현 체코 프르쉬보르)에서 태어났다. 그의 아버지 야콥 프로이트(Jacob Freud, 1815~1896)는 가난한 유대인 모직물 상인 출신으로서 10대 후반의 두

1) 무신론자이기도 했던 프로이트는 빈대학(University of Vienna) 의과대학에 입학한 1873년부터 자신의 이름을 지기스문트(Sigismund)에서 지그문트(Sigmund)로 바꾸었다. 이는 그의 유대 정서로 유추해볼 수 있는데, 지기스문트는 헝가리 군주로 유대교에 포용적이었던 인물이었기 때문이었다. 그러나 아리안족의 반유대주의가 극심할 때마다 유대인의 정체성을 드러내며 기독교를 비판했다는 점에서는 양가적인 감정을 알 수 있다.

아들[2)]을 둔 상태에서 41세에 21세의 아말리아 나탄손(Amalia, 1835~1930)과 재혼하여 다시 칠 남매[3)]를 두었는데, 프로이트는 그중에서 맏 아들로 태어났다.

이후 가족이 늘어나자 프로이트의 가정은 1858년(2세) 때 독일의 라이프치히(Leipzig)로 이사했다. 1860년(4세)에 아버지의 사업이 파산하자 다시 오스트리아의 빈(Vienna, Wien) 제2구역의 가난한 유대인 거주지역 레오폴드슈타트(Leopoldstradt)로 이주했다. 프로이트는 이곳에서 새로 태어난 여섯 명의 동생들과 함께 아주 작은 집에서 성장하였다.

따라서 프로이트의 성장환경을 보면 당시의 사회는 유대인들에게 호의적이지 않았기 때문에 그의 아버지는 그러한 모멸감을 스스로 해결하지 못하고 프로이트를 비롯한 자녀들에게 엄한 양육태도를 보였다. 이와는 반대로 그의 어머니는 20세가 차이가 나는 남편보다는 장남인 프로이트를 최고로 여기게 된다. 그러므로 프로이트는 이러한 아버지와 어머니의 관계에서 복잡한 심리적 갈등(콤플렉스)이 상존했을 것으로 보인다.

이는 프로이트가 자신의 정신분석학 이론을 정립하는 뿌리로써 자신의 성장환경과 유사한 오이디푸스 신화를 끌어온 배경이 되었다고 볼 수 있다. 다른 한편으로는 프로이트가 결혼 후 6명의 자녀(3남 3녀)를 두고 그의 아버지와는 달리 관대한 아버지 역할을 했던 것과도 상관이 있다. 하지만 아들보다는 딸들과 친밀했고, 그중에서도 막내딸인 안나 프로이트와 정신적으로 밀착하게 된 것은 복잡한 가족관계에서 생겨난 정신적 콤플렉스의 일면으로 볼 수 있다.

프로이트는 뛰어난 수재로 어렸을 때 언어에 뛰어난 능력을 보였으며, 1864년에 중등학교 과정인 스페를 김나지움에 입학하여 재학 8년 중 6년간

---

2) 프로이트의 아버지에겐 사별한 전처의 아들 두 명이 있었는데, 프로이트의 이복 큰형 에마누엘(Emmanuel)의 나이는 프로이트의 엄마보다 많았고, 그에게는 존(John)이라는 아들이 있었는데, 프로이트보다 한 살 위로 어렸을 때 친구였다. 그리고 이복 작은형 필립(Philip)은 엄마와 동갑이었다.

3) 프로이트의 형제는 8남매였으나 프로이트 아래의 남동생 Julius가 8개월 만에 병으로 죽고, 그 아래로 5명의 여동생 Anna, Rosa, Marie, Adolphine, Pauline과 막내로 남동생 Alexander가 있다.

수석을 했다. 재학 중 프로이트는 철학, 과학 등에 관심이 많았으며, 졸업 당시 이미 다양한 언어로 셰익스피어 등 많은 책을 읽을 수 있는 상태였다고 한다. 하지만 가난을 벗어나기 위하여 법대에 진학하고자 했으나 막바지에 진로를 바꾸어 의사가 되기 위해 1873년(17세)에 당시 세계 최고 수준이었던 빈대학(University of Vienna)의 의과대학에 입학하였다.

그 이유 중의 하나는 중등학교 시절에 찰스 다윈(Charles Robert Darwin, 1809~1882)의 『종의 기원*(On the Origin of Species by Means of Natural Selection, the Preservation of Favoured Races in the Struggle for Life)*』(1859)[4]과 볼프강 괴테(Johann Wolfgang von Goethe, 1749~1832)의 자연과학적이고 철학적인 저서들을 접하고 영향을 받았던 것에 있었다고 전해진다. 그러나 프로이트가 진로결정을 철학이 아닌 법대나 의대를 고려했던 것은 당시 빈 지역이 유대인에 대한 인종차별이 있긴 했지만 다른 유럽 여러 지역에 비해서는 의사나 변호사 같은 전문직에 대해서는 유화적이었기 때문에 유대인들이 이 분야로 진출하는 경우가 많았다는 것도 이유가 되었다고 볼 수 있다.

프로이트가 의과대학에서 생리학을 본격적으로 전공하면서 영향을 받은 학자로는 독일의 생리학자 에른스트 빌헬름 본 브뤼케(Ernst Wilhelm Ritter von Brücke, 1819~1892)이다. 그는 1874년에 『생리학 강의』를 출간하여 '정신역학'의 개념을 제안하였는데, 그 당시 브뤼케는 프로이트의 지도교수였다. 그는 이 책에서 살아있는 유기체는 하나의 역학계로 보는 급진적인 견해를 내놓았는데, 프로이트는 그의 새로운 '역학적 생리학'을 받아들이게 된다.

따라서 훗날 프로이트가 정신과 무의식의 구조적 관계에 대한 '역동적 심리학'을 제시한 것은 어쩌면 브뤼케의 '생리학 강의'에서 출발하였다고 볼 수 있다. 이에 차츰 생물학, 생리학에 관심을 가지게 되어 장학금을 받고 잠시 북부 이탈리아 트리에스테(Trieste)에 가서 뱀장어 생식선에 대한 연구를 시작으로 연구자의 길로 들어섰으며, 1876년에는 브뤼케가 운영하는

4) 1859년 11월 24일에 존 머리 사(John Murray 社)에서 500여 페이지 규모로 1500권이 출판되었고, 하루 만에 다 팔렸다. 진화생물학의 토대로 여겨지는 과학문헌으로서 당시의 종교적인 믿음과 모순된다는 이유로 큰 논쟁을 일으켰다.

생리학 연구소에 들어가 안정과 만족감을 느끼며 그곳에서 1881년까지 6년간 일했다.

프로이트는 1878년 21세 때 칠성장어 유충의 중추신경계통에 대한 조직학적 연구 결과를 발표하고, 이때 비엔나 아카데미(Vienna Academy)에서 14세 연상의 유대인 내과의사 조셉 브로이어(Josef Breuer, 1842~1925)를 만나게 되어 관계를 이어가게 된다. 그리고 1879년에는 1년간의 의무 군 복무를 위해 연구를 잠시 접어두었으며, 입학 후 연구소 생활을 포함하여 8년만인 1881년에 논문 〈하급 어류종의 척수에 관하여〉로 빈대학에서 의학박사(M. D.) 학위를 받았다. 그리고 브뤼케 교수의 연구실을 떠나 빈종합병원으로 자리를 옮기게 된다. 1882년에 프로이트는 여동생의 친구이자 훗날 아내가 되는 5세 연하의 마르타 베르나이스(Martha Bernays, 1861~1951)를 만나게 된다. 그녀의 아버지 베르만은 함부르크의 수석 랍비(rabbi)였던 이작 베르나이스의 아들이었지만 일찍 사망하자 프로이트와 약혼한 것으로 알려진다. 프로이트는 약혼 후 4년 만인 1886년에 결혼해서 이후 여섯 명의 아이를 둔다.

프로이트가 당시 곧바로 결혼하지 못한 것은 대가족인 집안을 부양하기 위하여 빈종합병원에서 신경과를 비롯한 여러 과에서 환자를 전기요법 등으로 치료하면서 몇 년간 일했기 때문이다. 하지만 프로이트는 자신이 사용하는 전기요법 등의 치료법이 별 효과를 발휘하지 못한다는 점에서 좌절하게 된다. 그러나 이즈음에 과거 빈대학 의학부에 재학시절부터 알고 지냈던 14세가 많은 신경질환 및 내과 전문의였던 요제프 브로이어(Josef Breuer, 1842~1925)와 교류하면서 또 다른 전환점을 찾게 된다.

브로이어는 당시 인위적인 최면상태에서 정화(catharsis)기법을 이용하여 치료하는 의사로 명성을 얻고 있었다. 그가 치료한 23세의 '안나 O(Anna O)'라는 가명의 유대인 처녀를 비롯한 여러 히스테리 환자를 치료한 경험을 바탕으로 프로이트에게 중요한 힌트를 제공하는 역할을 하게 된 것이다.

세부적으로 보면, 브로이어는 1880년에 백만장자의 딸로서, 재능이 뛰어난 미모의 21세 베르타 파펜하임(Bertha Pappenheim), 일명 〈Anna O〉의 히스테리 증상을 치료하기 시작하여, 그녀가 23세가 되었던 1882년 6월에 중단하였던 사례를 프로이트에게 자세하게 알려주게 된다. 이를 통해 프로이트는 히스테리 증상의 원인과 의미를 깊이 통찰할 수 있게 되며 그의 정신분석이론의 모티브를 얻게 된 것으로 볼 수 있다.

'안나 O(Anna O)'라고 칭해지는 환자의 히스테리는 늑막염을 앓고 있었던 아버지를 헌신적으로 간호하면서 발병이 되었는데, 심한 두통, 시각장애, 신체마비, 환상, 심한 언어장애 등이 있었고, 시커먼 뱀이 아버지에게 다가오는 꿈을 꾸고 난 후 오른쪽 팔이 마비되었으며, 물에 대한 공포증으로 물을 마시지 못하여 과일로 물을 대신 공급해야 하는 사례였다. 브로이어는 이 환자를 치료하는 과정에서 몽롱한 상태에서 환자가 가지고 있는 정동적인 환상을 말로 표현하게 하면 그러한 상태에서 벗어나게 된다는 것을 우연히 발견하게 되었다는 것이었다. 따라서 브로이어는 환자를 최면상태에 빠지게 하고 자신의 감정에서 떠오르는 것이 무엇인지를 말하게 하는 방법으로 증상을 회복시키는 치료방법을 고안했던 것이다.[5)]

이 당시 프로이트는 그의 정신분석학 정립에 관련된 또 다른 기회를 포착하게 되는데, 프랑스에서는 최면기법을 이용하여 히스테리아 등의 신경증 환자를 치료한다는 소식을 접한 것이다. 이에 1885년에 프로이트는 브뤼케 교수의 추천으로 장학금을 받아 1885년 10월부터 이듬해 2월까지 5개월간 파리로 유학을 가게 된다. 당시 신경병리학의 성지라고 알려진 파리 살페트리에르(Salpetri) 병원에서 내과의사이며 파리대학의 교수였던 내과의사 장 마르탱 샤르코(Jean-Martin Charcot, 1825~1893)의 수련생이 된 것이다.

여기에서 프로이트는 샤르코의 치료법을 적극적으로 익히게 되며, 이는 반세기 동안 자신의 화두가 될 인간의 심신 관계에 관한 문제를 파고드는 전환점이 되었다. 1886년에 빈(Vienna, Wien)으로 돌아온 프로이트는 미뤄오던 결혼식을 하고 빈종합병원을 그만두고 아내의 결혼지참금으로 아파트를 마련하고 신경질환 전문병원도 개업하여 최면기법으로 히스테리성

5) <안나 O>의 치료 사례에서 환자는 자신의 대화를 통해 증상이 완화되었다는 측면에서 '담화치료(talking cure)'라고 했고, 브로이어는 환자 자신의 불안한 감정과 증상을 말로 표현함으로써 스스로 그것들을 제거하게 된다는 입장에서 '감정정화요법(cathartic cure)'이라고 불렀다.

(hysteria) 환자를 치료하는 의사가 되었던 것이다.

어느 정도 경제적인 안정이 되자 1889년 여름에는 최면치료기술을 완성시키려고 사르코와 쌍벽을 이룬 내과 의사였던 프랑스의 베른하임(Bernheim)과 레보(Liebault)가 설립한 낸시학교(Nancy school)를 방문하게 된다. 그곳에서는 최면에 걸린 환자가 자신의 이야기를 하소연하고 울거나 마비 등의 발작을 거친 이후에는 증세가 사라진다는 것을 발견했다. 이로써 프로이트는 최면이 본인이 의식하지 못하는 과정, 즉 무의식(the unconscious)을 드러나게 한다는 것을 굳게 믿게 된다.

한편, 브로이어와도 교류를 계속하면서 여러 환자의 임상사례를 바탕으로 연구 작업 끝에 『히스테리 연구』(1895)라는 공동저서를 내놓으며 좋은 관계를 이어갔다. 그러나 성(性)을 히스테리아의 무의식의 갈등요인으로 파악한 프로이트의 견해에 브로이어는 동의하지 않았고, 프로이트가 브로이어에게 빌려 간 빚을 제때에 갚지 않은 문제로도 불화가 빚어진다. 이러한 사유로 브로이어와 결별한 프로이트는 무의식 세계를 추적하기 위한 치료 기법을 정립하기 위한 노력을 지속하게 된다.

그러한 과정에서 프로이트가 40대에 막 접어들었을 무렵인 1896년에 그의 아버지가 사망한 것을 계기로 프로이트는 자신이 오랜 기간 겪고 있었던 신경증의 원인에 대한 분석을 이끌어 낸다. 어머니와 나이 차이가 많고 자신에게도 엄했던 아버지에게 적대감을 느끼고, 젊고 정이 많았던 어머니에게는 성적 감정을 느꼈던 어린 시절 자신의 경험에서 비롯된 무의식적 억압이 있어 왔다는 점을 깨닫게 된 것이다.

아울러 자신에게 치료받고 있는 신경증 환자의 무의식 세계를 탐색하다가 무의식 속에 억압되어 있는 기억들이 어린 시절의 가족문제와 결부된다는 것도 발견하게 된다. 바로 이러한 자신의 경험적 깨달음에서 프로이트는 고대 그리스의 오이디푸스왕 신화와 결부시켜 그의 정신분석의 출발점으로 삼은 것으로 보인다.

다시 말하면 프로이트는 환자들의 부모 및 친지들로부터 환자의 어린 시절에 관한 정보를 수집하여 그 정보와 환자의 꿈(dream) 등을 환자 스스로가 '자유 연상(free association)'하는 기법을 통하여 말하도록 하는 정신분석 이론을 정립해나가게 된 것이다. 그러므로 정신분석이론에서는 무의식적인 생각과 감정을 의식의 영역으로 가져오는 것은 환자가 거리낌이 없이 자신의 꿈에 대해 말하고 자유로운 연상이 가능하도록 격려하고 이끌어주는 것에서 시작된다고 볼 수 있다. 이처럼 자신의 어린 시절 경험과 환자들이 어린 시절에 겪은 외상이 성인기에도 무의식적으로 반복(되풀이)되는 임상결과를 바탕으로 프로이트가 들고나온 것이 '오이디푸스 콤플렉스(Oedipus complex)'이다.

그는 이러한 자신만의 이론을 1896년에 이르러 자유연상기법을 중심으로 '정신분석'이론으로 명명한 것이다. 프랑스의 구조주의 인류학자 레비-스트로스나 구조주의 정신분석학자 라캉이 그들에게 영향을 미친 학문으로 정신분석학을 들고, '오이디푸스 신화'를 바탕으로 무의식적 구조 원리를 구축하고 있는 것도 이러한 프로이트 이론에 연유한다고 볼 수 있다. 그 이후에도 프로이트는 자기분석을 비롯한 환자들의 어린 시절 자료들을 모아 1900년에 라이프치히와 빈에서 동시에 『꿈의 해석』[6]을 출판하게 된다. 이 책에서 그는 꿈을 '무의식으로 가는 왕도'로 정의하고 있다.

이후에 간행된 『일상생활의 정신병리학』(1901), 『성욕에 관한 세 편의 에세이』(1905) 등의 저서는 정신분석을 통해 무의식 세계의 근본적인 구조를 규명하려는 시도로 보인다. 이러한 저술들이 알려지면서 추종자가 생기자 1902년부터 '수요 심리학회'를 창설하였다. 그리고 1908년에는 정식으로 '비엔나 정신분석학회(Vienna Psychoanalytic Society)'로 발족시킨다. 이 당시 오스트리아의 알프레드 아들러(Alfred Adler, 1870~1937)가 초대 회장을 맡았으며, 스위스의 칼 융(Carl Gustav Jung, 1875~1961) 등의 정신의학자들도 프로이트의 공동연구에 참여하게 된다.

그 결과 프로이트는 1909년에는 미국의 심리학자 그랜빌 스탠리 홀

6) 프로이트가 이 책을 출간한 것은 빌헬름 분트가 1879년 11월 라이프치히대학에 심리학 실험실을 세우면서 시작된 현대심리학이 그로부터 20년 후가 되는 1899년이었지만 1900년이 20세기를 여는 의미가 있었기 때문에 1900년도로 표기한 것으로 보인다.

(Granville Stanly Hall, 1846~1924)[7]이 자신이 재직 중인 클라크대학 개교 20주년 기념으로 프로이트를 초청함에 따라 아들러와 칼 융을 대동하여 클라크대학(Clark University)을 방문하여 강의를 통해 자신의 정신분석 이론을 전파하게 된다. 이를 계기로 1910년에는 국제정신분석학회가 출범하여 프로이트의 지명으로 칼 융이 초대회장으로 위촉이 되면서 1920년대에는 세계 각지에 정신분석학회가 설립되는 토대가 되었다.

이후 프로이트의 명성도 국제적으로 높아졌지만, 아들러와 융은 프로이트의 아동 시기에 성적으로 억압된 무의식의 견해에 반대해 차례로 결별하게 된다. 아들러는 1911년에 결별하여 '개인심리학회'를 창립하였으며, 융은 1914년에 결별하여 '분석심리학회'를 창립한 것이다. 그러나 프로이트는 오늘날 후기 프로이트 학파로 칭해지는 이들에 대하여 직접적인 비난은 하지 않았는데, 다만 목사의 아들로 태어나 종교와 신비주의에 흥미를 가지고 있었던 융에 대해서는 프로이트는 비과학적이라는 비판을 하게 된다. 프로이트는 이러한 인간적 배신을 겪으면서도 연구와 정신치료를 지속하였고, 1930년에 프로이트는 심리학과 독일 인문학에 기여한 공로로 괴테 상을 받게 되었다.

이는 프로이트가 심리학을 철학의 영역과 거리를 두면서 과학으로 독립시키고자 평생 노력했지만 '철학'과 인문학의 영역에도 기여한 공로가 인정된 것이라고 볼 수 있는 것이다. 그리고 차츰 영국이나 미국에도 정신분석학이 영향을 미치면서 프로이트가 강조한 자아기능에 기초하여 성립된 안나 프로이트를 비롯한 자아심리 학파(신프로이트 학파)가 생겨나게 된다.

아울러 신 프로이트 학파의 또 다른 부류로는 멜라니 클라인(Melanie Klein,

---

7) 스탠리 홀은 신학자가 되기 위해 뉴욕시의 유니온신학교를 다녔으나 철학을 공부하기 위해 독일유학을 거쳐 1872년 오하이오주 안티오크대학의 강사가 되었다. 그러나 실험심리학의 창시자인 라이프치히대학의 빌헬름 분트와 교류하면서 그의 『생리학적 심리학(Physiological Psychology)』(1873~1874)에 영향을 받아 심리학을 평생의 연구 분야로 결정했다. 미국으로 돌아와 1878년 하버드대학에서 미국에서는 처음으로 심리학박사 학위를 받았다. 이후 동년배이지만 스승격인 윌리엄 제임스(Wilmliam James, 1842~1910)와 함께 실험심리학을 과학으로 성립시키기 위해 노력을 했으며, 초기에는 정신분석학에도 관심을 가졌다. 그리고 독일 다음으로 미국 최초의 <미국 심리학 잡지>(1887)를 창간하고 초대 심리학회장을 역임했다.

1882~1960)을 비롯한 영국정신분석학회를 중심으로 발전한 대상관계 학파가 있다. 대상관계 이론에서 대상(object)이란 중요한 타인을 의미하고 개인이 다른 사람들과 맺는 관계, 즉 대상관계에 초점을 맞춘다. 즉 대상관계 이론의 핵심은 현재의 인간관계가 과거에 이루어진 관계에서 영향을 받는다는 것인데, 안나 프로이트가 이끈 자아심리 학파와 갈등을 빚었다. 당시 영국은 제2차 세계대전을 거치며 안나 프로이트 등 비엔나 학파가 피신해 옴으로써 정신분석의 새로운 근거지면서 자아심리 학파와 대상관계 학파로 나뉘어 치열하게 대립하는 격전지였던 것이다.

프로이트가 사망한 이후에 프랑스의 자크 라캉(Jacques Lacan, 1901~1981)이 프로이트의 정신분석학에서 강조한 무의식 사상에 기초하여 구조주의를 전개한 이유도 이러한 배경에 있다고 볼 수 있는 것이다. 라캉은 주로 신프로이트 학파의 하나인 자아심리 학파에 반대하고, 프로이트가 강조한 무의식과 의식의 체계를 구조주의적으로 해명하고자 했던 것이다.

1933년에 독일에서 히틀러의 나치정부가 권력을 장악하고 순혈 유대인에 대한 인종말살 등 학대정책(Holocaust)을 가속화하자 유대계인 프로이트의 저서도 공격의 대상이 되어 불태워지게 된다. 이러한 공포와 압박 속에서 주위에서는 영국 망명을 권했지만 프로이트는 빈에 남아있기를 원했다. 그 이유는 지독한 애연가였던 프로이트는 1923년에 구강암 선고를 받고 서른 번이 넘는 수술을 했던 차에 1937년에 재발해서 심신이 지쳐있었던 상태였기 때문에 빈에서 죽기로 결심하고 있었던 것이다. 하지만 1938년에 오스트리아가 독일에 완전히 합병되자 3월 22일에 나치 군대가 프로이트의 집을 수색하고 프로이트가 어릴 때부터 과보호하고 후계자로 키워 나갔던 막내딸 안나 프로이트(Anna Freud, 1895~1982)를 연행하는 일이 벌어진다.

이에 프로이트도 크게 실망하여 급기야 망명하기로 결심하게 되고, 그 해 6월에 나폴레옹 1세의 동생 루시앙 보나파르트의 증손녀로서 정신분석을 공부했던 제자 마리 보나파르트(Princess Marie Bonaparte, 1882~1962) 등이 거액의 배상금을 나치정부에 대신 납부하여 망명 승낙을 받게 된다. 그리고 런던에도 거처를 마련해주자 프로이트는 파리를 거쳐 아들 에른스트가 거주하고 있던 영국 런던으로 망명가게 된다. 그러나 1년 2개월 정도가 지난 시점인 1939년 9월 23일에 프로이트는 구강의 종양이 악화되어 주치의 막스 슈어에게 치사량에 달하는 모르핀을 세 번에 걸쳐 투여하도록 부탁하여, 런던 햄스테드(Hampstead) 자택에서 83세의 일기로 사망하였다. 따라서 일종의 안락사로 프로이트는 사망하였으며, 죽은 지 사흘 뒤에 그의 유해는 영국 골더스 그린 공동묘지(Golders Green Cemetery)에 안치되었다.

2) 프로이트 철학과 과학적 심리학의 관계

심리학은 '마음(psyche, 프시케)의 학문(logia)'이라는 뜻으로 고대 그리스문자 Ψ(프시)는 심리학을 상징하는 경우가 많다. 심리학을 뜻하는 라틴어 'psychologia'는 15세기 후반에 처음으로 사용되었다. 그리고 근대의 데카르트(René Descartes, 1596~1650)가 인간을 몸과 정신의 결합구조로 본 심신이원론을 제시하여 마음의 문제를 철학적으로 이해하여 심리학의 기초를 세우는 데 기여하였다.

그리고 영단어 'psychology'는 네덜란드 의사 블랜카트(Steven Blankaart, 1650~1704)가 영문판 의학사전인 『*A Physical Dictionary*(신체건강사전)』(1694)에서 가장 먼저 사용한 것으로 알려져 있다. 그러나 과학적 의미에서의 심리학은 신체적인 측면을 다루는 의학이 아니라 인간을 바라다보는 존재론 영역의 철학에 속하였다가 독일의 빌헬름 분트(Wilhelm Wundt, 1832~1920)가 1879년에 라이프치히대학에 심리실험실을 설치함으로써 구조주의(structuralism) 심리학[8]이 시작되어 철학에서 분리되기에 이른 것으로 볼 수 있다.

하지만 심리학이라는 독립된 과학적 영역을 구축하는 데는 그로부터 약 20년이 걸렸는데, 지그문트 프로이트(Sigmund Freud, 1856~1939)의 역할이 컸다고 볼 수 있다. 그는 구조주의 입장[9]에서 심리학의 제1세력으로 지칭되는

8) 분트의 제자인 미국의 티치너(Edward Titchener)는 『심리학 개요(*An Outline of Psychology*)』에서 심리학의 목표는 정신(의식)의 구성 요소의 본질과 그 수를 정확하게 파악하는 것이라는 구조주의(내성주의) 심리학을 주장했다. 이를 위해 티치너는 자신의 마음을 탐색해 보고하는 내성법을 강조했다.

9) 심리학에서는 구조주의가 구성주의(constructivism)로 혼동되기도 하는데, 인간이 세상에 대한 자

정신분석적 기법을 창안한 사람이기 때문이다. 프로이트가 구축한 정신분석학은 심층심리학(深層心理學, depth psychology)이라고도 불리는데, 그것은 정신적인 문제가 표피적인 원인이 아니라 깊숙한 심층내부의 구조적인 문제에서 비롯되는 것으로 보는 이론적 특징에서 비롯된 것이다. 다시 말하면 프로이트는 '인간의 정신' 문제를 철학이 아니라 심리학이라는 과학적 영역에서 정립하고자 노력했지만 철학적인 인간관점도 도외시하지는 않았던 것이다.

그가 제시한 '무의식'은 인간이 합리적인 '이성'에 의해 통제받는 존재가 아니라 자신(인간 주체)도 모르는 억압된 마음 구조(무의식)에 의해서 인간의 생각과 행동이 지배를 받는 허약한 존재라는 구조주의적인 관점의 개념이다. 프로이트의 저서인 『꿈의 해석』(1900) 등을 보면 무의식적인 언어 연상을 자신의 이론의 근거로 삼은 부분이 많다는 점에서도 그렇다. 이는 후에 라캉의 구조주의 철학에 직·간접적인 영향을 미쳤다고 볼 수 있다.

이러한 맥락에서 오스트리아 태생 영국의 과학철학자 칼 포퍼(Karl Raimund Popper, 1902~1994)는 프로이트의 정신분석학이 '마음의 과학(science of mind)'이므로 반증이 불가능하기 때문에 과학일 수 없다고 비판한다. 아울러 미국의 과학철학자 아돌프 그린바움(Adolf Grunbaum)도 정신분석학은 반증 가능하지만 사실상 틀렸으며 말장난임이 증명되었다고 주장하였다. 그 외에도 초기의 행동주의 심리학자들이 정신분석학이 클라이언트에 대한 심리적 접근에서 절대적으로 보다 효과적일 수 있는 근거는 찾을 수 없었다는 보고를 한 것도 같은 맥락에서 이해될 수 있다. 하지만 이를 역설적으로 보면 프로이트가 미친 영향이 검증 가능한 과학보다는 오히려 검증이 어려운 철학적인 측면이 적지 않다는 점을 유추할 수 있다.

뿐만 아니라 많은 현대 심리학자들은 프로이트가 제시한 인간의 '무의식(unconsciousness)' 영역과 '본능(id)'에 대한 구조적 이해의 결과물들이 논리적

신만의 경험을 활용해 정신세계를 창조해간다는 관점으로 객관주의(objectivism)와 대조되는 입장이다. 구성주의에는 피아제(Piaget)가 대표하는 인지적(조작적) 구성주의와 사회에서 합의를 통해 인정된 지식을 객관성이 있다고 보는 비고츠키(Vygotsky)의 사회적(문화적) 구성주의가 있다.

이지 않다고 주장할만한 결정적인 증거도 없다는 것에도 동의한다는 측면에서는 정신과학적인 심리학의 시초를 프로이트가 열었다는 것은 분명한 사실로 보인다. 프로이트가 빈대학 의학부에서 생물학과 신경학(neurology)을 전공하고 처음에는 신경과를 비롯한 여러 과에서 의사 직분을 수행하다가 전기치료법으로 히스테리성(hysteria) 환자를 치료하는 의사가 되었지만 심리적인 학문을 위한 그의 노력을 지속하였다는 점도 그러하다.

프랑스 파리의 신경학 의사 마르코 사르코(Jean-Martin Charcot, 1825~1893)가 세운 사르코학교(Carcot School)를 1885년에 방문하여 최면치료기법을 배운 것이나, 1889년에는 최면치료기술을 완성시키려고 사르코와 쌍벽을 이룬 내과 의사였던 프랑스의 베른하임(Bernheim)과 레보(Liebault)가 설립한 낸시학교(Nancy school)를 방문하여 최면에 걸린 환자가 무의식(the unconscious)을 드러나게 한다는 점을 알게 된 것도 같은 맥락의 학문적 노력이었다고 볼 수 있다.

그리고 여성의 히스테리성 마비 증상을 없애기 위해 최면 암시요법을 치료에 적용하기 시작하여 1896년부터 『꿈의 해석』[10]을 저술할 때까지 약 10년간은 부분적으로 최면치료 기법을 사용하였지만, 그것마저도 한계가 있다는 점을 프로이트는 알게 된다. 최면치료 방법은 최면에 걸리지 않는 사람에게는 사용할 수 없는 반쪽 치료이고, 최면에 의한 카타르시스치료만으로는 환자가 자신의 문제를 막힘없이 이야기할 수 없다는 한계를 깨닫게 된 것이다. 따라서 최면기법을 포기하고 1890년대 중반에는 심리역동이론인 '생각의 자유연상(free association)'이라는 새로운 기법을 창안하게 되는데, 1896년에 이르러 이를 바탕으로 '정신분석학'이라는 학문의 영역을 지칭하게 된 것이다.

프로이트가 히스테리성(히스테리아) 연구를 하는 과정에서 발견한 '무의식'은 성적 충동인 '리비도(libido)'를 비롯한 '본능(id, 충동)'에 의해서 인간의

10) 1900년 『꿈의 해석』이 출간되자 많은 학자들이 관심을 가지고 몰려들었고, 프로이트는 이들을 중심으로 1902년에는 비엔나 정신분석학회를 창립한 후 1911년에는 국제정신분석학회를 창립하게 된다.

생각과 행동이 영향을 받는다는 혁명적인 사상전환을 의미한다. 다시 말하면 프로이트가 인간의 정신(마음)구조를 의식, 전의식, 무의식의 지형학적인 이론을 제시하여 인간을 무의식적 결정론으로 규정한 것은 데카르트 이후 인간관이 의식적으로 생각하는 주체성을 가진 존재라는 인식론을 전복시킨 것으로도 볼 수 있다. 인간이 신과 독립되어 있고 주체성을 가진 존재이기 때문에 스스로 의식하지 않는 그 어떤 것도 사유와 인식을 방해할 수 없다는 근대적 인간관에 정면으로 도전하는 사상인 것이다.

뿐만 아니라 프로이트가 1923년에 발표한 논문 〈자아와 원초아〉에서 '본능(id, 원초아)'을 비롯하여 자신의 통제 아래에 설정되는 '자아(ego)'의 영역 외에도 타자의 생각에 기초하여 통제가 되는 '초자아(superego)'라는 삼원형 성격구조이론으로 제시한 것도 마찬가지이다. 인간 정신의 구조가 자아중심의 동일성으로 이루어지는 것이 아니라 다른 사람의 생각과 기준도 정신내부에 존재한다고 본 것이기 때문이다.

이러한 프로이트의 사유체계는 타인이나 타 문명에 대한 이해를 위해 시간과 거리를 둔 채 바라다보아야 한다는 레비-스트로스(Levi-Strauss, C., 1908~2009년)의 구조주의의 기본적 태도와도 상통한다는 측면에서 그에게도 영향을 미쳤다고 볼 수 있다. 즉 인간이 사실을 바라다볼 때는 자아중심의 의식적 존재만이 아니라 본능이나 초자아에 의해 움직이는 영역과 무의식적 존재에도 주체성을 두어야 한다는 구조주의적 관점이 정신분석에서의 인간관인 것이다.

그러나 프로이트가 생전에 제시한 자아(ego), 초자아(superego), 본능(id)의 삼원구조로 제시한 성격(정신)구조론은 프로이트 사후에는 영국과 미국 중심의 신프로이트 학파에 의해 주로 '자아'를 중심에 놓는 '자아심리학'의 경향을 띤다. 즉 자아가 성숙하고 바람직한 욕망을 추구하고 미성숙하고 본능적인 욕망은 배제하면서 사회적응력을 높이고자 하는 기능을 한다고 본 것이다. 반면에 프랑스의 자크 라캉은 이러한 자아심리학에 대한 비판으로 '무의식'을 중심에 두고 프로이트 사상으로 되돌아가자는 방식의 구조주의 이론을 전개하였다.

2. 지그문트 프로이트의 심리성적 정신분석이론

프로이트의 이론은 기본적으로 본능적인 충동을 기초로 한다. 이러한 충동은 그리스 신화에서 인용한 개념인 에로스(Eros)와 타나토스(Thanatos)로 구분이 된다. 에로스는 삶에 대한 욕망이며, 타나토스는 죽음에 대한 욕망이다. 에로스에는 성적 충동 에너지인 리비도(libido)가 관여한다. 그러나 리비도는 인간의 무의식에 존재하기 때문에 밖으로 모습을 잘 나타내지 않는다고 보았다. 따라서 프로이트는 리비도를 감지하면 인간 내면에 있는 무의식을 알 수 있다고 주장했으며, 그 방법으로 꿈, 유머, 자유연상을 제시한다.

프로이트의 『꿈의 해석』(1900)에서 비롯된 정신분석학은 독일의 빌헬름 분트(Wilhelm Maximilian Wundt, 1832~1920)가 1879년 라이프치히대학에 감각, 지각, 주의, 연상 등의 의식구조를 다루는 심리학 실험실을 세우면서 시작된 현대심리학의 지평을 확장한 의미가 있다. 따라서 현대심리학의 배경철학으로 보면 구조주의(Structuralism) 심리학의 시초가 된다. 그중에서도 프로이트가 주목한 의식과 무의식 구조는 정신역동적인 원리에 따르기 때문에 그 이후에 제기된 행동주의 접근, 인지행동주의 접근과는 근본적인 관점의 차이를 가지고 있다.

즉 행동주의자들은 사람들은 근본적으로 합리적이고 논리적이며 자신의 동기들을 자각할 수 있는 존재로 간주한다. 이에 비하여 정신역동주의자들은 논리적이지 않은 '무의식'을 '의식'상태로 끌어내는 것에 치료목표를 둔다. 이는 환자(클라이언트)들이 고통 속에서 치료를 원하여 찾아오지만, 무의식적으로 치료가 가져올 변화들에 대해 환자가 저항할 수 있다는 것을 가정하는 것이다.

이러한 정신역동주의를 구조주의 철학 측면에서 살펴볼 수 있는 것은 프로이트가 1900년대 초기에 정신(마음)의 구조를 무의식 · 전의식 · 의식으로 구분한 '지형이론(위계이론)'과 이후에 이를 보완하여 1920년대에 성격의 구조를 이드(id) · 자아(ego) · 초자아(superego)로 범주화한 '구조이론(성격이론)'이다. 그리고 프로이트는 후기에 자신이 제시한 두 가지의 이론 사이의 관계를 밝히려는 시도를 하고 있다는 점이다.

먼저 지형이론(topographic theory)은 바닷물에 떠 있는 빙산의 지형에 비유하여 설명이 될 수 있는데, 마음(의식)의 구조를 의식(consciousness), 전의식(preconsciousness), 무의식(unconsciousness)으로 위계적으로 구분하였다. 지형이론에서 빙산의 노출된 부분은 의식(consciousness)에 해당되며, 개인이 현실에서 쉽게 알아차릴 수 있고 노력하지 않고도 알게 되는 모든 활동이며 깨어 있을 때에만 작용한다.

전의식(preconsciousness)은 빙산 윗부분과 아랫부분이 만나는 점이적인 부분이다. 따라서 전의식은 현재 의식되지는 않지만 전에 의식했던 것이 저장된 무의식의 영역으로 주의집중을 통해 쉽게 의식될 수 있는 영역이다. 무의식(unconsciousness)은 빙산이 수면 아래에 잠겨있는 부분으로 전체 생애의 기억, 감정, 두려움 등의 경험이 저장되어 있는 영역으로서 무의식이 제일 큰 영역을 차지한다. 프로이트는 이러한 무의식을 강조하는데, 의식적으로 떠올리는 것이 불가능하며, 꿈이나 알지 못하는 행동으로 나타나게 된다고 본다.

그리고 성격의 구조이론(structural theory)은 지형이론에서 제시한 개념 모형을 1923년에 수정한 것으로 마음(정신)을 이드(본능), 자아, 초자아의 삼원구조로 나누어 설명하였으며, 성격구조이론이라고도 불린다. 여기에서 이드(id)는 본능으로서 성적 본능, 공격적 본능, 자기보존의 본능 등으로 이루어져 있으며 쾌락을 충족시키려는 기능을 한다. 프로이트는 어린 영아나 정신병자의 환각, 환상, 꿈 등은 이드(id)로 이루어져 있다고 설명한다.

이때 자아(ego)는 환경과 상호작용하면서 현실원리에 따라 움직인다. 자아의 기능은 본능과 초자아의 억압 사이에서 조정자 역할을 하는 것에 있으며 자신의 만족을 위하여 움직인다. 초자아(superego)는 양심과 같은 개념으로 사회적 원리에 따라 작동한다. 초자아의 기능은 적절한 방법으로 사교적으로 행동하려고 하며 완벽을 목표로 한다. 따라서 초자아가 약할 경우에는 이드의 충동(본능)을 조절하지 못하여 반사회적인 성격이 되기 쉽다.

프로이트는 만년에 접어들면서 이러한 두 가지 이론, 즉 지형이론과 성격구조이론의 관계를 설명하려고 시도하는데, 의식(consciousness)은 자아(ego)와 초자아(superego)로 구성되어 있으며, 합리적이고 신중하게 행동하게 만들어 주는 기능을 한다고 설명한다. 아울러 무의식(unconsciousness)은 이드(id)와 초자아(superego)로 이루어져 있고, 시간 개념이 없는 것으로 설명한다. 이러한 프로이트의 이론을 기반으로 하는 정신분석이론이 안나 프로이트를 중심으로 한 '자아심리 학파'와 '대상관계 학파'로 발전하게 되는 것이다.

이에 비해 프로이트의 고전적 정신분석학 이론을 발전시킨 라캉(Jacques-Marie-Émile Lacan, 1901~1981)은 같은 의사 출신으로서 프로이트의 충실한 계승자를 자칭하면서도 '자아'란, 이미지에 대한 상상적 동일시를 통해 만들어지는 허구적 산물이기 때문에 정신분석학은 무의식의 주체를 대상으로 삼아야 한다는 정신분석학적 구조주의 관점을 보인다. 라캉은 무의식의 주체가 형성되는 과정을 상상계(Imaginary world, I), 상징계(Symbolic world, S), 실재계(Real world, R)의 세 가지로 나누어 설명하였다.

이는 1920년대에 프로이트가 성격의 구조를 이드(id) · 자아(ego) · 초자아(superego)로 범주화한 '구조이론'을 변용하여 상상계, 상징계, 실재계라는 세 가지 라캉 사유의 중심축을 제시한 것으로 볼 수 있다. 즉 라캉은 프로이트가 제시한 무의식의 욕망이 레비-스트로스가 제시한 언어구조처럼 되어 있음을 밝히며, 철학을 경계했던 프로이트와는 달리 구조주의 언어학을 적극 차용해 정신분석을 새롭게 개조하면서 철학의 위치로 옮겨 놓았다고 할 수 있다.

제2절 지그문트 프로이트의 정신분석적 구조주의

1. 지그문트 프로이트의 정신분석적 구조주의 체계

1) 『꿈의 해석』에서의 정신분석적 구조주의 체계

프로이트가 정립한 정신분석학의 기본 개념은 그의 저서인 『꿈의 해석』[11](1900), 『성욕에 관한 세 편의 에세이』(1905), 『정신분석학에 대하여』(1910), 『무의식에 관하여』(1914), 『정신분석학 강의』(1917)와 사후 1년 뒤에 출간된 『정신분석학 개요(입문)』(1940) 등에 나타나 있다. 이러한 저서들은 1902년에 설립된 비엔나 정신분석학회와 1911년에 창립된 국제정신분석학회가 발전하게 되는 이론적 틀을 제공했다고 볼 수 있다.

이제 프로이트의 정신분석학 속에서 정신역동적(psychodynamic)[12]이고 구조주의적인 측면을 살펴볼 수 있는 주요 저서들 중에서 『꿈의 해석』을 중심으로 내용을 정리하면 다음에서와 같다.

『꿈의 해석(*Die Traumdeutung*)』(1900)은 프로이트보다 한 세대를 먼저 살았던 카를 마르크스(Karl Heinrich Marx, 1818~1883)의 『자본: 정치경제학 비판(*Capital: Critique of Political Economy*)』(1867)에도 비교할 수 없을 만큼 20세기의 사상서 중에서 가장 지대한 영향을 미친 책이라고 할 수 있다. 즉 마르크스 『자본론』이 프로이트의 『꿈의 해석』만큼 지속적으로 학문적인 영향을 미치지 못했다는 점에서는 이 책의 독보적인 영향력을 가늠할 수 있는 것이다. 이 책에서 프로이트는 정신분석의 기초를 이루며 신경증 치료의 근원이 되는

11) 『꿈의 해석』은 1900년에 600부로 처음 출판되었으나 8년 동안 매진되지 못했다. 그러나 나중에 알려지면서 프로이트의 생애 동안 7개의 판본이 더 출간되었다. 그중에는 책의 길이와 복잡성 때문에 『꿈에서(*On Dreams*)』라는 요약본도 발간되기도 했다.

12) 정신역동은 인간 내부에 있는 정신적인 힘이 상호작용한 결과와 현상을 설명하는 개념인데, 프로이트는 열(thermo)과 동력(dynamics)의 관계를 다루는 학문의 분야인 열역학에서 'thermodynamic(열역학적)'이라는 단어에 영감을 받아 psychodynamic(정신역동적)이란 단어를 착안했다고 전해진다.

이론정립을 꿈의 사례를 제시하며 구축하고 있다. 프로이트 이전에는 꿈이 '신의 계시' 정도로 생각되었다면 프로이트는 낮 동안의 자극이나 집념, 열정이 수면 위로 올라온 것이 꿈이라 보았던 것이다.

그는 이론적인 기초 작업을 위해 자신의 자서전적인 일화나 1895년에 자신이 치료한 27세의 엠마 에크슈타인(Emma Eckstein, 1865~1924)이라는 여성 환자와 관련된 꿈을 포함하여 2백 개 이상의 꿈들에 대한 분석을 하고 있다. 그가 이 책에서 본질적으로 설명하고자 하는 것은 꿈이란 꿈을 꾸는 사람이 일상생활 속에서 거부해야만 하는 이유로 배제되거나 억압된 욕망들을 실현되는 장면이라는 것이다.

따라서 꿈은 유아기적 욕망들이 충족되지 않은 상태에서 머물러 있는 삶을 구성하는 이야기이므로 그것을 해석한다는 것은 그 의미를 삶의 언어로 번역하는 것으로 본 것이다. 그중에서도 프로이트는 자신과 다른 성을 가진 이성의 부모에 대한 근친상간적인 욕망이 깔려 있다는 점에 주목하고 있다. 이것은 인간을 성적 욕망의 주체로 보고, 성의 충동적 강렬함이야말로 인간사회를 움직이는 실체이자 본질이라고 설명한 것으로 볼 수 있다.

프로이트에 따르면 가족은 '오이디푸스 콤플렉스(Oedipus complex)'나 '엘렉트라 콤플렉스(Electra complex)'가 형성되고 작동되는 기초적인 공간이며, 그러한 성적 욕망이 억압될 수밖에 없는 가족체계에서 성인 시기 이후의 정신적인 문제가 발생하게 된다고 본다. 이처럼 '오이디푸스 콤플렉스'는 그가 정립한 정신분석학의 뿌리라고 볼 수 있다. 프로이트는 남아가 어머니를 사랑하고 아버지에게 질투를 느끼는 오이디푸스 콤플렉스나 여아가 아버지를 사랑하고 어머니에게 질투를 느끼는 리비도(Libido)가 누구에게나 일어날 수 있다고 본 것이다.

이처럼 정신분석이론에서는 근친상간의 성적 욕망이 누구에게나 내재한다고 가정하고 있다는 점에서 부모-자식 간의 관계를 왜곡시킨다는 비판을 받기에 충분했다. 프로이트는 이런 성적인 욕망의 관계를 고대 그리스 시인 소포클레스(Sophocles, B. C. 496~B.C. 406)의 비극작품 『오이디푸스 왕』에서 오이디푸스(Oedipus)가 자신의 부모인 줄 모르고 테베의 왕인 아버지 라이오스(Laios)를 살해한 뒤 어머니 이오카스테(Jocasta)[13)]와 결혼한 것에 비추어 '오이디푸스 콤플렉스(Oedipus complex)'라고 칭하고 있다. 즉 '아들이 어머니를 사랑하여 아버지를 질투하고 적대시하는 무의식적인 갈등'이라고 정의한 것이다.

프로이트에 따르면 남아는 어머니를 이성으로 인식하여 성욕의 대상으로 삼는다. 이런 근친상간적인 욕망의 이면에는 심지어 어머니와 함께 있을 때는 아버지가 아이의 성기를 거세할 것이라는 거세공포(fear of castration)[14)]까지도 느낀다고 분석한다. 마찬가지로 여아는 무의식적 원욕으로 아버지를 성적으로 사모하는 엘렉트라 콤플렉스를 갖게 된다고 본다. 프로이트는 여아들은 자신의 성기인 클리토리스(clitoris)에 관심을 갖게 되는데, 남자의 성기 페니스(penis)에 비하여 열등하다고 느끼고 페니스를 선망(penis envy)하게 된다고 본다. 그리고 자신이 거세(castration) 되었다고 받아들이면서 아버지를 사랑하고 어머니에 대하여 반감을 갖게 된다고 보는 것이다.

그러나 프로이트는 이러한 아동 시기의 성적 갈등을 부정적으로 보는 것은 아니다. 일반적이고 긍정적인 오이디푸스(positive Oedipus)나 엘렉트라(positive Electra)로 보는 것이다. 이에 비하여 아동 시기에는 이러한 성적 갈등 고정에서 부분적이든 필수적이든 부정적 오이디푸스(negative Oedipus)나 엘렉트라(negative Electra)의 감정이 나타난다고 정신분석학에서는 가정하고 있다.

즉 아동은 같은 성을 지닌 부모에게 성적인 욕망을 느끼고 반대 성을 가진 부모와 경쟁하고자 하는 부정적 오이디푸스도 보이게 되는데, 신경증 환자의 경우에는 흔히 보이는 사례이기도 하다. 하지만 일반적으로는 아동이 이성애 성향을 형성하고 적응적인 성인과 동일시하는 성장과정에서

13) 스위스의 심리분석학자 레몽 드 소쉬르(1894~1971)가 만든 용어인 이오카스테 콤플렉스(Jocasta complex)는 그리스 신화에 나오는 오이디푸스의 어머니이자 아내의 이름에서 따온 것으로, 엄마가 아들을 이성적으로 좋아하게 되어 성적으로도 집착하게 되는 증상을 말한다.

14) 신화나 고대역사에서는 프로이트가 지적하고 있는 거세불안 심리의 사례들이 많은데, 한국에서 조선왕조를 창건한 이성계도 그의 아들 이방원에게 거세불안의 공포를 주었고 그것이 원인이 되어 '왕자의 난'에서 밀려난 것으로 해석할 수 있다. 아울러 영조는 그 아들 사도세자와의 갈등에서 역으로 사도세자가 죽임을 당한다.

부정적 오이디푸스 콤플렉스는 극복이 되며, 부모로부터 보호받아야 할 현실적 필요성으로 갈등국면은 잠재된다고 보고 있다.

이런 충족되지 않고 억압되고 배제된 이중의 근친상간 욕구는 프로이트에 따르면 일반적으로 3~5세 정도에 무의식적으로 나타난다고 본다. 하지만 꿈에서도 이러한 욕망은 자기검열을 받게 되기 때문에 정신의 욕망적이고 충동적인 측면이 의식에 완전히 떠오르는 것은 방해를 받게 된다는 것이다. 따라서 꿈은 수수께끼와 같은 모습을 띠지만 그 속에 숨겨진 욕망을 해석하면 사람들은 인간의 영혼에서 나오는 억압적 메시지를 인식할 수 있다고 본 것이다. 더 나아가서, 자신과 동성의 부모를 질투하고 그를 죽이고 싶은 충동도 누구에게나 존재하지만, 그것이 현실에서는 억압되기 때문에 신경증이나 정신질환이 생긴다고도 보기 때문에 논란과 비판이 지속되고 있는 것도 사실이다.

2) 『성욕에 관한 세 편의 에세이』, 『무의식에 관하여』에서의 정신분석적 구조주의 체계

『성욕에 관한 세 편의 에세이(*Drei Abhandlungen zur Sexualtheorie*)』(1905)는 프로이트가 자신의 대표적인 저서로 『꿈의 해석』(1900)과 더불어 이 책을 거론했을 정도로 정신분석학에 관한 주요 저서이다. 이 책은 프로이트가 자신이 20여 간 치료해온 환자들에게서 얻은 자료를 기초로 분석한 내용을 담고 있는데, 프로이트는 이 책에서 인간사회를 지배하는 에너지가 성욕 에너지인 리비도(libido)라고 제시하였다. 아울러 정신질환 또한 성욕의 본능과 자아의 본능 사이의 갈등이라고 보고 있다.

프로이트는 유아시기부터의 성욕에 대하여 설명하고 있는데, 쾌락의 대상이 구강-항문-성기의 순서로 진행이 된다고 보았다. 즉 구강기(구순기)에는 엄마 젖에 집착하는 욕구가 생기고, 그 시기를 지나면 자신의 항문 부위에 성적 에너지가 옮겨져서 배설물을 자랑스러워하는 항문기가 오게 되며, 다시 유아의 관심은 남근기를 거쳐서 성기 부위로 옮겨가는 성기기가 시작된다고 설명하고 있다. 이 시기에 남아는 자신의 성기 귀두를, 여아는 자신의 음핵을 자극하면서 수음하게 되는 것을 그 근거로 들고 있다.

아울러 남아는 여아가 남근형의 성기가 없다는 것을 인식하면서 거세공포증이 발생하게 되며, 여아는 자신이 남근이 없다는 사실을 알게 되면서 아버지에 대한 선망과 함께 어머니에 대한 경쟁관계에 처하게 되어 의기소침해지게 된다고 보고 있다. 프로이트는 이러한 아동 시기의 성욕이야말로 원초적이고 가장 강력한 성욕이라고 주장했으며, 성적 충동이 인간의 심리현상을 결정짓는 가장 강력한 동인이라는 주장을 하게 된다. 그러나 프로이트의 이러한 주장은 상당한 기간 동안 비판을 받게 된다.

논문 〈나르시시즘에 관하여(On Narcissism)〉(1914)[15]에 이어서 1915년에 발표된 『무의식에 관하여(*Das Unbewu ße*)(1915)는 『쾌락 원칙을 넘어서(*Beyond the Pleasure Principle*)』(1920)와 더불어 프로이트 이론의 고전으로 평가되는 저작으로 정신분석과 관련된 개념들을 총망라하여 설명하고 있는 논문들로 구성되어 있다. 그 주요 내용을 보면 정신적 기능의 두 가지 원칙, 정신분석에서의 무의식에 관한 노트, 나르시시즘에 관한 서론, 초심리학에 관한 논문들, 본능과 본능의 변화, 억압에 관하여, 무의식에 관하여 등을 소주제로 다루고 있다. 이 주제들은 프로이트의 중심 사상이 되는 것으로 평가되며, 그중에서도 '무의식'이라는 정신과정이 존재한다는 가정을 하지 않고는 그의 정신분석 이론이 성립될 수 없다는 견해가 담겨 있는 논문이라고 할 수 있다.

프로이트는 정신의 모든 과정을 '의식'에만 국한시키고 그 변화 과정을 물리적이고 신경계통적인 사건에 의해서만 파악하다 보면 정신의 연속성에서 틈이 생긴다고 가정하고 있다. 그리고 이 틈을 '무의식'이라는 의식되지 않는 의식의 영역으로 정의한 것이다. 아울러 무의식의 정신 과정에 대

15) 나르시시즘은 그리스 신화에 미소년 나르키소스(Narcissus)에서 유래한다. 나르키소스는 사냥을 나갔다가 목이 말라 샘에 있는 물을 마시려고 하다가 물에 비친 자신의 모습을 보고 사랑에 빠지게 된다. 사랑에 빠진 나르키소스가 계속 물에 비친 자신의 모습만 바라보다가 탈진해서 죽자 그 자리에서 피어난 꽃이 바로 수선화(Narcissus, 水仙花)이다. 1899년에 독일 정신과 의사였던 윌헬름 네케(Wilhelm Nacke)가 이런 신화의 이야기를 가져와 '이즘(-ism)'을 붙여 의학용어로 처음 사용했다. 이후 1914년 지그문트 프로이트(Sigmund Freud)가 발표한 <나르시시즘에 관하여(On Narcissism)>에서 정신분석적 심리학 용어로 사용되었다.

한 자신의 중요한 관점인 역동성과 경제성(또는 논리성), 지형성(위계성)이라고 주장한다.

그중에서도 구조주의와 관련이 있는 지형적 관점은 무의식의 체계적인 특성에 따라 세 가지 시스템으로 구성된 지형학적 모델(topological model of the mind, 위계적 모델)을 제시하고 있다. 첫 번째는 의식-무의식 구조로서 시대를 초월하여 시간의 의미를 갖지 않는 것이다. 두 번째는 전의식-의식 구조로서 단어나 상징 같은 것들로 구성되며, 전의식은 의식이 작동하게 하는 전제조건이라고 했다. 세 번째는 무의식-의식 구조로서 현실 원리에 지배되는 의식적인 사고과정을 의미한다고 보았다.

이러한 모델은 1923년 〈자아와 본능(The Ego and The Id)〉에서 새로운 성격구조모델로 변화한다. 물론 완전히 새로운 구조를 만든 것이 아니라 첫 번째의 의식-무의식 구조에서 의식을 좀 더 세분화, 개념화한 것인데, 본능(Id), 초자아(Super-ego), 자아(ego)의 3원형의 구조모형(tripartite structural model)으로 구분한 것이다.

3) 『정신분석학에 대하여』, 『정신분석 강의』에서의 정신분석적 구조주의 체계

『정신분석학에 대하여(*Über Psychoanalyse*)』(1910)는 1909년에 스탠리 홀이 미국 내의 여러 반대에도 불구하고 프로이트와 칼 융을 클라크대학 20주년 기념식(1909)에 축하위원으로 초청함으로써 그곳에서 기념 강의를 했던 내용을 기본으로 출간된 것이다. 이 책은 프로이트가 일반 청중들을 위해 쓴 여러 개론서들 중에서 최초의 것이었다. 이 책의 내용에는 〈도라〉(1905), 〈작은 한스〉(1909), 〈쥐 사나이〉(1909), 〈정신병자 슈레버 판사〉(1911), 〈늑대 사나이〉(1918) 등으로 알려진 유명한 일련의 치료 사례 연구나 분석이 포함되어 있어서 대중성이 있었다고 평가된다.

『정신분석 강의(*Vorlesungen zur Einführung in die Psychoanalyse*)』(1917)는 1915년 10월~1916년 3월, 1916년 10월~1917년 3월 두 차례에 걸쳐서 빈대학에서 강의한 내용을 편집한 책으로 정신분석이론의 입문서로 평가된다. 전체적으로 스물여덟 편의 강의록으로 구성되며, 첫 번째 기간에 강의한 내용을

〈제1부 실수 행위들〉, 〈제2부 꿈〉으로 배치하고, 두 번째 기간에 강의한 내용을 〈제3부 신경증에 관한 일반이론〉으로 배치하였다.

제1부 〈실수 행위들〉에서는 일상생활에서 일어나는 흔한 실수들, 즉 발음을 잘못하거나, 단어를 잘못 말하는 것, 자신이 놓아둔 물건을 찾지 못하는 것, 다른 사람의 말을 잘못 알아듣는 것 등에 대하여 정신분석적으로 평가하고 있다.

제2부 〈꿈〉에서는 이미 『꿈의 해석』(1900)에서 다루었던 주제를 대상으로 이론적인 정립을 하고 있다. 세부적으로는 꿈이 생성되는 방식, 원래의 꿈-재료가 왜곡되는 방식, 꿈의 소원성취로서의 기능 등을 다루고 있으며, 실제의 꿈을 어떤 기술로 분석하는지에 대하여 서술하고 있다.

제3부 〈신경증에 관한 일반이론〉에서는 정신분석이 다룰 수 있는 일반적인 증상들, 강박행위, 신경질환, 외상의 의미나 그것이 무의식에 미치는 영향 등을 서술하고 있다. 아울러 리비도 이론, 저항과 억압, 나르시시즘, 불안, 전이(transference) 등의 여러 용어들에 대하여 정의함과 동시에 그것이 어떻게 정신분석에 적용되는지 등 이론의 기초들을 망라하여 제시하고 있다.

이 중에서 '전이(transference)'는 아동기에 중요한 사람들과의 관계에서 경험했던 느낌, 사고, 행동 유형이 현재 관계를 맺고 있는 다른 사람들과의 관계로 전치(displacement)된 것을 말한다. 즉 과거에 무섭고 엄한 아버지나 어머니를 보면서 성장한 사람이 어른이 되어서도 직장상사 앞에서 과도하게 움츠러들게 되는 것은 과거의 아버지와 어머니와의 관계가 무의식적으로 직장상사에게 전이된 것으로 보는 것이다.

프로이트는 이와 같은 전이가 판박이처럼 똑같이 반복(되풀이)[16]되는 것이라고 보았다. 따라서 정신역동적 치료과정에서는 바로 '전이' 감정을 다루는 것에 핵심이 있다. 환자는 과거에 극복하지 못한 외상(trauma)이 끊임없이 되풀이되기 때문에 상처받은 자아를 드러내지 않으려고 방어기제를 사용하지만 무의식적으로 치료자에게도 전이되는 감정이 반복되는 원리에

16) 프로이트의 정신분석과 소쉬르의 언어구조주의를 계승한 자크 라캉도 바로 프로이트가 지적한 무의식의 반복(되풀이)현상을 그의 욕망이론에 적용하고 있다.

치료적 중재가 일어나는 것에 방점을 두어야 하는 것이다.

이러한 프로이트의 구조주의적인 사상은 그의 사후에 영역본(24권) 『표준판 프로이트 전집(*The Standard Edition of the Complete Psychological Works of Sigmund Freud*)』으로 런던의 The Hogarth Press와 정신분석연구소(The Institute of Psycho-Analysis)에서 공동으로 출간이 되었다. 책임편집은 영국의 심리분석학자 제임스 스트레이치(James Strachey)가 프로이트의 딸 안나 프로이트와 협력하에 맡았다.

2. 안나 프로이트의 정신분석적 방어기제 체계

1) 안나 프로이트의 생애

안나 프로이트(Anna Freud, 1895~1982)는 프로이트의 여섯 자녀 중 막내딸로 태어났다. 따라서 안나 프로이트는 태어난 순간부터 그녀의 어머니에게는 이미 5명의 자녀들이 있었기 때문에 그녀는 어머니로부터 제대로 된 애정을 받지 못했다. 그녀가 어린 시절부터 친구들과도 잘 어울리지 못했던 이유도 여기에 있었던 것으로 보인다. 어머니가 안나를 위해 나중에 '심리적인 어머니'라고 불리기도 하는 가정교사(위탁모)를 고용하게 된 것도 그것을 방증한다.

하지만 아버지인 프로이트와는 친밀했으며, 어른들과의 관계는 원만하여 아버지 프로이트를 찾아오는 학자들이나 정신분석가들에게 질문하는 과정에서 많은 것을 배울 수 있었다. 빈에서 초등학교와 중등학교 과정을 마치고 교사자격증을 취득한 이후에는 5년간(1917~1920) 자신이 졸업한 초등학교에서 교사로 근무하게 된다. 그리고 1918~1922년 사이에 4년간 아버지 프로이트에게서 정신분석을 공부한 후 비엔나 정신분석학회에서 〈환상과 공상과의 관계(The Relation of Beating Fantasies to a Daydream)〉라는 논문을 발표하고 회원으로 가입하게 된다.

1923년(28세)에는 아버지로부터 독립하여 자신만의 진료를 시작하여,

1924년부터는 소아정신분석을 본격적으로 다루게 된다. 그 과정에서 1925년 안나 프로이트는 도로시 벌링엄(Dorothy Burlingham)이라는 보석상 가문의 여성 재력가를 친구로 두게 되는데, 도로시의 네 자녀는 안나 프로이트의 첫 정신분석적 대상이 되었다. 도로시는 정신적인 문제를 가진 남편을 떠나 이주 온 상태였으므로 1979년 사망할 때까지 독신이었던 안나 프로이트와 우정을 같이 하였는데, 그녀는 안나 프로이트와 함께 빈에 사립학교를 설립하였다.

당시 안나 프로이트보다 7세가 적은 에릭 에릭슨(Erik Erikson)은 김나지움을 졸업하고 이 사립학교에서 역사와 미술을 가르치면서 안나 프로이트를 만나게 되어 정신분석을 권유받게 된다. 이 시기는 안나 프로이트가 빈 정신분석학회 회장으로 재직(1925~1928)하면서 1927년에 아동 정신분석에 관련된 자신의 연구방법을 개괄하는 논문을 발표했던 시기와도 맞물린다.

그러던 중 1933년에 독재 권력을 장악한 히틀러의 나치정권이 집권하면서 순혈 유대인에 대한 탄압이 시작되었고 안나 프로이트도 독일이 제2차 세계대전(1939~1945)에 앞서 오스트리아를 침략하여 병합한 1938년 3월 22일에 연행되기에 이른다. 이후 안나 프로이트는 프랑스를 거쳐 영국 런던으로 이주하였으며, 아버지 프로이트도 영국으로 이주한 지 1년이 조금 지나지 않아 구강 종양으로 사망한다. 이러한 과정에서 안나 프로이트는 자식으로서의 도리에도 최선을 다했는데, 구강암으로 지독하게 고통을 겪는 아버지의 곁에서 간호와 비서 노릇을 도맡았으며, 프로이트 사후에는 사실상의 유언집행인으로 중요한 역할을 하였다.

그 이후인 1947년에 안나 프로이트는 평생토록 독일과 오스트리아에는 돌아가지 않았고 런던 햄스테드에서 '햄스테드 아동치료 코스(The Hampstead Child Therapy Course)'를 설립하였으며, 1952년에는 치료센터(Clinic)를 세웠다. 그곳에서 감독(director)으로 1952년부터 1982년에 그녀가 사망할 때까지 결혼하지 않고 독신으로 살면서 아버지의 연구를 이어받아 자아심리학적 정신분석학을 구축해갔다. 그중에서도 방어기제(防禦機制, defense mechanism)이론에 대한 업적이 탁월하다. 다른 한편으로는 미국과 영국의 대학에서도 초청을 받아 강의를 했는데, 그중에서도 1636년에 설립된 미국 최초의 대학인 하버드대학에서 이루어진 특강의 내용은 조셉 샌들러(Joseph Sandler)에 의해 『안나 프로이트의 하버드 강좌(*Harvard Lecture*)』라는 서명으로 편찬되어 세계 각국의 정신분석학자들에 의해 번역되고 있다.

그리고 안나 프로이트는 아동심리학 분야의 권위자로서 정신분석의 대상관계이론(object relations theory)을 창시한 영국의 멜라니 클라인(Melanie Klein, 1882~1960)과도 아동 시기에 대한 분석 관점을 놓고 논쟁하면서 프로이트의 원류적이고 자아심리학적인 이론을 지키려고 애썼다. 그러한 과정에서 그녀가 운영했던 클리닉은 그녀가 1982년 8월 9일에 죽은 후에 '안나 프로이트 센터(The Anna Freud Center)'로 이름을 바꾸었다. 아울러 그녀가 거주했던 집도 1986년에 프로이트 박물관(The Freud Museum)으로 바뀌었다.

2) 정신분석적 방어기제이론 체계

안나 프로이트의 주요 저작물로는 『교사와 부모를 위한 정신분석(*Psycho-Analysis for Teachers and Parents*)』(1930), 『자아와 방어기제(*The Ego and The Mechanisms of Defence*)』(1936)[17], 『아동기의 정상과 병리(*Normality and Pathology in Childhood*)』(1965), 『안나 프로이트 전집(*The Writings of Anna Freud*)』(1968~1983) 등을 들 수 있다. 그중에서도 자아심리학적 정신분석자로서 안나 프로이트(Anna Freud)의 가장 큰 공헌은 아버지 프로이트가 주장한 자아의 방어적 기능에 관심을 두고 정신역동적인 방어기제의 규명과 분석이라고 할 수 있다.

방어기제(防禦機制, defense mechanism)라는 용어는 지그문트 프로이트의 논문 〈방어의 신경정신학(The Neuro-Psychoses of Defence)〉(1894)에서 처음 사용되었다. 안나 프로이트는 아버지 지그문트 프로이트가 제시한 자아의 방어기능에 대한 관점들을 정리하여 방어기제(정신기제)에 관한 최초의 체계적 이론을 수립하였다. 『자아와 방어기제(*The Ego and The Mechanisms of Defence*)』(1936)로 발표한 것이 그 결과물이다. 이 책에서 설명되는 방어기제란 정신

17) 안나 프로이트가 지은 『자아와 방어 메커니즘(*Das Ich und die Abwehrmechanismen*)』(1936)의 출간에 힘입어 신프로이트 학파의 자아심리학은 새로운 추진력을 얻었다.

구조의 세 가지 기제인 이드(id)-자아(ego)-초자아(super ego) 사이에서 발생하는 심리적 갈등을 무마하기 위하여 작동하는 자아의 역할 영역이다. 이드가 추구하는 원초적 쾌락인 성적욕구나 공격적 욕구와 초자아가 추구하는 사회적 양심이나 이상은 상호배타적이기 때문이다.

다시 말하면 방어기제는 일상생활을 하면서 두렵거나 불쾌한 일 또는 욕구불만의 상태에 부딪혀서 불안이나 감정적 상처(갈등)가 생겼을 때 그것을 최소화하기 위해 자동적으로 자아가 억압하는 등의 생각이나 행동을 하는 적절한 역할을 말한다. 그러므로 방어기제라는 개념은 마음속에 서로 반대되면서 충돌하는 2가지의 심리가 있다는 것으로, 이때의 타협안들은 대체로 자기비하·불안을 초래할 수 있는 자신의 본능적 욕구나 감정을 감추는 성격을 띤다. 따라서 신경증적인 구조에 속하는 것이지만 자신을 보호하고 방어하는 행위 그 자체는 병적인 것으로는 간주되지 않는다. 하지만 방어기제가 적절히 작동되면 비교적 안정적인 심리상태를 유지할 수 있지만, 평상시에 사용하던 방어기제로 심리적인 갈등을 해결할 수 없는 상황에 처하게 되면 정신질환(이상심리)이 발생하게 된다.

『자아와 방어기제(*The Ego and The Mechanisms of Defence*)』(1936)에서 안나 프로이트는 자신의 일상경험과 아동정신분석에 근거했으나 이론적 통찰의 주된 출처는 아버지 프로이트의 이론에 의존하였으며, 아버지의 이론에 대한 안나 프로이트의 의존과 숭배는 일생 동안 지속되었다고 볼 수 있다. 이는 곧 무의식에 대하여 세 가지 정신구조 중 자아의 방어기제에 방점을 둔 구조주의 관점이었다고 해석할 수 있다.

이에 비해 자크 라캉은 이런 프로이트의 무의식에 대한 자아, 초자아 본능의 정신구조 기제를 구조주의 언어학의 영향을 받아 상상계, 상징계, 실제계로 재편성하여 그의 사상을 정립했다는 차이가 있다. 안나 프로이트가 이 책에서 제시하고 있는 방어기제(defense mechanism)는 억압, 반동형성, 퇴행, 격리, 취소, 투사, 투입, 자기로의 전향, 역전, 승화의 열 가지이다.

(1) 억압

억압(repression)은 사회적이나 윤리적으로 용납될 수 없다고 생각되는 충동이나 욕구, 소망을 갖고 있으나 이것이 의식되지 않도록 무의식 상태에 있도록 자아가 억누르는 것을 말한다. 프로이트가 처음으로 제시한 방어기제로 가장 일차적이고 보편적으로 많이 사용되는 기제이다. 예를 들면 부모와 사이가 나쁜 자식이 부모가 빨리 죽는 것을 바라는 마음이 있음을 자아가 완강하게 부정하지만 그의 무의식의 심중에는 그런 바람이 있다고 본다.

(2) 반동형성

반동형성(reaction formation)은 실제로 느끼는 감정을 있는 그대로 직접 표현하기에는 너무 강한 상대(예: 부모, 상사 등)에게 오히려 그 반대 감정을 적나라하게 드러내는 것을 말한다. 예를 들면 무의식적으로는 상사를 미워하지만 의식적으로는 그를 아주 존경한다고 표현하거나, 미혼모가 아이를 가졌을 때 무의식적으로는 출산에 대한 두려움을 느끼지만 겉으로는 배 속의 아이를 지나치게 사랑하는 행동을 하는 것이 여기에 해당된다.

(3) 퇴행

퇴행(regression)은 생의 초기인 어린 시절에 성공적으로 사용했던 생각이나 감정과 행동에 기대어 자기 자신의 불안한 감정이나 위협요소들을 해소하려는 태도를 말한다. 예를 들면 심한 충격이나 공포감에 쌓인 성인이 갑자기 어린아이처럼 행동하거나 치매증상이 있는 초기의 환자들이 보이는 유치한 행동도 여기에 포함된다.

(4) 격리

격리(isolation)는 고통스러운 기억과 관련된 무의식 속의 감정을 현재의 의식 차원의 사고에서 분리되는 방식으로 나타난다. 어린 시절에 아버지와 관련되어 느꼈던 불안한 감정이 해결되지 못하고 여전히 무의식 속에 남아있는 자식이 자기 아버지의 갑작스러운 사고나 죽음에 대해 말할 때는 슬픈 감정을 나타내지 않으면서도 자신의 아버지를 연상시키는 남자 배우가 죽는 영화를 보면서 슬픔을 느끼는 것은 감정과 사고가 격리된 상태에서 나타나는 행위에 해당한다.

(5) 취소

취소(undoing, 원상복귀)는 반동형성(reaction formation)과 밀접한 관계가 있는 방어기제인데, 이미 이루어진 일에 대한 죄책감을 만회하기 위하여 무의식적으로 상징적인 행동이나 생각을 하는 것을 의미한다. 반대의 행동을 통해서 이전의 행동을 취소하려는 방어기제인 것이다. 예를 들면 졸부가 부정한 방법으로 취득한 돈을 연말 자선행사에서 기부하는 행동을 하거나, 폭력적인 가장이 부인이나 자녀를 가혹하게 대한 이후에 외식을 하자고 제안하는 경우와 남에게 뒷담화나 잘못된 비방을 하고 겉으로는 친절하게 대하거나 협조적인 태도를 보이는 것도 이에 해당한다.

(6) 투사

투사(projection)는 스스로 받아들이기 힘든 자신의 고통, 갈등, 두려움이나 결점이 자신이 아닌 상대(외부)에 있는 것으로 생각하는 것이다. 일종의 비난 형태로 나타나는 경우가 많으며, 잘 생긴 여성에게 성적으로 매력을 느끼지만 억누르고 있는 남성이 여성에게 정숙하지 못하다고 비난하거나, 못생긴 여성이 예쁜 동료를 보고 남자에게 꼬리를 친다고 소문을 내는 경우를 그 예로 들 수 있다. 투사는 방어기제들 중에서도 특히 미숙하고 병적이며, 심할 경우는 망상장애 같은 정신질환으로 이행될 수도 있다.

(7) 투입(내사)

투입(introjection, 내사)은 외부의 원인을 자신의 내면에서 비롯되는 것으로 투사와 반대되는 방어기제이다. 즉 투사가 주로 타인에게 자신의 고통의 원인을 돌리는 것에 특징이 있는 반면에 내사는 자신의 잘못이 아닌 일에도 자신의 잘못으로 받아들이는 태도로 나타난다. 그러므로 투사와 마찬가지로 내사도 매우 파괴적인 정신과정이 될 수 있다. 자신의 잘못이 아닌데도 자신의 잘못이라고 받아들인다는 것은 실제로는 자신을 학대하거나 무의식적으로 타인에 대한 공격성과 폭력성을 내면에 키우는 것이기 때문이다. 예를 들어 괴팍한 동생을 부모님의 강요로 돌봐야 하는 형이 동생의 폭력적 행동에도 부모에게 비난받을 것을 두려워한 나머지 알리지 못하고 자신의 머리를 땅에 박는 행위도 여기에 해당한다.

(8) 자기에로의 전향

자기에로의 전향(turning against self)은 공격적이고 본능적인 충동이 권위가 있는 상대에게 향하지 못하고 반대로 자기에게로 향하는 방어기제이다. 자기에로의 전향은 심할 경우 절망감에서 우울증으로 나타나거나 자기학대로도 이어지는 위험성이 있다. 예를 들어 부모에게 억울하게 꾸중을 당한 아이가 본능적인 공격성을 자신에게 보내어 벽에 머리를 찧는 행동을 하거나, 평소에 부모에 대한 원망이 많던 자식이 부모가 죽고 난 뒤에 갑자기 우울감에 빠지는 것은 부모에 대한 증오심이 자신에게로 돌아온 경우에 해당한다.

(9) 역할 역전

역할 역전(reversal)은 감정, 태도, 관계를 반대로 변경하는 것을 말한다. 어떤 경우에는 반동형성(reaction formation)과 중첩될 수도 있으나 반동형성이 주로 자기보다 강한 상대에 대한 감정과 관련되어 나타나는 특징이 있는 반면에 역할 역전은 대등하거나 보호의 대상이 되는 상대와 관련된 태도로 나타나는 특징이 있다.

이 기제는 주로 마음이 약하거나 온순한 사람들에게서 관찰이 되는데, 이들은 자신의 심리적인 위협을 다루고자 자신을 주체에서 객체의 위치로 바꾸거나, 반대로 객체에서 주체로 바꾸는 심리기제를 사용하게 된다. 즉 자신이 타인에게 받고 싶은 욕구를 대신하여 수행함으로써 심리적인 불안감을 줄이거나 안정감을 찾으려는 목적의 이차적 방어기제인 것이다. 예를 들어 심리치료사나 간호사, 사회복지사, 보육교사와 같이 타인을 돌보는 직업을 가진 사람들이 과하게 돌보는 행위를 보이는 경우에도 역할 역전에 해당한다.

(10) 승화

승화(sublimation)는 프로이트의 욕동(충동)이론에 기원한 가장 성숙한 수준의 방어기제로서 정서적 긴장을 사회적으로 용인될 수 있는 행동방식으로 표출하는 것이다. 지그문트 프로이트는 승화가 성숙함과 문명의 특징이라고 표현했는데, 본능을 더 높은 사회적 가치로 방향을 돌리게 하는 과정이라고 정의했다. 승화는 다른 방어기제와는 달리 본능(id)의 욕구를 비난하거나 반대하지 않으며, 억압하지 않고 발산하도록 허용하지만 도덕적으로 어긋나지 않는 방법으로 충족시킨다. 예를 들면 공격충동을 권투 등의 스포츠로, 성적 욕망을 예술로 승화시키거나 어린 시기에 부모에게 주목을 받지 못한 아이가 학령기에 접어들어 열심히 공부하여 자신의 위치를 찾는 것이 여기에 해당된다.

하지만 안나 프로이트가 이 책에서 제시한 10가지의 방어기제 외에도 정신분석학자들에 의해서 많은 방어기제들이 제시되었는데, 그 성숙도에 대략적인 위계서열을 정리해보면 합리화-억압-전치-동일시-전환-격리-반동형성-취소-내면화-투사-부정 등의 순서로 볼 수 있다. 그리고 일반적으로 심리학적 정신역동이론에서는 방어기제의 특성으로 위계서열이 있다는 점을 든다.

미성숙한 것에서부터 성숙한 것까지 '성숙도'에 따른 위계서열이 있다는 것인데, 흔히 가장 낮은 단계인 '정신증적 수준'에서부터 '미성숙 수준', '신경증적 수준', '성숙 수준'의 4단계의 서열로 나뉜다. 세부적으로 보면 정신증적 수준의 방어기제 중 대표적인 것이 투사(projection)이고, 미성숙 수준의 방어기제 중 대표적인 것으로는 무의식의 욕구나 충동을 고스란히 행동으로 옮기는 행동화(acting out), 신경증적 수준의 방어기제 중 대표적인 억압

(repression), 성숙 수준의 방어기제 중 대표적인 억제(supression)가 있다.

성숙 수준의 방어기제는 미국 하버드의대 정신의학자 조지 이만 베일런트(George Eman Vaillant, 1934~)가 들고 있는 '건강한 방어기제'의 견해에서도 드러나고 있다.[18] 조지 이만 베일런트는 자신의 아버지 조지 크랩 베일런트(George Clapp Vaillant)가 1945년 자살한 것에 충격을 받고 정신의학을 공부하기 시작하여 정신과 의사이자 교수로서 2003년까지 하버드대건강센터에서 성인발달연구소장 역할로 35년을 보냈다. 그의 주된 연구 분야는 심리적 방어기제에 관한 경험적 연구였으며, 이는 '성공적인 노화'와 '인간의 행복'의 조건에 관한 더욱 폭넓은 통찰로 이어졌다.

그 결과 정신건강과 행복에 관한 저서들을 많이 출간하였는데, 『적응적인 삶의 심리학(*Adaptation to Life*)』(1977), 『자아방어기제(*Ego Mechanisms of Defense: A Guide for Clinicians and Researchers*)』(1992), 『자아의 지혜(*The Wisdom of the Ego*)』(1993), 『알코올중독 역사의 재고찰(*The Natural History of Alcoholism-Revisited*)』(1995), 『행복한 삶의 조건: 하버드대학 인생성장보고서(*Aging Well: surprising guideposts to a happier life from the landmark Harvard study of adult development*)』(2002), 『영성적 진화: 믿음의 과학적 방어(*Spiritual Evolution: A Scientific Defense of Faith*)』(2008), 『경험의 정복(*Triumphs of Experience: The Men of the Harvard Grant Study*)』(2012) 등이 있다.

이 중에서 『행복한 삶의 조건: 하버드대학 인생성장보고서(*Aging Well: surprising guideposts to a happier life from the landmark Harvard study of adult development*)』(2002)에서는 베일런트가 서로 다른 능력과 배경을 가진 세 종류의 집단(하버드대학 법대 졸업생, 중산층 출신의 아이큐 140 이상 여성 천재 집단, 대도시 중심부 지역의 저소득층 고등학교 중퇴자 집단) 700~800명을 전 생애에 걸쳐 관찰한 종단연구 결과를 분석하고 있다. 그 결과 신체적, 정신적으로 건강한 노화를 예견하는 행복한 삶의 조건을 일곱 가지로 결론짓고 있는 것이다. 첫 번째는 '고

---

18) 조지 이만 베일런트는 건강한 방어기제로서 4가지를 들고 있는데, 감당할 수 없는 생각과 감정을 의식적으로 통제하는 억제(suppression), 자신의 욕구를 자제하고 타인의 욕구에 관심 갖는 이타주의(altruism), 사회적으로 용인되는 방식으로 욕구나 추동을 표현하는 승화(sublimation), 난처하고 불편한 상황을 농담(joke)이 아니라 웃음으로 넘기는 의지인 유머(humor)이다.

통에 대응하는 성숙한 방어기제'이고, 두 번째는 '교육'이고, 세 번째는 '안정된 결혼생활', 네 번째는 '금연', 다섯 번째는 '금주', 여섯 번째는 '운동', 일곱 번째는 '알맞은 체중'이 그것이다.

Chapter

3

라캉의 구조주의 : 라캉처럼 욕망하기

제1절 자크 라캉의 생애 배경과 정신분석적 거울단계이론

1. 자크 라캉의 생애 배경

자크 마리 에밀 라캉(Jacques-Marie-Émile Lacan, 1901~1981)은 프로이트가 44세 때 발간한 『꿈의 해석(*Traumdeutung*)』(1900)이 출판된 이듬해인 1901년 4월 13일에 비누와 기름 등을 취급하는 회사의 지사장이었던 아버지 샤를 마리 알프레드 라캉과 식초공장을 운영하는 집안의 딸이었던 어머니 에밀리 보드리도 사이에서 네 명의 자녀 중 맏이로 태어났다.

성장기에는 파리의 몽파르나스(Montparnasse) 지역으로 이사를 가서 부모가 포도주 제조업을 했기 때문에 상당히 부유한 가톨릭 가정에서 청소년기를 보낼 수 있었다. 따라서 1907년 라캉은 파리 부르주아 계층들만 다닐 수 있는 명문 칼리지 스타니슬라스(Stanislas) 중등학교에 입학하여 강한 가톨릭 전통주의적 교육을 받고 1919년에 졸업할 수 있었다. 중등학교 재학시절에는 네덜란드의 포르투갈계통 유대인 철학자 바뤼흐 스피노자(Baruch Spinoza, 1632~1677)의 사상에 심취하여 스피노자의 『에티카(*Ethica*)』, 즉 『기하학적 순서로 증명된 윤리학(*Ethica, ordine geometrico demonstrata*)』(1677)을 손에 들고 다닐 정도였다고 전해진다. 이러한 영향은 훗날 의학박사 학위논문 첫머리에서도 윤리학적 내용을 인용하게 된다.

스타니슬라스 중등학교를 졸업한 이듬해인 1920년에는 너무 마르고 허약하다는 이유로 군역징집을 면제받은 후에 파리대학 의학부에 입학하였다. 당시는 제1차 세계대전(1914~1918)이 종료되었고, 프랑스가 연합군으로 참전하여 베르사유조약을 통해 알자스 · 로렌지방(Alsace-Lorraine)[1)]을 독일로부터 되찾았던 시기였지만 프랑스혁명 이후인 1793년부터 이어온 징병제가 강하게 시행되었던 시기였다.

1926년(25세)부터 라캉은 프로이트 사상인 정신치료학을 전공하였으나 초현실주의 사상에 심취하여 파리의 전위적인 아방가르드(Avant-garde, 선발대) 문학과 초현실주의 예술 분야에도 적극적으로 관심을 가지고 참여했다. 이러한 과정에서 라캉은 초현실주의 예술가들과도 교류하며 파블로 피카소(Pablo Ruiz Picasso, 1881~1973)의 주치의가 되었고 1930년대부터 여러 초현실주의 출판물에 글을 기고하게 된다.

당시 피카소는 1904년에 젊은 예술가들이 많이 모여 사는 몽마르트르의 허름한 아파트에 거처를 정하고 파리와 바르셀로나를 오기며 작품 활동을 하면서도 정신적 피로감에서 회화 작품 활동을 중단하기도 했던 시기였던 것이다. 그러한 과정에서 피카소는 1930년대 이후 초현실주의를 접하면서 초현실주의적 시를 써서 〈카예 다르(Cahiers d'Art)〉(1935)와 〈라 가세타

1) 프랑스 북부의 독일과 경계지역인 알자스-로렌은 921년부터 신성로마제국에 속했으나, 1600년대 초반부터 30년 종교전쟁이 일어나고 1648년 베스트팔렌 조약으로 프랑스령으로 병합되었다. 1871년 프로이센-프랑스 전쟁 후 프랑크푸르트 조약에 따라 독일제국의 영토로 되돌려졌다. 이후 제1차 세계대전 직후 잠시 알자스-로렌 독립 공화국으로 독립했다가 1919년 베르사유조약으로 프랑스 다시 영토가 되었으나 1940년 나치 독일에 점령되었고, 1945년 제2차 세계대전의 전승국인 프랑스 영토로 되었다.

데 아르테(La Gaceta de Arte)〉(1936)에 발표하기도 했다. 그리고 초현실주의 희곡인 〈꼬리 잡힌 욕망(Le Désir attrapé par la queue)〉(1941)도 쓰기도 했다.

그러나 이즈음부터 라캉은 가톨릭 신앙을 버리게 됨에 따라 가족들의 비난이 심해진다. 이러한 성장환경은 원래 신체가 허약한 데다 심한 우울증으로 이어지게 되면서 프로이트의 정신분석학을 접하게 된 이유가 되었다고 볼 수 있다. 그 결과 1926년부터 1931년까지 생트-안느(Sainte-Anne) 병원의 정신질환 및 뇌 전문과 과장인 앙리 클로드(Henri Claude) 밑에서 정신과 인턴과정을 수련하면서 '브르타뉴 여인'의 사례 등 히스테리에 관한 임상 사례발표를 하고 공저로 다수의 논문을 출판하였다.

그리고 1928년부터는 경찰청 소속 정신이상자 특별 의무실에서 가에탕 가시앙 드 클레랑보(Gaetan Gatian de Clerambault)의 지도하에 인턴생활 결과, 정신 자동증(mental automatism)[2)]이라는 클레랑보의 개념에 주목하게 된다. 이 개념은 겉으로는 공통점이 없어 보이는 다양한 광기의 증상들이 외부에서 부과된 공통적인 모티브가 있다고 해석하는 것인데, 라캉이 편집증에 각별한 관심을 갖게 된 원인이기도 하다. 아울러 프로이트의 정신분석학이 확산되면서 1926년에는 프랑스에도 처음으로 프로이트학회(파리정신분석학회)가 설립되었기 때문에 라캉은 본격적으로 정신분석에 관심을 가지고 프로이트의 저서들을 탐독하게 된다.

이러한 과정에서 스페인 출신의 초현실주의 화가 살바도르 달리(Salvador Dalí, 1904~1989)와도 편집증(Paranoid personality disorder, 편집성 성격장애)에 대해 의견을 교류하면서 라캉 자신의 사상적 기초를 다지게 된다. 당시 파리에서는 나폴레옹의 동생인 뤼시앵 보나파르트(Lucien Bonaparte, 1775~1840) 가문의 부유한 상속녀이자 그리스의 게오르기오스(George, 1890~1947) 왕자와 결혼한 상태이기도 했던 마리 보나파르트(Marie Bonaparte, 1882~1962)가 프로이트와 편지를 주고받으며 정신분석학을 의학적으로 받아들이고 있었던 시기였다. 결국 마리 보나파르트는 프로이트 제자를 자처하며 후일 프로이트가 나치

2) 자동증은 무의식적으로 간단하게 일어나는 행동을 말하는 것으로 행동은 몇 초에서 몇 분, 더 길게 지속될 수 있으며 간질의 한 형태로도 발생할 수 있다.

정권을 피해 영국으로 망명하는 과정에서도 재정적으로 지원하게 된다.

이러한 시대적 배경에서 라캉은 1932년에 그의 환자들을 관찰해 쓴 〈인격(개성)과 관련된 편집증적 정신병(Delusional disorder, 망상장애)에 대하여〉라는 논문으로 국가박사학위를 받고, 이 논문을 책으로 출판하여 프로이트(1856~1939)에게도 한 부를 우송하게 된다. 논문을 받은 프로이트는 엽서를 보내서 논문을 잘 받았다는 사실을 통보해 왔지만 논문 내용에 대한 코멘트나 언급은 없었기 때문에 그 후로도 둘 사이의 만남이나 서신 연락은 이루어지지 않게 된다. 이는 이미 프랑스에서는 라캉보다 20여 세가 많은 마리 보나파르트가 파리정신분석학회를 이끌고 있었기 때문에 프로이트 입장에서는 라캉에게 관심을 두지 않은 결과로도 미루어 짐작할 수 있다.

그렇지만 라캉은 기존 정신의학에 대한 불만과 함께 프로이트 사상에 심취하여 같은 해(1932년)에는 프로이트의 논문인 〈질투, 피해망상, 동성애에서의 신경증 기제〉를 프랑스어로 번역하여 출판하게 되는데, 파리의 정신분석학계에서는 주목을 받지 못한다. 그 이유 중의 하나는 당시 영국에서는 프로이트 사상에 대해 수용적이었지만, 프랑스 주류학계에서는 프로이트 사상이 그다지 확산되지 못했다는 점을 들 수 있다. 하지만 라캉의 논문은 많은 초현실주의자들에게는 영향을 주었다고 볼 수 있는데, 살바도르 달리는 1933년 초현실주의 잡지 〈미노트르(Minotaure)〉 지의 창간호에서 라캉의 논문을 언급하고 있기 때문이다. 그리고 프랑스의 대표적인 초현실주의 시인 폴 엘뤼아르(Paul Éluard, 1895~1952)도 라캉이 1932년 국가박사학위 논문에서 다룬 가명의 여성 편집증 환자 '에메(Aimée)'[3]의 경우를 옹호하고 있음도 그러하다.

프랑스 내의 이러한 분위기에도 불구하고 라캉은 베를린에서 신프로이트주의 그룹의 한스 작스(Hans Sachs)로부터 공부한 후에 프로이트의 제자인 마리 보나파르트의 지원으로 파리에 정착하여 정신분석가를 양성하고 있

---

3) '에메'라는 이름은 본명이 아니라 소설의 여주인공 이름에서 따온 이름인데, 유명한 파리 여배우 위게트 뒤플로스를 찔러 죽이려고 하는 비합리적인 행위를 하게 된다. 라캉은 이를 박사학위 논문에서 '자기형벌적 편집증'이라는 새로운 개념으로 분석했다.

었던 프랑스 초창기 정신분석가 루돌프 뢰벤슈타인(Rudolph Loewenstein)[4]에게서 1932년부터 1938년까지 6년간 정신분석도 받게 된다. 그리고 뢰벤슈타인의 추천으로 1934년 파리정신분석학회(Société psychanalytique de Paris, SPP)에 준회원으로 가입하게 되었다. 이해(1934년)에 라캉은 외과 의사이며 그의 친구인 실뱅 블롱댕(Sylvain Blondin)의 누이인 마리 루이즈 블롱댕(Marie-Louise Blondin)과도 결혼하게 된다.

그리고 1936년에는 정신과 전문의 면허를 취득하여 개인병원을 열었다. 체코에서 열린 국제정신분석학회(Association Psychanalytique Internationale, IPA) 제14차 회의에서 훗날 유일한 저서로 발표된 『에크리(*Écrits*)』(1966)에 포함된 이론인 〈거울 단계(Mirror Phase)〉에 관련된 논문을 발표하게 된 것도 이즈음이다. 하지만 할당된 발표시간을 라캉이 초과하게 되자 의장 존스(Jones)가 발표를 중단시켰고, 이에 라캉은 그 자리를 박차고 베를린 올림픽(제11회) 구경을 갔다고 알려진다.

하지만 발표의 성과는 있었다고 볼 수 있는데, 파리정신분석학회(SPP)의 창립회원이자 프랑스 문법학자이기도 했던 피숑(Edouard Pichon, 1890~1940)의 추천으로 1938년에는 파리정신분석학회(SPP)의 정회원(훈련분석자)으로 받아들여지게 된 것이다. 이때는 정신분석에 대한 관점의 차이로 갈등을 겪고 있었던 뢰벤슈타인과의 정신분석훈련도 중단하였던 시기였다.

1939년에 발발한 제2차 세계대전(1939~1945)으로 나치 정권의 군대가 1940년에 파리를 점령하면서 파리정신분석학회는 해산된다. 이로 인하여 뢰벤슈타인 등의 유대인 회원들은 거의 망명을 하였으며, 나치가 점령한 지역에서는 프로이트의 저작물들도 불태워지는 사건이 발생한다. 이때는 프로이트도 마리 보나파르트 등 제자들의 도움으로 영국으로 망명하였다가 1939년 9월 23일 런던에서 구강 설암으로 사망한 시기이기도 하다.

4) 루돌프 뢰벤슈타인(Rudolph Loewenstein)은 멜라니 클라인(Melanie Klein)의 대상관계이론이나 코헛(Kohut)의 자기심리학에서와 같은 병리적 모델이 아니라 안나 프로이트(Anna Freud), 하인즈 하트만(Heinz Hartmann), 에른스트 크리스(Ernst Kris), 데이빗 라파포트(David Rapaport), 에릭 에릭슨(Erik Erikson) 등과 함께 자아중심(superordinateego)의 일반심리학, 즉 자아심리학 모델(학파)을 지지하였다.

그러나 라캉은 유대인이 아니었기 때문에 당시에 망명할 필요가 없었지만 이 시기에 영국으로 이주했다고 전해진다. 이를 두고 일부에서는 라캉이 1933년에 조르주 바타이유(Georges Bataille, 1897~1962)[5)]와 헤어진 실비아 막클레스-바타이유(Sylvia Mackles-Bataille)를 만나서 연애 중이었는데, 그녀가 유대인이었기 때문에 같이 영국으로 이주했다는 추측이 있기는 하다. 1941년에 실비아와의 사이에 딸 주디트 바타이유(Judith Bataille) 출생하자 라캉은 첫 번째 부인 마리 루이즈 블롱댕(Marie-Louise Blondin)과는 헤어진다. 이후 파리로 돌아와 생트-안느(Sainte-Anne) 병원에서 얼마간 근무한 후 자신의 개인 환자들을 치료하는 것에 주력하게 된다.

1942년에 라캉은 센강(Seine River) 좌안에 있는 오르세 박물관(Musée d'Orsay) 근처인 릴(Lille) 거리 5번지의 아파트에 자리를 잡고 정신분석학 연구에 집중하게 된다. 그러나 독일군대가 점령한 파리에서는 저술이나 출판도 할 수 없었다는 점을 『에크리(*Écrits*)』(1966)에서 술회하고 있다. 1944년 6월 6일에 연합군 총사령관인 미국의 아이젠하워(Dwight David Eisenhower, 1890~1969)[6)] 장군의 지휘로 수행된 연합군(미국, 영국, 캐나다, 자유 프랑스군 등)의 프랑스 북부해안 노르망디 상륙작전(Normandy landing)으로 독일군이 퇴각할 때까지 별다른 연구물이 발표되지 않은 사유도 여기에 있다.

하지만 이 시기에는 라캉에게 지극히 가정사적인 일들이 있었는데, 1934년에 파리정신분석학회에 준회원으로 가입하면서 결혼한 첫 번째 아내 마리-루이스 블롱댕(Marie-Louise Blondin) 사이에 여러 자녀들이 태어났다. 1934년에 태어나 학생 시절 내내 1등을 하여 부모로부터 사랑을 독차지했으나 교통사고로 죽게 되는 첫째 딸 카롤린(Caroline)에 이어서 1939년에는 둘째

---

5) 프랑스의 사상가이며 사회학자로서 푸코, 라캉, 데리다 등의 68세대의 주요 사상가들에 의해 주목받고 젊은 지식인들 사이에서 필독 대상이 되었던 학자이다.

6) 아이젠하워는 뉴욕주 웨스트포인트 지역에 위치한 미국육군사관학교를 졸업하고, 중령계급을 20년간이나 달았을 정도로 진급이 느렸고, 한때는 맥아더 장군의 참모로 7년간 근무하기도 했다. 그러나 루스벨트 대통령에 의해 1943년에 연합군 총사령관으로 임명된다. 1948년에 퇴역하여 컬럼비아대학 총장을 하다가 1950년 한국전쟁 발발과 함께 유럽연합군 최고사령관을 맡았다가 1952년 대통령 선거에 당선되어 당선자 신분으로 한국을 방문하여 휴전협정을 이끌어냈다. 이후 제35대 대통령으로 재선된 후인 1960년에도 미국 대통령으로서는 처음으로 한국을 방문했다.

아들 티보(Thibaut)가 태어났으며, 1940년에는 셋째 딸 시빌(Sibylle)이 태어났다. 그리고 1941년에는 연애 중이었던 유대인 소설가 실비아 막클레스 바타이유(Sylvia Macklès Bataille)와의 사이에도 딸 주디트 바타이유(Judith Bataille)가 태어남에 따라 첫 번째 부인과는 헤어지고, 1945년에는 정식으로 이혼하게 된 것이다.

이 중에서 첫째 부인에게서 태어난 셋째 딸 시빌 라캉(Sibylle Lacan)은 어머니 마리-루이스 블롱댕으로부터 이혼한 아버지의 성을 버리고 자신의 성을 따르라는 제안을 거부할 정도로 아버지 라캉을 사랑하면서도 집착하게 된다. 그중의 하나가 아버지로부터 버림받은 자신의 이야기를 『한 아버지: 수수께끼(*Un pere: puzzle*)』(1994)라는 책으로 출간한 것이었다.

"내가 태어났을 때 이미 아버지는 없었다."라는 문장으로 시작되는 이 책에서는 자크 라캉에게 버림받은 후 광고 삽화가와 부티크 점원을 전전하며 어렵게 세 아이를 양육해야 했던 어머니에 대한 연민과 함께 법적으로는 남이었던 아버지 라캉에 대한 그녀의 양가적 감정을 담고 있다. 뿐만 아니라 아버지의 두 번째 부인 실비아 바타이유 사이에서 낳은 딸 주디스 바타이유(Judith Bataille)[7]에 대한 그녀의 깊은 열등감으로도 가득 차 있다. 이는 아버지 자크 라캉에 대한 그녀의 깊은 피해의식도 더해진 것으로 보인다.

이러한 내외부적인 시기를 겪으면서도 라캉은 1948년부터 파리철학회에도 참여하게 되면서 현상학자 메를로 퐁티(Maurice Merleau-Ponty, 1908~1961)나 구조주의 인류학자 레비-스트로스(Claude Lévi-Strauss, 1908~2009) 등과도 교류하여 구조주의로서의 철학적 기반을 정립하게 된다. 한편으로는 1949년에 라캉은 파리정신분석학회(Societe Psychanalytique de Paris, SPP)의 새 정관규약 작성을 주도하게 된다. 그리고 1951년에는 SPP의 부회장직을 맡아 내부적인 재조직을 시도하면서 릴(Lille) 거리 5번지에 있는 자신의 아파트에서의 첫 번째 개인 세미나를 시작했다. 아울러 1951년부터는 실비아 막클레스 바타이유의 아파트에서도 소수의 정신분석가들과 함께 프로이트 저작을

7) 둘째 부인에게서 시빌 라캉과 동갑내기로 태어난 주디트 바타이유는 훗날 라캉의 제자 주디스 밀레르(Jacque Alain Miller)와 결혼하여 『라캉 앨범. 내 아버지의 얼굴』을 출판하기도 했다.

읽고 강평하는 방식의 주간 세미나를 개최하고 정신분석(치료)도 해나간다.

그러나 파리정신분석학회(Société psychanalytique de Paris, SPP)가 규정한 치료(분석)시간을 엄격히 지키지 않는다는 이유로 경고를 받게 되자, 라캉은 정신분석학을 신경생물학 차원에서만 다루는 학회를 강력하게 비판하고 국제정신분석학회와 그 지부인 파리정신분석학회와의 관계를 단절한다. 하지만 직접적인 갈등의 계기는 1950년부터 정신분석학을 대학에 정규과정으로 정착시키는 방법을 놓고 라캉과 다른 회원들 간에 학회 내의 논란이 벌어졌던 것에서 찾을 수 있다.

라캉은 정신분석학이 인문학 분야에 속하는 것으로 보고 자유로운 교육방식을 주장했다. 이에 비하여 파리정신분석학회에서는 프로이트의 제자 마리 보나파르트가 주장하는 신경생물학주의에 경도되어 있었다. 그리고 영국과 미국으로 망명해 간 한스 작스 등의 프로이트 제자들에 의해 전개된 자아심리학적 경향을 고려하여 의학 분야에 속하는 것으로 간주하여 정해진 교육과 훈련이 필요하다고 주장했던 것이다. 이처럼 당시는 정신분석학이 의학 분야에 속한다는 것이 주류적인 의견이었던 것이다. 이에 맞서는 입장에서 라캉은 라가쉬(Daniel Lagache, 1903~1972)와 함께 1953년에 파리정신분석학회(Société Parisienne de Psychoanalyse, SPP)와 대립적인 경향의 프랑스정신분석학회(Société Française de Psychanalyse, SFP)를 창설하게 된다.

이러한 논란 속에서도 라캉은 1953년에 실비아 막클레스 바티이유와 정식 결혼하고 그해 7월에는 그의 '욕망이론'의 기초가 되는 〈상징계, 상상계, 실재계〉[8]라는 논문을 발표한다. 이 논문에서 라캉은 1920년대 프로이트가 제시한 세 가지 성격구조이론, 즉 이드-자아-초자아가 무의식에 대하여 작동하는 성격구조를 원용하여 자신의 사유체계의 틀을 제시하게 된 것이다. 인간의 의식 발달 과정을 주체가 세계와 관계 맺는 방식에 따라 상상계, 상징계, 실재계로 구분하고, 상상계는 이미지 차원, 상징계는 언어

8) 1953년 발표된 이 세 개념은 라캉의 이론에서 매우 중요한 위치를 차지하게 되는데, 사람의 말(언어)은 최소한 세 가지 요소(말 자체, 말의 뜻, 말이 지칭하는 대상)가 있어야 성립될 수 있다는 관점이다. 즉 말(언어)의 뜻은 상상계, 말 자체는 상징계, 말이 지칭하는 대상은 실재계로 본 것이다.

차원, 실재계는 현실 차원을 의미하는 것으로 설정했던 것이다.

결국 그의 욕망이론은 이 세 가지 범주가 유기적으로 작용하면서 인간의 정신적, 물질적 삶의 영역을 역동적으로 만든다는 구조주의 철학의 관점을 제시한 것으로 볼 수 있다. 그러나 프로이트가 개인의 무의식을 억압된 표상과 동일시한 구조에 비하여, 라캉은 무의식의 언어적 본성을 강조하고, 언어를 매개로 한 상호주체적 구조가 발생시키는 무의식의 초개인적이고 사회적인 측면에 구조를 맞추었다는 차이점이 있다.

라캉은 그해(1953년) 9월에 로마대학을 방문하여 〈정신분석학에서 언어와 말의 기능과 영역(The Function and Field of Speech and Language in Psychoanalysis)〉이라는 이른바 '로마담화'를 강연하게 된다. 강연의 내용은 정신분석학회가 라캉 자신이 주장하는 새로운 길로 나아가야 할 일종의 선언문 형태를 띠었다. 즉 라캉은 초기에 프랑스 현상학의 대표 자격이었던 메를로 퐁티(Maurice Merleau-Ponty, 1908~1961)의 영향으로 정신분석이론에 사용했던 현상학적 언어 대신 소쉬르의 구조주의적 언어를 사용하게 됨으로써 구조주의자로 전환점을 보인 것이다.

이 담화는 새로운 학회 창립의 필요성에 대한 일종의 선언적 역할을 하여 추종자들을 중심으로 라가쉬(Lagache)와 함께 기존의 파리정신분석학회와 분리된 프랑스정신분석학회(SFP)를 1953년 말에 창설하는 계기가 된 것이다. 그리고 1953년 11월부터는 자신의 이론을 바탕으로 생트-안느(Saint-Anne)병원의 병원장인 장 들레(Jean Delay)를 통해서 빌린 생트-안느병원 대강당에서 1~2주에 한 번 정도의 공개세미나를 1963년까지 이어갔다. 당시 라캉의 인기는 대단해서 600~800명 정도의 수강생들이 몰려들었고 야콥슨, 알튀세, 푸코, 데리다 등과 같은 철학자들도 참석했다고 전해진다.

이렇게 되자 1963년에 파리정신분석학회와 국제정신분석협회에서는 라캉에게 드디어 종교적 파문(破門, excommunication)과도 같은 제재조치를 하게 된다. 프랑스정신분석학회가 국제정신분석학회의 가입을 위해서는 학회에서 라캉을 교육분석가 목록에서 제외할 것을 요구했던 것이며, 이에 라캉은 프랑스정신분석학회에서도 탈퇴하였던 것이다. 이로 인하여 라캉은 학회 회원 자격을 포함하여 모든 제재를 당한 라캉은 정신분석자로 칭할 수도 없었기 때문에 정신분석 세미나와 치료를 할 수도 없게 되었고, 생트-안느 정신병원도 그만둘 수밖에 없었다.

그러나 이후에도 라캉의 세미나는 계속적으로 이어가게 되는데, 마르크스주의의 거두였던 루이 알튀세(Louis Pierre Althusser, 1918~1990)와 레비-스트로스의 후원으로 프랑스의 윌름(Ulm) 거리에 있는 파리고등사범학교에서 강연을 할 수 있었던 것이다. 당시 알튀세의 지원은 라캉의 정신분석학이 더욱 힘을 얻게 되는 계기가 되었고, 때마침 쇠이유(Seuil) 출판사에서도 라캉의 세미나 강의내용을 편집하여 출판하겠다는 제안을 해오게 된다. 이것이 라캉이 1966년에 출간한 『에크리(*Écrits*)』로 탄생하게 되고, 이후 열린 세미나에서는 매회 천명 이상이 참석하게 되는 유명세를 이어갔다.

한편, 라캉은 1964년에는 생트-안느 병원이나 파리고등사범학교에서 벗어나 독립적인 세미나를 열기 위해 파리프로이트학교(파리프로이트학회, Ecale Freudienne de Paris)를 창립했고, 그 장소에서도 세미나를 이어가게 된다. 그 뒤인 1969년 윌름(Ulm) 거리의 고등사범학교 강의가 학교장 로베르 플라슬리에르(Robert Flaceliere)에 의해 금지되었지만 파리대학교 등으로 장소를 옮겨가면서 1980년까지 26년간이나 세미나는 진행이 된다. 이는 프로이트적인 라캉주의자(Lacanian)들이 탄생하는 계기가 되었다고 볼 수 있다. 라캉이 1980년의 세미나에서 "여러분들이 라캉주의자라면 나는 프로이트주의자입니다."라고 말한 것이 이를 대변한다. 이 해는 라캉이 프로이트의 이론을 충분히 추종하지 못하였다는 이유로 1964년에 설립된 파리프로이트학회를 해산하고, 그의 작업을 계속해 나갈 새로운 학회인 '프로이트 대의학회(Ecole de la Cause Freudienne)'라는 정신분석 조직을 별도로 창설한 해이기도 하다.

그러나 이 시기부터 라캉은 건강이 악화되어 장 종양 수술을 하게 된다. 이어서 신장이 혈액에서 노폐물을 제거하고 몸 안의 수분량과 전해질(電解質) 농도를 적절하게 유지하는 기능을 상실하는 신부전(Renal failure)이 심해진다. 결국 1981년 9월 9일에 81세의 나이로 사망하면서 '프로이트주의

파'는 해체되었다. 다만 그가 세운 파리프로이트학교(에콜 프로이트엔느)는 두 번째 부인 실비아 막클레스 바티이유의 딸 주디트 바타이유와 결혼한 사위 자크 알랭 밀러(Jacques-Alain Miller)에 의해 재개되었다. 이로써 라캉이 스스로 자신의 철학을 '과학과 철학 사이'라고 말하고 있듯이 그의 철학은 여전히 과학도들과 철학도 사이에서 논란거리가 지속되고 있다.

2. 자크 라캉의 정신분석적 거울단계이론

1) 정신분석적 언어구조주의 개창

자크 라캉은 20세기를 여는 1901년에 태어나 프로이트가 창시한 정신분석을 철학적으로 재해석한 정신분석학자이자 구조주의 철학자이다. 즉 프로이트의 '무의식' 개념을 성적인 주체로 보지 않고 소쉬르가 제시한 구조주의 언어학을 기반으로 인간의 무의식과 욕망은 언어와 같은 구조로 이루어져 있다는 관점을 보인 것이다. 그러므로 라캉의 사상은 '정신분석적 언어구조주의' 혹은 '언어구조주의적인 정신분석학'을 개창했다고 규정할 수 있다.

그리고 오늘날에도 프로이트나 라캉의 사상만큼 여러 분야에서 영향력을 미치고 있는 사상이 거의 없다고 본다면 라캉이 미치는 사상계의 영향력 또한 충분히 가늠할 수 있다. 이는 라캉이 추종한 프로이트가 철학자가 아닌 정신분석가 내지 정신과의사로서, 그리고 구조주의 사상가로서 배치되어 다루어지는 것이 인간의 정신 언어구조를 '무의식'이라는 심층구조체계를 밝히려고 시도했다는 점에 있다는 점과도 상통한다.

그러나 그보다도 더욱 현실적인 이유는 프로이트의 정신분석학을 언어구조적인 체계에 따라 재해석한 라캉의 업적이 프로이트에게서 보다도 더 많이 철학적 영역으로 전이된 것과 상관이 있다고 볼 수 있다. 다시 말하면 프로이트와 라캉은 오늘날의 상황에 견주어 말하면 같은 정신과의사로서 정신분석을 다루었지만 그 시대적 배경을 보면 다소 차이를 찾을 수 있다. 즉 프로이트가 창시하고 전개할 당시의 정신분석학은 의과대학의 영역에서 학습하고 의사들의 직무영역에 속하는 것으로 인정되었다.

그러나 라캉의 단계에 이르면 정신분석학은 일종의 '무의식의 언어학'으로서 재해석되면서 인문사회과학의 영역에까지 확산되고 그 영향력도 보편화되기에 이른 것이다. 오늘날 심리학계에서 프로이트의 정신분석학을 심리학의 제1세력으로 간주하고 있는 것도 일정 부분에 있어서는 라캉의 업적과도 상관이 있다고 볼 수 있는 것이다.

따라서 프로이트와 라캉이 전개하는 사상을 단순하게 비교하는 것은 별 의미가 없다. 이를 직접적으로 표현하면, 라캉은 프로이트가 '정신분석'이라는 자신만의 이론적 체계로서 『꿈의 해석(*Die Traumdeutung*)』(1900)이라는 저서를 출간한 다음 해에 태어났고, 라캉이 본격적으로 정신분석학을 연구한 시기도 1930년경이라는 시기적 간격이 상당하기 때문이다.

당시 프로이트의 정신분석학은 영국에서는 수용적이었지만 프랑스에서는 제대로 받아들여지지 않았던 시기였다. 대신 프로이트보다 1년 늦은 1857년에 태어난 소쉬르의 언어학에서 창시된 구조주의를 '구조주의 언어학'으로 정립시킨 러시아제국 태생 미국 언어학자인 로만 야콥슨(Roman Osipovich Jakobson, 1896~1982)의 사상이 받아들여지고 있었다. 이에 영향을 받아 20세기 후반기에는 레비-스트로스(1908~2009) 등에 의해서 언어 구조주의로 발전되었던 것이다.

이러한 시대적 환경적 여건에서 라캉은 기본적으로 철학자가 아닌 정신분석가로서 프로이트의 사상을 접했지만, 20세기 후반에 프랑스 사상계에서 주류를 차지했던 언어 구조주의에 기초하여 정신분석학을 재해석하게 된 것이다. 당초 라캉이 내건 기치는 "프로이트(사상)에로 되돌아가자."는 슬로건적인 이념에 있었지만 반드시 프로이트 시기의 정신분석학에 한정되거나 집착한 것은 아니었다고 볼 수 있다.

그 이유 중의 근본적인 것은 프로이트는 그의 정신분석학의 중요한 개념인 '리비도(libido, 심리성욕 에너지)'를 독일의 19세기 중엽 물리학자 헬름홀츠(Hirman Von Helmholtz, 1821~1894)가 주장한 '열역학의 제1법칙(에너지 보존의 법칙)'에 영향을 받아 정신체계로 기술한 것이었다. 이에 비하여 라캉은 소쉬르가 주창한 언어의 규칙인 랑그(langue)의 '상징적 체계'를 적용해 프로이트(사상)에로 돌아가고자 했기 때문이다.

하지만 철학적인 관점으로 볼 때는 프로이트와 라캉은 '무의식'이라는 정신 언어구조(심적 체계)를 바탕으로 '언어구조주의'를 주장한다는 점에서는 맥락을 같이 한다. 라캉이 프로이트 사후에 자아심리 학파에 의해 미국이나 영국에서 전개된 정신분석학이 상업화되고 치료중심적으로 발전이 되었던 점을 집중적으로 비판한 것도 같은 이유에서라고 볼 수 있다. 즉 라캉은 프로이트가 생전에 제시한 자아(ego), 초자아(superego), 본능(id)의 성격(정신)의 삼원적 성격구조이론이 프로이트 사후에 나치 정권의 탄압을 피하여 미국과 영국으로 망명한 프로이트 제자들에 의해 왜곡이 되었다고 본 것이다. 이들이 주로 '자아(ego)'를 중심에 놓은 채 성숙하고 바람직한 욕망의 추구와 미성숙하고 본능적인 욕망은 배제하면서 사회적응력을 높이고자 하는 '자아심리학'의 경향을 띤 것에 대하여 공격한 것이었다고 볼 수 있는 것이다.

따라서 라캉의 사상은 이러한 자아심리 학파에 대한 반감에서 비롯된 것으로 성격(정신)의 삼원적 구조론 중에서 '자아'가 아니라 '본능(이드)'이라는 '무의식'을 중심에 두고, 언어의 규칙(랑그, langue)에 따라 프로이트 사상을 적용한 정신분석적 언어구조주의로 규정할 수 있다. 이처럼 라캉이 다룬 정신분석을 '정신분석적 언어구조주의'라는 철학적 명칭으로 다루게 되는 것은 프로이트 사후에 미국과 영국 중심으로 전개된 안나 프로이트 등의 신프로이트 학파들과는 많은 차이가 있기 때문이다.

신프로이트 학파의 대부분이 '자아심리학(에고 심리학)'이라는 범주에서 심리치료학 차원에서 기능적(치료적)으로 발전시켰던 것에 비하여, 라캉은 구조언어학을 모형으로 정신분석을 융합하여 철학적 차원으로 발전시켰다는 의미가 있는 것이다. 하지만 이처럼 같은 프로이트의 이론을 대상으로 각기 다른 주장을 하는 학파가 등장하게 되는 배경에는 프로이트 이론 자체의 변화과정과도 상관이 있다고 볼 수 있다. 즉 초기의 지형학적 모형에서는 무의식이 주된 관심사였고, 후기의 삼원구조모형에서는 원초아(본능)였다.

하지만 프로이트의 관심은 이내 원초아에서 자아로 옮겨가게 되는데, 과거의 외상 경험을 자아가 어떻게 다루는지에 따라 신경증과 정신증이 나타날 수도, 그렇지 않을 수도 있다는 점을 알게 되었기 때문이다. 그러나 1920년대 후반부터 구강설암을 앓게 되면서 프로이트는 자신의 이론을 완성하지 못하고 대신 그의 막내딸 안나 프로이트(Anna Freud, 1895~1982)와 프로이트가 총애하던 빈의과대학 출신의 하인즈 하트만(Heinz Hartmann, 1894~1970)[9]이 그 역할을 맡았다. 안나 프로이트는 『자아와 방어기제(*The Ego and the Mechanism of Defense*)』(1936)를, 하인즈 하트만은 『자아심리학과 적응의 문제(*The Ego Psychology and the Problem of its Adaptation*)』(1939)를 출간하여 프로이트가 주장한 구조모형을 이어갔기 때문이다.

이처럼 구조모형에서 자아를 중심으로 보는 정신분석학을 자아심리학이라고 지칭한다. 그리고 안나보다는 하트만이 자아중심을 더욱 강조했기 때문에 자아심리학의 창시자로 인정받는다고 볼 수 있다. 특히 하트만은 프로이트와 달리 사람은 원초아와 자아를 함께 가지고 태어나서 항문기에 이르러서 자아가 원초아의 힘과 갈등에서 독립적으로 성장한다고 주장했다. 이는 프로이트가 사람은 태어날 때 원초아만을 가지고 태어나서 항문기에 이르러서야 원초아에서 자아가 분화한다고 보았던 것보다는 자아를 더욱 강조한 것으로 볼 수 있는 것이다.

하지만 당시 자아심리 학파는 프로이트의 막내딸 안나 프로이트(Anna Freud)에게서 정신분석을 배우고 미국으로 이민하여 활동했던 에릭 에릭슨(Erik Erikson, 1902~1994) 등이 이끌었다는 점에서 에릭 에릭슨을 자아심리 학파의 대표자 격으로 보는 견해도 있다. 그는 프로이트의 정신역동이론을 따르면서도 프로이트가 다룬 히스테리아 환자가 아닌 일반인들의 부적응을 '심리사회적 발달이론(心理社會的 發達理論, psychosocial development theory)'이라

9) 1938년 하트만은 가족과 함께 나치 정권을 피해 오스트리아를 떠났다. 이후 프랑스 파리와 스위스를 거쳐 1941년 미국 뉴욕에 도착하여 뉴욕정신분석학회의 가장 뛰어난 사상가 중 한 명이 되었다.

는 자아심리학으로 발전시킨 대표적 치료적 승계자였던 것이다.

반면에 라캉은 프로이트가 강조한 '무의식'이 곧 타자와의 관계에서 억압된 타자의 언술이고, 이것은 사람들의 발화(파롤, parale)가 각기 개별적으로 보이지만 사실은 언어의 보편적인 규칙(법칙)인 랑그(langue) 행위에 종속되어 있다는 소쉬르의 이원적 언어학과 같이 구조화되어 있다고 생각한 철학적 승계자로 볼 수 있는 것이다. 그러므로 라캉은 소쉬르가 제시한 구조주의적 언어학의 방법을 사용하여 프로이트의 정신분석학에서의 '무의식' 구조를 역동적 형이상학으로 끌어올리는 역할을 한 구조주의 철학자로 보는 것이 타당하다.

2) 자크 라캉의 거울단계이론의 언어구조주의

라캉의 사상은 파리대학에서 법의학을 전공하여 〈인격(개성)과 관련된 편집증적 정신병(망상증)〉이라는 논문으로 박사학위(1932년)를 받은 후 1934년에 파리정신분석학회(협회)의 준회원으로 가입한 뒤, 1936년(35세)에 독일의 마리엔바트(Marienbad)에서 열린 국제정신분석학회(IPA) 第14차 회의에서 '거울단계(Mirror stage)'에 대한 발표를 하면서부터 구체화되었다.

이 발표문의 정식 명칭은 〈거울단계, 정신분석적 교의 및 경험과의 연관 하에 이행된 현실구성의 발생학적 구조화의 순간에 대한 이론〉이라는 긴 이름이었다. 당시 발표한 원고의 원본[10)]은 없어졌기 때문에 확인할 수는 없으나 주요 내용은 1966년에 그의 강의록 등을 편집하여 유일한 저서로 출간된 『에크리(*Écrits*)』라는 논문집 형태에 포함되어 있다.

그리고 그의 '거울단계'에 관한 이론은 1953년(52세)에 〈상징계, 상상계, 실재계〉라는 논문에서 구체화시켰다. 거울단계이론은 크게 보면 그의 욕망이론에 포함이 되는데, 이 논문에서 프로이트가 인간의 심리성격 구조를 원초아(본능), 자아, 초자아의 세 가지로 분류했듯이 라캉은 인간의 심리를 상상계(the Imaginary Order), 상징계(the Symbolic Order), 실재계(the Real Order)

---

10) 라캉이 제시한 거울단계 이론은 프랑스 학자인 앙리 왈롱(Henri Wallon, 1879~1962)의 아동인지발달연구 논문에서 힌트를 얻은 측면이 있는 것으로 알려지고 있다.

등의 3개 차원으로 나눈 것이다.

이런 라캉의 분류도식은 인간이 언어를 통해 사유하고 행동하는 동물이라는 점을 바탕으로 성립된다. 라캉은 자아(ego)가 6개월에서 18개월 사이 유아기에 형성되는 것으로 보았고, 이 시기에 언어적 인간성장 과정을 거울단계(mirror stage)라고 지칭했다. 거울단계인 유아시기에 인간은 타자를 비추는 거울을 통해 그 '환영'과 자신을 동일시하게 되고, 말을 배우기 시작하는 동시에 자기 자신의 존재(ego)를 서서히 깨닫기 시작한다고 본 것이다.

라캉이 언어 자체를 상정하는 말인 '은유'의 개념은 생후 6개월에서 18개월 사이의 어린아이가 거울에 비친 자신의 모습을 아직 신체적으로 미숙하여 자기 몸을 완전하게 통제하지 못하지만 완벽한 자신의 모습으로 믿는 '거울단계(mirror stage), 즉 상상계(the imaginary Order)'에서 이루어지는 것으로 보고 있다. 상상계는 언어에서 유사성(similarity)을 표현하는 '은유(metaphor)'에 대입할 수 있고, 프로이트의 성격구조이론에 비유하면 자아(ego)에 해당한다.

즉 라캉이 말하는 '거울단계'에서의 유아는 거울 속의 모습이 자신과 유사하다는 믿음의 '시니피에(signifié)', 즉 '기의(記意, 소기)'로서의 자신과 일체감을 느끼게 된다. 그러나 그것은 거울에 비치는 상(mirror image, 거울 이미지)에 불과하다. 따라서 인간은 아버지를 비롯한 의미 있는 타인과 교류하게 되는 18개월 이후에 언어를 사용하고, 언어의 인접성(contiguity)을 표현하는 '환유(metonymy)'의 원리에서처럼 '거울의 단계'에서 믿었던 '상상계'의 구조가 무너지게 된다고 본 것이다.

이는 상상계에서 느꼈던 '시니피에(기의)'가 아버지를 비롯한 타인들이 사용하는 언어에서 보이는 인접성의 원리에 따라서 허상이 되는 '상징계(the Symbolic Order)'의 구조로 들어가는 것을 의미한다. 상징계는 태어날 때부터 아이들을 둘러싸고 있는 사회 · 문화 · 언어적 그물망을 뜻하는데, 상징계는 라캉이 가장 중요하게 다루는 사유방식으로서 프로이트의 3원적 성격구조이론(본능, 자아, 초자아)에 비유하면 초자아(super ego)에 해당한다.

결국 상상계의 단계에서는 아이가 어머니와의 양자관계(兩者關係)에서 형성되는 주체에 대한 허구적 구축이 이루어지는 단계로 한정되지만, 상징계의 단계에서는 언어를 통한 금지와 사회의 법칙을 받아들임으로써 주체 자신이 아닌 타자에 의해서 욕망(desire)이 통제되고 지연되기에 이른다고 보는 것이다. 이때 욕망(desire)의 개념은 인간 욕구의 세 가지 차원 중에서 필요(욕구, need)나 요구(demand)와는 다른 차원의 의미를 가진다.

즉 라캉은 욕망과 욕구, 요구를 구별하고 있는데, 욕구(필요)는 순수한 육체적 생존을 위해 충족되어야 할 생물학적 본능에 상응하는 개념으로 본다. 그러나 인간은 상징계에 접어드는 시기부터 욕구의 차원을 요구의 차원으로 받아들이게 되는데, 요구(demand)라는 것은 타자가 개입되면서 또다시 욕망의 차원으로 넘어가게 된다. 그러므로 욕망(desire)은 목마름과 같은 생리적 필요(욕구)나 타자로부터의 사랑이라는 요구 수준을 벗어난 결핍에 대한 획득을 향한 개념이다.

이 단계를 라캉은 '실재계(the Real Order)'로 명칭을 하는데, 실재계란 상징계에서 배제되면서도 사실은 상징계에 끊임없이 영향을 미치고 있는 욕망의 대상이 된다. 여기에서 실재의 개념은 '불가능성'인데, 이 불가능성은 그 이전의 상징화된 접근방법으로서 실재 자체에 다가갈 수 없다는 것을 의미한다. 그러므로 그 욕망은 불가능하고 채울 수 없는 욕망이 되며, 프로이트가 제시한 성격구조이론에 비유하면 이드(id, 원초아, 본능)에 해당한다. 라캉은 이 실재계의 부분을 '욕망의 윤리적 차원'에서 설명하고 있다.

이처럼 라캉의 정신분석적 거울단계이론은 주체의 주체성 형성과정을 상상계(거울단계), 상징계, 실재계(the real)라는 3차적 사고방식으로 나누어 설명한다. 이는 프로이트의 무의식의 심리구조에 대하여 새로운 지형도를 제시한 것이라고 할 수 있다. 하지만 라캉은 〈상징계, 상상계, 실재계〉 등의 짧은 논문은 썼지만 소크라테스가 그러했듯이 글보다는 말의 현장성을 중요시했다.

따라서 '글쓰기(에크리)'를 소홀히 하였고, 오랫동안 세미나 형식의 구술강의를 통해 자신의 이론들을 전파했다는 특징이 있다. 하지만 은유적인 표현과 난해한 설명으로 많은 비판을 받았다는 점에서 보면, 글쓰기 자체에도 두려움이 있었던 것으로도 짐작할 수 있다. 그러나 상당한 명성이 알려지자 쇠유(Seuil) 출판사의 지속된 요청으로 '읽을 수 없는(illisible) 글 모음집(에크리)'이라는 명칭으로 1966년 11월 15일에 논문집 형식으로 출간하기에 이른다.

이로써 『에크리(*Écrits*)』(1966)가 출간되면서 라캉은 일약 현대의 주요 사상가로서의 위치로 자리매김이 되었다. 라캉은 이 책에서 특유의 화려하고 바로크(Baroque)적인 문체와 은유적 글쓰기를 통해 명확한 의미화를 벗어나면서도 애매성을 확산시키는 언어의 무의식적 작용을 설명하고 있다.

따라서 라캉의 문체나 문장은 난해한 것으로 정평이 나 있는데, '에크리'라는 책 제목에서도 알 수 있듯이 박사학위 논문 이후에 써놓았던 글들이나 논문들을 1960년을 시점으로 현재형으로 설정하고 재서술하는 형식을 취했다. 그 이유는 욕망의 작동 질서인 무의식의 시제가 순수 과거도 아니고 순수 현재도 아닌 상태에서 그것이 '시니피앙(記標, 能記, signifiant)'이라는 상징적 언어로 표현되면서 '시니피에(記意, signifié)'로서의 의미가 부여된다는 그의 사상을 보여주기 위한 구성이라고 볼 수 있기 때문이다.

라캉이 이 책을 출판했던 1960년대는 언어학자 페르디낭 드 소쉬르가 제시한 언어 구조주의적인 관점이 확산되면서 유럽사회의 지성계에서 인간 주체 중심의 실존주의(實存主義, existentialism)가 해체되었던 시기와도 맞물린다. 더 근본적으로 보면, 1637년 6월에 데카르트가 네덜란드에서 쓴 『방법서설(*Discours de la méthode*)』[11]에서 철학의 제1원리로 제시했던 "나는 생각한다. 고로 존재한다."라는 의미의 '코기토 에르고 숨(Cogito, ergo sum)'으로 상징되던 "합리적이고 자율적이며 완전한 인간 주체가 독립적으로 존재한다."는 인식이 무너지고 있었던 시기였다고 볼 수 있는 것이다.

이는 인간이 만들어내는 세상은 완전하고 합리적인 생각을 하는 주체가 역할을 하는 것이 아니라, 모종의 언어 체계적인 구조 속에서 다른 것들과 관계를 맺는 기제(메커니즘)를 통해 형성된다고 보는 구조주의(構造主義,

11) 원명은 『이성을 잘 인도하고, 학문에 있어서 진리를 탐구하기 위한 방법서설, 그리고 이 방법에 관한 에세이들인 굴절광학, 기상학 및 기하학』이라는 긴 이름이며, 라틴어로 책을 썼던 관례를 벗어나 프랑스어로 썼다. 영어로는 줄여서 『Discourse on the Method』로 번역된다.

Structuralism)가 완전하게 자리를 잡아가는 시대였음을 의미한다.

이러한 시점에서 발간된 『에크리(*Écrits*)』는 프랑스 사회에 막강한 영향력을 미치며 문화적 현상으로까지 일컬어지는 붐(boom)을 일으켰으며, 그의 철학은 '라캉주의(Lacanianism)'라고도 불리게 된다. 그리고 때를 맞춘 듯이 1968년 5월에는 반권위주의적인 가치혁명 혹은 문화혁명이라고 볼 수 있는 이른바 68혁명이 학생 중심으로 일어났다. 당시 라캉은 여러 가지 담론을 통하여 이러한 혁명적 사회 분위기를 적극적으로 지지함으로써 구조주의를 넘어 후기구조주의로 나아가는 기점에 서게 된 것이다.

이는 라캉이 기존의 언어구조주의에 기초하여 프로이트의 정신분석을 철학적으로 정립하여 프랑스를 비롯한 유럽 사상계를 이끄는 혁명적 역할을 했음을 의미한다. 즉 소쉬르가 언어체계를 기표(시니피앙)와 시니피에(기의)의 이중적으로 분할된 기호체계로 보는 견고한 연합의 구조 개념으로 표현한 것에 멈추지 않고, 라캉은 고정되지 않고 피상적인 무의식의 언어구조주의 체계로 대체하는 정신분석적 구조주의 개념을 창안한 것으로도 볼 수 있다.

이는 라캉은 소쉬르의 언어학 역시 프로이트의 정신분석학과 마찬가지로 그대로 받아들이지는 않았다는 점을 의미한다. 소쉬르가 말한 언어학적 기호는 '기표(signifiant)'와 '기의(signifié)'[12)]를 1:1 관계의 의미작용(意味作用, signification, 시니피카시옹)으로 보았지만 라캉은 그렇게 보지 않았던 것이다. 즉 기의(記意)는 여러 개의 기표(記表)들의 연쇄구조 안에서 무의식처럼 분출되고 미끄러지기 때문에 고정된 것이 아니라고 설명하고 있다. 그렇기 때문에 어느 누가 어떤 문장을 말한다고 하더라도 그가 생각하는 기의(소기)가 진의 그대로 표출된다고 볼 수 없는 것이다. 이것이 바로 "나는 생각하지 않고 생각되어지는 존재이다."라는 창안이 라캉철학의 핵심 명제인 것이다.

그러나 여기에서 말하는 '창안'은 차별성을 의미하는 것이지 소쉬르나 프로이트와 전혀 다른 사상을 라캉이 제기한 것은 아니다. 라캉이 『에크리』

12) 한국에서는 프랑스어 signifiant(시니피앙)과 signifié(시니피에)가 일제 식민지시대부터 '능기(能記)'와 '소기(所記)'로 번역되었으나 1990년대 이후부터는 '기표'와 '기의'로 번역되고 있다.

에서 주장하는 대표적인 이론은 소쉬르가 제기한 언어구조주의에 바탕을 두면서 프로이트의 무의식, 즉 욕망의 질서체계를 읽어낸 정신분석적 구조주의이기 때문이다. 다시 말하면 라캉은 프로이트의 정신분석과 소쉬르의 언어구조주의를 융합하여 욕망과 무의식의 구조주의 이론을 정립하고 있다고 볼 수 있는 것이다.

따라서 라캉의 정신분석적 언어구조주의 이론은 자아중심의 자율적이며 이성적인(합리적인) 인간으로서의 주체 관점을 거부하고, 주체 안에 내재한 타자의 무의식적 언술을 구조적으로 증명하려는 것이라고 말할 수 있다. 프로이트는 무의식은 본질적으로 언어를 통해 표현될 수 없는 부분이 있다는 점을 강조했지만, 라캉은 무의식조차도 '시니피앙(기표, 능기)'과 '시니피에(기의, 소기)'의 언어적 구조로 파악할 수 있다고 본 것이다.

그의 유일한 저작인 『에크리(*Écrits*)』에는 30년 동안 라캉이 세미나에서 발표한 논문 총 28개가 실려 있는데, 그 첫 번째 장에 〈도둑맞은 편지에 대한 세미나〉를 배치하고 있는 것도 '시니피앙(기표, 능기)', 즉 언어가 인간의 무의식을 알 수 있는 첫 번째의 원인이자 시작임을 강조하기 위한 것으로 볼 수 있다.

왜냐하면 〈도둑맞은 편지에 대한 세미나〉는 인간이 상상계(거울단계)를 지나 언어를 사용하는 상징계에 접어들면 타인의 언어구성요소인 시니피앙(기표, 능기)에 의해 자신의 역할과 위치를 일방적으로 부여받는다는 원리를 언어의 문학을 은유하는 '편지(Lettre)'를 동원하여 설명하고자 시도한 것으로 볼 수 있기 때문이다. 즉 편지는 수신인에게 반드시 도달되는 기표(시니피앙)적 은유사상을 암시하는 '은유'이지만 '도둑맞은 편지'처럼 누구도 그것의 주인이 될 수 없고, 이 손에서 저 손으로 돌면서 주체들을 분열시키는 무의식의 효과를 발생시킨다는 점을 암시하고 있는 것이다.

그리고 『에크리(*Écrits*)』의 본문 마지막 논문인 〈과학과 진리〉에서는 상징계에서 타자들의 시니피앙에 의해 주체들이 분열되는 주체와 상징계의 모순되는 관계에 대하여 설명하고 있다. 이는 상징계가 무의식의 주체를 분열시키므로 주체를 봉합하는 것이 중요한데, 데카르트가 말하는 합리적이고 완전한 인간주체는 있을 수 없으므로 봉합 자체는 불가능하다고 본 것이다. 결과적으로 정신분석은 이처럼 분열되고 소실된 무의식적 주체의 자리를 봉합하는 것이 아니라 주체 내부에 욕망이 결핍되어 있다는 점을 전면화하는 진리라고 본 것이다.

제2절 자크 라캉의 정신분석적 언어구조주의

1. 자크 라캉의 욕망 언어구조주의 체계

라캉은 거울단계이론을 시작으로 성립된 그의 '욕망이론'에서 욕망의 질서체계인 무의식이 언어처럼 구조화되어 있다고 본다. 즉 인간이 언어를 사용하며 존재하는 한 인간의 의식은 은유(隱喩, metaphor)와 환유(換喩, metonymy)로 구조화되어 있고 이것은 욕망의 구조와도 같다는 것을 주장한 것이다.

이것은 프로이트가 『꿈의 해석』(1900)에서 금기된 욕망이 꿈으로 나타나고, 꿈의 내용이 압축되어 어떤 상징적 물건이나 이미지로 '대체(alternation)'되며, 또 그 옆의 것과 자리를 바꾸는 '인접성(contiguity)'으로 나타난다고 설명한 것에서 착안한 것이다. 여기서 라캉은 꿈을 꾸는 주체가 동일성을 유지하지 못하고 무의식적으로 분열된다고 본 것인데, 프로이트가 말한 '대체'는 '은유(metaphor)'[13]로 보고 '인접성'은 '환유(metonymy)'[14]의 언어체계(언어구조)에 대입시켜서 구조적인 주체형성 과정을 설명하고 있다고 볼 수 있다.

은유와 환유는 원래 러시아 태생의 미국 언어학자인 로만 야콥슨(Roman

13) 직유(암유)는 그와 유사한 성질(유사성)을 지닌 다른 말로 대체하는 비유법으로, 대상을 간접적이며 암시적으로 나타낼 수 있으므로 상대에게 대상을 낯설게 하고 강렬한 인상으로 전달할 수 있는 표현법이다.

14) 환유(전유)는 사물을 직접 가리키는 대신 그 속성이나 그것과 공간적·시간적으로 가까운 관계에 있는 성질(인접성)을 지닌 것을 사용하여 나타내는 표현법이다.

Jakobson)이 사용한 용어를 인용한 것인데, 라캉은 은유를 '증상의 메커니즘'으로, 환유를 '욕망의 메커니즘'으로 재정의한다. 그리고 나중에 은유를 '압축'이라고 칭하고 환유를 '치환'이라고 변형하여 칭하기도 한다. 그러므로 라캉의 정신분석적 언어구조주의는 프로이트의 정신분석학을 소쉬르와 야콥슨의 언어구조주의 방법을 활용하여 재해석한 것으로 규정할 수 있다.

라캉은 그의 욕망이론을 바탕으로 임상과 정신분석이라는 주제에 연결시켜 『에크리(*Écrits*)』에서 논문들을 배열하고 있는데, 『에크리(*Écrits*)』에서 다루어지고 있는 세 가지 정신 언어구조를 보면 정신병(psychose, psychosis)[15], 신경증(nevrose, neurosis), 도착증(perversion)이 있다. 이는 오늘날 정신의학이 아닌 정신분석의 임상적 진단구조의 기본이 되고 있다. 그러나 이 세 가지의 핵심적인 범주화는 단순히 치료를 위한 병증의 진단을 위한 것이 아니라 무의식의 세 가지 정신 언어구조를 드러내 주는 기준이라는 점에서 그의 정신분석적 언어구조주의 체계를 보여주는 의미가 있다.

이는 프로이트가 인간의 정신 언어구조를 의식(consciousness), 전의식(preconsciousness), 무의식(unconsciousness)의 '세 가지 지형모형이론(위계이론)'을 제시한 후 그것을 수정 · 보완하여 원초아(id), 자아(ego), 초자아(superego)의 '세 가지 성격구조모형이론'을 다시 제시한 것에 영향을 입은 것이다. 즉 라캉은 프로이트의 정신분석을 무의식 중심으로 상상계(imaginary), 상징계(symbolic), 실재계(real, 현실계)라는 세 가지의 인식 지형(3차적 사고방식)을 제시하고, 주체가 상징계에서 부여받게 되는 질서(통제)에 어떻게 반응하는가를 정신병, 신경증, 도착증의 세 가지로 구분하여 자신만의 욕망이론을 제시하고 있는 것이다.

이는 라캉이 프로이트의 정신분석적 이론의 성과들을 계승하면서도 소쉬르의 언어학과 철학을 차용해 정신분석학을 새롭게 개조하는데 그 핵심 역할을 하는 것이 상징계라는 점을 말해준다.

이러한 맥락에서 라캉은 프로이트가 제시한 용어를 원용하여 정신과 의사

15) 일반적으로 불리는 정신병은 '정신증'으로 개칭되고, 병원의 신경정신과도 정신건강의학과로 개칭되었다.

로서 세 가지의 정신분석적 임상구조도 제시하고 있다. 즉 정신병(psychose, psychosis)은 폐제(forclusion, en foreclosure), 신경증(névrose, neurosis)은 억압(en repression), 도착증(perversion)은 부인(en disavowal)이라는 정신적 기제로 설명하고 있는 것이다.

이러한 세 가지의 기전(기제)은 모두 아동이 '오이디푸스 콤플렉스(Oedipus complex)'와 '거세 콤플렉스(castration complex)[16)]'나 '엘렉트라 콤플렉스(Electra complex)'[17)]를 거치는 과정에서 '아버지'라는 상징적 타자가 기표(signifiant, 시니피앙)로 자리 잡게 되면서 성적 차이를 가진 인간 주체로 탄생하는 과정에 실패함으로 인해서 정신병리 현상으로 나타날 수 있다고 보는 것이다. 물론 여기에서 '아버지'는 생물학적인 아버지에만 한정되는 것이 아니라 어머니와 아이 사이의 분리를 명령하는 '부성의 은유(paternal metaphor)' 기능으로서의 상징적 기표(능기, 시니피앙)를 의미한다.

이러한 정신적 기제 중에서 가장 심각한 정도인 '폐제(forclusion, 閉除)'는 어머니와 아이의 이자관계(양자관계)에서 오이디푸스 콤플렉스나 엘렉트라 콤플렉스의 극복을 통해 상징적인 제삼자에게 개방되지 않는 것을 의미한다. 따라서 폐제는 '부성의 메타포(은유)' 기능이 정상적으로 작동하지 못하여 상징적 기표에서 폐지되고 제외되는 것을 말한다.

그러므로 '폐제'의 정신병리적 과정은 상징계의 '승인(admission)'을 받지 못하고. 상징적 '소외(alienation)'과정을 통한 어머니의 욕망(desire)으로부터 '분리(separation)'되지 못하는 인간 주체의 함몰로 이어진다. 이처럼 '폐제'는 프로이트가 이미 정신기제(defense mechanism, 방어기제)로 설명한 '억압(repression)'과 '부인(denial)'의 개념에 의한 '신경증'과 '도착증'이라는 임상구조와는 달리 라캉이 중요시한 '정신병'의 기전(기제)을 말한다.

---

16) 여자아이도 아주 작은 음핵이 손상될 수 있다는 두려움을 느끼지만, 최악의 상황이라도 어머니가 딸의 거세는 할 수 없는 신체적 조건이므로 여성은 남성에 비하여 '초자아'가 약하다고 본다.

17) 엘렉트라 콤플렉스는 그리스 신화에서 아가멤논(Agamemnon, 미케네의 왕)이 10년간의 트로이 전쟁을 마치고 귀국했지만 아내인 클리타임 네스트라(Klytaimnestra, Clytemnestra)는 이미 정부 아이기스토스(Aegisthus)와 관계하여 아이기스토스와 관계하여 알레테스와 에리고네를 낳았기 때문에 아가멤논을 살해한다. 이에 아버지에게 애정을 품고 있었던 아가멤논의 딸 엘렉트라(Elektra)는 동생인 오레스테스(Orestes)를 종용하여 아버지를 죽인 어머니와 정부를 죽이게 한 것을 빌어서 명칭한 것이다.

이러한 정신분석의 진단법, 즉 세 가지 범주의 임상구조는 오늘날의 미국정신의학협회(American Psychiatric Association, APA)가 발행하는 '정신질환 진단 통계 편람(Diagnostic and Statistical Manual of Mental Disorders, DSM)'에서의 정신질환 유형 구분이 다양한 질환 증상을 새로운 정신장애(mental disorder)로 구별하여 정신질환의 진단 수를 늘리고 있는 경향과는 많은 차이가 있다.

왜냐하면 라캉 방식의 정신분석가는 DSM과 같은 지침서의 목록과 비교하면서 그 상대적인 중요성에 따라 병명을 진단하는 것이 아니라. 단 세 가지의 임상구조(정신병, 신경증, 도착증)를 단 하나의 특징적 기제(mechanism), 즉 상징계의 중요한 타자인 '아버지'라는 형상이 부여한 질서에 어떻게 반응하는가의 기전을 규정하는 데 중점을 두기 때문이다.

이는 DSM에서 제시되는 다양한 정신질환이 약물처방을 위주로 하고, 치료자가 취해야 하는 구체적인 방법을 제시하지 못하는 정신질환 유형학이라는 점과는 정신분석이 차별성이 있다는 점을 의미한다. 오늘날에도 정신분석을 주로 하는 치료자는 프로이트가 그랬듯이 환자(내담자)를 침대와 의자의 중간 형태인 카우치(couch)에 비스듬히 눕혀서 내담자에게 아무리 고통스럽고, 어리석고, 사소하고, 비논리적이고, 부적절하더라도 마음에 떠오르는 것은 무엇이든지 가능한 한 많이 말하라고 독려하는 자유연상 기법(free association) 등을 사용하고 있음에도 양자 간의 차별성이 드러난다고 할 수 있다.

한편, 정신병 혹은 정신증(psychose, psychosis)은 원래 1841년에 독일의 의사 카를 칸슈타트(Karl Canstatt, 1807~1850)가 신경계에서 발생하는 질환으로 정의하면서 명명이 된 용어이다. 이는 신경증(neurosis)과 구별되지 않는 개념이었다. 그러나 1845년 오스트리아의 철학자이자 의사였던 에른스트 포이히터슬레벤(Ernst Feuchtersleben, 1806~1849)은 신경증과 정신병을 구별하여 정의하게 된다. 즉 '망상(delusion)'이나 환청 등의 '환각(hallucination)'의 증상이 있어서 현실에 대한 판단 능력이 없으면 '정신병(psychosis)'에 해당하고, '내적인 갈등'이나 '긴장' 등으로 심리적이고 신체적인 증상을 겪기는 하지만 현실에 대한 판단능력이 손상되지는 않는 것이 '신경증(neurosis)'이라고 구분한 것이다.

그리고 19세기 말에 이르면 프랑스의 심리학자 피에르 자네(Pierre M. F. Janet, 1859~1947)가 정신병과 달리 일반인들도 겪을 수 있는 신경증을 '히스테리(hysteria)'와 '신경쇠약(nervous breakdown)'이라는 두 가지의 범주로 구분하게 된다. 다른 한편으로 비슷한 시기에 독일의 의사 크레펠린(Emil Kraepelin, 1856~1926)은 정신병을 '정신분열병(schizophrenia)'과 '조울증(bipolar disorder)' 등으로 분류하게 된다.[18)]

이러한 유럽 학계의 정신병에 대한 관점은 프로이트나 라캉의 정신분석학에서도 적용이 되고 있다고 볼 수 있다. 그뿐만 아니라 프로이트와 라캉의 정신분석학에서의 정신병 진단 개념이 1952년에 처음 발간된 미국정신의학회의 『정신질환의 진단 및 통계 편람(*The Diagnostic and Statistical Manual of Mental Disorders, DSM- I*)』의 '정신신경증(psychoneurosis)'의 진단기준에도 영향을 미쳤음도 분명하다.[19)]

라캉이 말하는 정신병의 증세는 환각과 환청에 대해서 의심하지 않고 확신하며 망상을 하는 등 사고과정의 결함이 있고, 언어도 외부의 힘에 의해 소유되는 것을 의미한다. 따라서 정신병 환자는 언어의 본질적 구조인 기표(능기, 소리)와 기의(소기, 의미)의 관계에서 '은유'를 창출할 수 없다. 그리고 몸 전체가 전기가 흐르는 것 같은 신체화증상과 아무런 이유가 없이 견디기 힘든 고통을 느끼게 된다.

남성의 경우 소심하거나 언어 자체가 여성화되기도 하는데, 이는 정신분석적으로 보면 사회적 질서의 핵심적인 원리를 받아들이는 부권적 질서(상징적 질서)가 결여된 것을 의미한다. 라캉은 이를 프로이트의 '방어기제(Defense Mechanism)'와 대비하여 '폐제(fordclosure)'라는 정신적 기제로 설명한다.

---

18) 에밀 크레펠린은 프로이트가 오스트리아 빈에서 히스테리 환자들을 대상으로 개업하고 있었을 무렵에 독일 하이델베르크 대학에서 정신의학과 교수로 재직하며 1883년에 『정신의학개론』을 발간하여 미국정신과학회(미국정신의학회)의 정신질환진단 통계편람(DSM- I)의 기초자료가 되었다.

19) 'DSM- I '은 불과 132쪽에 불과하고 100여 개의 진단명만 다루었다. 따라서 DSM-Ⅱ(1980)부터는 정신분석적인 견해에서 벗어나서 265개의 질환을 담았기 때문에 오늘날의 정신병 진단기준은 정신분석적인 유럽의 관점과는 많은 차이가 있다고 볼 수 있다.

이러한 경우에는 살인이나 강간 등의 공격성을 보이기도 하는데, 사회적 질서 자체를 거부하므로 죄의식을 느끼지 않는다는 특징이 있다.

부권적 질서는 오이디푸스 콤플렉스나 엘렉트라 콤플렉스를 극복하는 과정에서 상징적 단계(상징계)의 아버지 등으로부터 만들어지지만 이러한 부권적 기능의 부재는 정신적으로 유아 시기인 '상상계'에 머물게 함으로써 통제되지 않는 충동들을 '억압'할 수 없게 된다. 이는 신경증이 오이디푸스 콤플렉스나 엘렉트라 콤플렉스 과정에서 생긴 상징적 질서인 부권적 기능이 상상계의 충동들을 통제하고 옭아맴으로써 발생한다고 보는 것과는 차이가 있다. 즉 신경증이 직접적인 공격성을 보이는 경우가 거의 예외적이라는 것과는 완전히 다르며, 조금만 자극을 주어도 충분히 처벌받을 만한 행동을 나타낼 수 있는 것이 정신병의 특징이다.

2. 자크 라캉의 주이상스 언어구조주의 체계

라캉은 그의 논문과 세미나 등의 작품집인 『에크리(*Écrits*)』(1966)에서 '무의식에 잠재된 욕망에너지'를 프랑스어로 '주이상스(Jouissance)'로 칭한다. 라캉이 '주이상스'라는 용어를 처음 사용한 것은 1953년(52세)의 세미나에서 1930년대 알렉상드르 코제브(Alexandre Kojève, 1902~1968)가 한 헤겔 강의를 차용한 것이었다. 코제브가 예시한 본래적 주이상스의 의미는 주인이 노예에게 주인을 위하여 일하라고 명령해서 주인만이 소유하고 즐길 수 있는 대상을 생산하게 만들고 결국 주인은 아무런 노력이 없이도 향락(쾌락)을 얻게 된다는 의미였다. 이렇게 볼 때 주체가 자연 속에서 자연과 싸우지 않고 자기를 보존하는 것이 '향락(Enjoyment)' 속에서 사는 것이며, 아무런 노력이 없이도 얻게 되는 향락(주이상스)이 '쾌락(pleasure)'의 원래 개념이다.

이러한 개념을 기초로 라캉은 주체가 단순히 욕망을 만족시키는 존재로서만이 아니라 영원히 만족시킬 수 없는 욕망의 한계를 넘어서서 그것을 즐기고 유지시키는 '주이상스'라는 개념을 제시하게 된 것으로 볼 수 있다.

이렇게 볼 때 라캉의 주이상스 개념은 주체가 사회적으로 금지된 욕망을 추구하는 것을 참지 못하고 그 너머의 쾌락을 추구하다 고통을 느끼는 심리적 해소 상태를 의미한다고 정의할 수 있다. 이는 프로이트가 『쾌락원리를 넘어서(*Beyond the Pleasure Principle*)』(1920)에서 제시한 '쾌락(Pleasure)'이나 '죽음충동(Death Instinct)'을 대체한 개념으로 보인다.

주이상스의 이러한 의미는 라캉이 1958년에 세미나에서 욕망과 주이상스를 구분 지우면서 더욱 뚜렷해진다. 라캉은 생물학적 욕구만족을 넘어 영원히 만족시킬 수 없는 욕망으로서의 주이상스를 구체화시킨 것이다. 이렇게 볼 때 라캉이 제시하는 주이상스 개념에는 영어의 'enjoyment'와는 달리 성적 의미가 포함되어 있다고 볼 수 있다. 예를 들면 통렬한 고통이나 공포 끝의 오르가슴(orgasm)과 같은 고도의 성애적인 죽음 충동 등의 의미를 포함하고 있는 것이다.

한편, 주이상스가 이처럼 성적 함의를 띄게 된 것은 에로티즘, 신비주의, 주권, 초월주의 등의 주제를 주로 다루는 글을 쓴 조르주 바타이유(Georges Bataille, 1897~1962)의 영향이 있다고도 볼 수 있다. 바타이유는 필연적으로 과다할 수밖에 없는 관능적 희열로 표현되는 오르가슴을 표현하고 있는데, 1958년에 불감증에 대하여 '클리토리스 주이상스의 결핍'과 '성적 욕구에 적절한 만족의 결핍'으로 정의하고 있기 때문이다. 하지만 라캉은 이에 머물지 않고 1960년에 '쾌락적 감각'만이 아닌 '신체적이고 정신적인 고통'도 의미하는 개념으로 전환시키게 된다. 이처럼 쾌락과 고통이 함께 한다는 주이상스의 개념적인 전환은 1963년의 세미나에서 또다시 전환이 일어나는데, 주이상스가 욕망을 지속시키는 대상이 아니라 반대로 욕망이 주이상스를 추구하게 되는 것으로 보고 있다. 이는 욕망이 주이상스를 향한 의지로 드러난다고 보는 것이며, 결국 결핍된 욕망의 대상이 주이상스라는 종착지가 되었다고 정의하는 것이다.

따라서 주이상스는 라캉의 후반기 욕망이론을 대표하는 용어이지만 니체의 철학에서 제시되는 '위버멘쉬(Übermensch, 초인)' 용어처럼 복잡한 개념을 가지고 있다. 그러므로 다양하게 번역이 될 수 있으며, 한국이나 동양

문화 권역에서는 '향락(享樂)'이나 '욕망(慾望)' 등으로 해석되는 경우가 많다. 이는 라캉의 사상이나 이론이 워낙 은유적이고, 프로이트와 마찬가지로 그리스 신화에서 채택해온 용어가 많다는 점에서도 분명한 의미를 규정하는 것은 용이하지 않기 때문이다.

다만 '쾌락'이 흔히 'pleasure'로 번역이 된다고 본다면 '주이상스'는 그 쾌락의 원칙을 넘어선 욕망(desire)과 쾌락의 의미를 동시에 가지고 있는 'enjoyment(즐거움, 향락)' 정도의 개념으로도 볼 수 있는 것이다. 즉 쾌락의 정도를 넘어선 '고통적 욕망'이나 '죽음 충동과도 맞닿는 쾌락'의 뜻이 있어야 하는데, 그것은 한국문화적인 언어로서 '향락'의 의미에 가깝다고 볼 수 있는 것이다.

다시 말하면 프로이트는 『쾌락의 원리를 넘어서』(1920)에서 원초아(id, 본능), 자아(ego), 초자아(superego)의 세 가지로 구조화된 성격의 구조이론을 제시하면서 '자아(ego)'가 현실 원리에 따르고, '초자아(superego)'가 도덕 원리에 따르는 것에 비하여 원초아(id, 욕망)는 쾌락 원리(pleasure principle)에 따른다고 설명한다. 이에 대하여 라캉은 일종의 인간주체의 욕망을 '주이상스 원리(Jouissance principle)'로 설명한 것이라고 할 수 있다. 즉 프로이트는 이런 본능적 욕망들이 억압되어서 무의식으로 남아 의식에 영향을 준다고 보고 있는 반면에, 라캉은 생후 6개월~18개월 사이의 거울단계에서 어린아이가 마주하는 '상상계(the Imaginary)'의 사고방식이 점차 '상징계(the Symbolic)'로 진입하면서 사회적 자아로 굴절되어 '실재계(the Real)와 연결된다고 보는 것이다.

이러한 개념에 기초한 라캉의 사상은 고대의 작가들이 그들의 작품 소재를 선택하거나 현대의 프로이트가 정신분석이론을 정립할 때 그리스 신화에서 모티브를 얻었던 것과도 유사하다. 아이스킬로스(Aeschylus), 에우리피데스(Euripides)와 함께 고대 그리스의 3대 비극작가인 소포클레스(Sophocles, B.C 496~B.C 406)[20]는 그의 대표적인 작품인 『오이디푸스 왕』과 『안티고네』를 그리스 고대 도시국가인 테베의 신화에서 소재를 취했고, 『엘렉트라』

20) 소포클레스는 123편의 작품을 썼다고 하는데, 비극작품 경연대회에서 18회나 우승했다고 알려지고 있다.

를 미케네의 신화에서 소재를 취하여 비극을 썼다. 마찬가지로 프로이트와 라캉도 이러한 그리스 신화에서 그들의 정신분석이론을 구조화시킨 것으로 볼 수 있기 때문이다.

특히 프로이트는 그리스 신화의 내용을 '오이디푸스 콤플렉스'와 '엘렉트라 콤플렉스'로 원용함으로써 자신의 이론에서 쾌락의 원리를 설명한 것으로 볼 수 있다. 그러므로 프로이트 이론을 재해석한 라캉도 같은 맥락에서 욕망의 원리를 설명하고 있다고 할 수 있다. 즉 오이디푸스 왕이 자신도 인지하지 못한 상태에서 시비 끝에 아버지였던 '라이오스' 왕을 죽이고 왕이 되어서 오이디푸스 왕의 어머니이기도 하며 아버지 '라이오스'의 왕비인 '이오카스테'와도 결혼하여 낳은 딸이 안티고네(Antigone)라는 신화 이야기에 착안하여 그의 '욕망이론'을 전개한 것이다.

작품(신화) 속에서 안티고네는 그녀의 아버지 오이디푸스 왕이 나중에 자신의 비극적 사실을 알게 되어 스스로 눈을 찔러 눈이 먼 상태에서 테베를 떠나게 되자, 오이디푸스 왕이 죽을 때까지 부축하며 동행한다. 그 와중에서 왕위를 놓고 두 남자 동생들이 싸움 끝에 사망하자 결국 삼촌인 크레온이 왕이 되는 과정에서 안티고네도 지하 감옥에 갇혀서 목매어 자살하게 된다는 내용이다.

여기에서 안티고네의 자살행위를 라캉은 프로이트가 제시한 쾌락의 한계를 넘어선 '고통적 욕망'을 뜻하는 '주이상스(Jouissance)'로 설정하고 있는 것이다. 이러한 라캉의 '주이상스'는 만 5세 이전 시기에 만들어진다고 보며, 어른이 되어서도 진행이 된다고 설명하고 있다. 즉 주이상스(Jouissance)를 안티고네가 삼촌인 크레온 왕(상징적 질서)의 명령에 따르지 않고 아버지와 어머니, 오빠들을 잃은 상태에서의 안티고네가 저항적 욕망(고통적 욕망)이 표출된 죽음(자살)을 택한 행위로 본 것이다. 이는 자신(주체)의 위험(위기) 속에서도 '상징적 질서'인 사회의 법과 금기를 넘어서는 무의식의 결핍을 해소하고자 하는 고통적인 욕망의 의미로 명명한 것으로 볼 수 있다.

이처럼 라캉이 명명한 무의식적 욕망의 에너지인 '주이상스'는 정신병, 신경증, 도착증이라는 임상구조 모두에게서 설명이 될 수 있다. 정신병은 상징적 타자인 '아버지'라는 이름도 결여되어 있지만 상징적 질서를 넘어서는 '주이상스'를 고정시킬 만한 부권적 메타포(은유)로부터도 분리(배제)되는 '폐제'의 정신적 기제에서 발생한다. 그러므로 정신병자는 주이상스를 고정시키는 상징계에서는 판단을 못 하기 때문에 상상계가 흔들리면 주이상스가 격렬하게 작동하여 타인이나 자신을 파괴하고 죽음(자살이나 타살)의 행동에도 이를 수 있게 되는 것이다.

이처럼 정신병은 아버지라는 규칙과 질서로 표현되는 상징계가 폐제(廢除, Verwerfung)되어 있기 때문에 근본적인 치료방법이 없다고 라캉은 설명한다. 상징계는 부권적 기능에 따르는 복종이라는 원칙이 적용되는 원리가 중요한데, 이것은 어머니와 아이와의 심리적 거리를 유지(개별화)하도록 하고, 잠재적 위험요인인 '어머니의 무의식적 욕망'으로부터도 보호하는 관계에서 만들어지는 것으로 보기 때문이다. 그러나 정신병 시작의 상당한 방아쇠는 생물학적인 아버지의 존재 여부와는 크게 상관없이 어린 시기에 부권의 상징적 기능을 원만하게 경험했는가에 달려있다고 라캉은 주장한다.

이는 만약 아버지가 부재하더라고 "네가 그렇게 행동하면 사람들이 뭐라고 하겠니?"라고 통제하는 '아버지를 대신하는 사람들'이라는 기표(signifiant, 시니피앙)를 세우는 것이 중요하다고 보는 것으로 해석할 수 있다. 하지만 아버지가 존재한다고 해도 아이(자녀)와 이자 관계만을 유지하고자 하는 어머니가 자신의 무의식적 욕망으로 아이에게 남편의 위치를 격하시키는 말을 하거나 행동을 하게 된다면 부권적 기능에 문제가 발생하게 되는 것이다. 이것은 상상계에서 상징계 수준으로 나아가지 못하는 원인이 되어서 상상계에서 파괴적 주이상스를 표출하는 정신병으로 귀착할 수 있다고 볼 수 있다.

한편, '주이상스'는 신경증과 도착증의 임상구조에 작용하는 '억압'과 '부인'의 기제(기전)에서도 설명이 된다. 신경증 환자에게는 아버지라는 상징적 타자가 존재하지만 '억압'이라는 정신적 기제(방어기제)에 의해 자신의 고통적 욕망(주이상스)의 희생을 인정하게 된다. 따라서 성적 에너지(욕망)인 리비도(libido)를 성감대로 흘려보내지만 이상적 타자인 부의 관점에서는 이를 수행하지 못하도록 제재하는 것으로 보는 것이다.

따라서 이 시기의 주체는 직접적인 성적 접촉보다는 환상을 통해서 쾌락을 느끼게 된다. 이는 부권의 기능을 인정하지만 그것이 신경증 환자(주체)를 거역하지 못하는 수준으로 옭아매기 때문에 말의 실수, 행동의 실수로 나타날 수 있다. 그리고 남성의 경우에는 강박증(증상), 여성의 경우에는 히스테리 증상이라는 두 가지의 대표적인 증상으로 나타난다고 본다.

정신분석에서 보면 강박증(Obsessive-Compulsive Disorder)은 죄의식에 의하여 주로 남성에게 발생하며 초기의 성 경험에서 너무 많은 쾌락을 얻음에 기인하고, 히스테리(hysteria)는 초기의 성 경험에서 너무 적은 쾌락을 얻음으로써 발생한 혐오감에서 주로 여성에게 발견되는 증상이다. 이러한 증상들은 억압의 구조와 기제를 갖기 때문에 억압된 것이 밖으로 나타난 증상이라는 형태로 되돌아오는 것으로 본다. 억압이 되면 생각과 감정은 분리가 되며 감정만 남고 생각은 의식에서 밀려나기 때문에 신경증 환자는 그 원인도 모른 채 불안, 우울, 죄의식, 혐오감으로 가득하게 되는 것으로 본다.

프로이트는 히스테리와 강박증을 초기의 성 경험에 대해 주체가 반응하는 방식에 따라 '혐오감'과 '죄의식'으로 정의했지만, 임상작업에서는 억압의 기제를 분명히 하지는 못했다. 그러나 라캉은 타자의 주이상스(향락)에 대한 신경증 환자의 태도를 바탕으로 강박증과 히스테리의 구조적인 정의를 내리고 있다. 즉 강박증 환자와 히스테리 환자는 다 같이 타자의 주이상스의 대상이 되는 것을 피하기 위해 자신의 욕망을 불만족한 상태로 유지시키는 특징이 있다고 본 것이다.

따라서 히스테리 환자는 사랑, 욕망, 주이상스를 성관계에서 동일한 대상에서 발견하지 못하기 때문에 욕망과 주이상스를 포기하게 되어 증세가 발생하게 된다고 보는 것이다. 불안장애의 일종인 강박증(강박장애) 환자도 히스테리아(Hysteria)와 마찬가지로 타자에게 주이상스를 주지 않으려는 전략을 쓰지만 실제로는 직접적인 주이상스를 추구하게 되는 것으로 본다. 그러나 그것은 타자(초자아)의 명령에 따를 수밖에 없는 것이므로 자신의 욕망이나 주이상스의 추구는 불가능하게 된다. 이러한 근거로 프로이트는 신경증(neurosis) 환자는 동성애(homosexual) 성향이 있다고도 보았다.

이에 비하여 성적 가학증, 피학증, 관음증 등의 증상을 가진 성도착증(Paraphilia) 등의 도착증은 '부인(disavowal)'이라는 특유한 작용의 기제에서 생겨나는데, 주이상스를 즐기는 타자를 상정한다. 그런데 주체는 스스로를 그 타자의 대상에 위치시키려고 거세(Castration)를 부인(disavowal)하게 되는 것이다. '폐제'나 '억압'처럼 '부인'도 아버지라는 기능과 관련된 기제로 설명될 수 있다. 즉 도착증은 상징화가 부재하거나 실패했기 때문에 일어나며, 일정 연령이 지나면 치료가 불가능해진다. 남성의 경우 도착증에서의 동성애는 여성을 성관계에서 배제함으로써 거세불안에서 벗어나고자 하는 특별한 형태이다.

라캉의 이러한 욕망이론을 알 수 있는 저작물은 『에크리(*Écrits*)』(1966) 외에도 라캉의 제자로서 사위가 된 자크 알랭 밀러(Jaoque Alain Miller)의 주도로 총 27권의 완간을 목표로 발간되고 있는 『세미나(*Le Seminaries*)』 등이 있다. 라캉이 연 세미나 형식의 공개 강의는 그가 근무했던 '생트-안느 정신병원'에서 공식적으로 1953년 11월경부터 시작되었으며, 세미나 내용 중 가장 먼저 출판된 것은 제11권 『정신분석학의 네 가지 기본 개념』이다.

자크 알랭 밀러(Jaoque Alain Miller)에 의해 1973년에 출판된 이 책은 속기록과 테이프 등에 기초한 것인데, 라캉이 예견한 대로 베스트셀러가 되었다. 하지만 라캉의 강연을 들었던 다른 청중들 중에서 또 다른 판본을 출판함으로써 상호 간 라캉사상의 해석을 두고 오랫동안 법정 투쟁이 진행되었다. 결국 법정 다툼에서 밀러의 출판권만 인정하였지만, 여전히 『에크리(*Écrits*)』에서만큼은 라캉의 사상을 담고 있지 못하다고 볼 수 있다.

이러한 라캉의 정신분석적 언어구조주의 철학은 "정신분석의 핵심인 무의식이 구조주의적 언어학의 핵심인 랑그(langue)처럼 구조화되어 있다."라는 인식에서 출발한다. 이러한 이유에서 라캉은 페르디낭 드 소쉬르(Ferdinand de Saussure, 1857~1913)가 『일반언어학 강의』(1916)에서 규정한 언어활동의 체계(구조)인 '파롤(Parole, 언어행위)'과 '랑그(Langue, 말의 구조)'[21] 중에서 파롤보다는 랑그를 본질적인 것으로 보고 있다는 점에 착안하여 그의 사상을 구축한다. 즉 소쉬르가 랑그를 기호(sign)의 체계로 보고, 그 기호의 체계는 '시니피앙(기표, signifiant)'과 '시니피에(기의, signifié)'의 결합관계의 구조라는 주장을 받아들인 것이다.

그러나 소쉬르가 역사주의 언어학에 반기를 들고 "언어는 기호(sign) 체계로 구성된다."라는 언어의 기호성과 과학성에 비중을 두어 언어학을 창시하는 역할에 머문 반면에, 라캉은 언어학에 깔린 형이상학적 측면을 강조한다는 점에서 철학적 사유가 드러난다. 이는 "언어는 '상징(symbol)'의 체계로 구성된다."라고 주장한 것에서도 파악될 수 있다. 즉 소쉬르가 언어학을 현대 철학의 대상으로 구조화시켰던 역할을 했다면, 라캉은 더 나아가 언어학의 철학적 차원을 높이는 역할을 했다고도 볼 수 있는 것이다.

라캉이 '상징'의 의미로 사용한 용어는 '랑그'라는 기호(記號)체계에 속하는 '시니피앙(기표, 記表, 능기)'이 '시니피에(기의, 記意)'에 대해 우위적으로 가지고 있는 상징성을 의미한다. 소쉬르가 말한 시니피앙은 '단어'라는 기표(記表)이며, 그것은 사람들이 발음(소리)하는 규칙이다. 물론 이때의 발음(소리)은 사람들의 개별적 표현행위(언어행위)인 발화(파롤)와는 다른 언어의 규칙성에 포함되는 개념이다.

라캉은 바로 이러한 시니피앙(기표)의 상징성에 따라 상징계의 개념을 발전시키게 된 것이다. 이는 '상징주의(symbolism)'라고 표현되는 일반적 개념과는 다르다. 흔히 무엇인가를 은유시킬 수 있는 것을 '상징'으로 보지만, 라캉에 있어서의 '상징(symbol)'은 언어 속에 나타나는 '무의식적 욕망'에 관한 요인들이고, 이것은 발화자(개인)에게 영향을 미치게 된다는 개념이기 때문이다.

이러한 맥락에서 라캉은 상징계의 기본적 토대로서 '시니피앙'과 '시니피에(기의)'를 받아들이면서도 시니피앙(기표)을 우위적 위치에 놓은 것이다. 이는 소쉬르가 시니피앙과 시니피에를 동등한 1:1의 위치에 놓는 것과는

21) 소쉬르는 음·문법·의미 등에 관한 공통규칙의 체계로서의 사람들의 머릿속에 있는 사회적(추상적)인 것을 '랑그(langue)', 의사를 주고받기 위해 랑그를 사용하는 개인적(구체적) 행위를 '파롤(parole)'이라고 칭한다. 그리고 말하기와 듣기를 합한 언어활동을 '랑가주(langage)'라고 불렀다.

변형된 것이다. 즉 라캉은 시니피앙의 작용을 통해 의미의 세계인 상징계가 만들어져서 인간주체의 운명을 규정한다고 보며, 이에 따라 상징계는 주체의 원인이자 활동무대가 되며 시니피에(의미, 기의)는 시니피앙(소리, 기표)의 영향으로 만들어진다고 보는 구조주의인 것이다.

그러나 무의식의 언어의 규칙에 의해 표현된 증상과 언어표상인 '시니피앙'이 무의식의 사고내용인 '시니피에(기의)'를 전부 다 드러내도록 하는 역할을 하는 것은 아니라는 점에서 라캉은 시니피앙과 시니피에는 상호보완적인 체계의 구조에 있다고 설명한다. 따라서 라캉의 정신분석적 언어구조주의는 '무의식'이 곧 '시니피앙(기표, signifiant)'이라는 말은 아니며, 의식의 밑바닥에서 작용하는 욕망의 질서인 무의식의 의미를 이해하기 위해서는 언어로 표현된 상징성인 '시니피앙'을 파악해야 한다는 점을 역설한 것으로 볼 수 있다. 다시 말하면 프로이트의 성적인 에너지(sexual energy)를 뜻하는 '리비도(libido)'를 언어구조학적으로 등치시키면 라캉의 정신분석적 언어구조주의 관점이 되는 것이다.

이 말은 라캉의 욕망이론(Lancan's theory of desire)에서는 프로이트의 '오이디푸스 콤플렉스'가 '상상계'와 '상징계'로 변용이 된다는 점도 포함한다. 어린 아이가 어느 것도 구획되지 않는 상태에서 맺는 어머니와의 연속성의 '상상계'에서 언어(기호)를 배움으로써 이름이 주어지고, 이름으로 불리는 것들이 하나하나 생겨남으로써 주체가 형성된다는 의미인 것이다.

주체(자아)가 형성된 아이는 어머니와의 연속적인 관계에서 생긴 '상상계'에서 차츰 아버지라는 대상에 의해 강제적인 단절을 경험하면서 '상징계'로 나아가게 되며, 여기에는 어쩔 수 없이 욕망의 결핍이 따른다고 보는 것이다. 그리고 이러한 욕망의 결핍은 병적 증후로도 나타난다고 보고 있는 것이 라캉이 제시한 욕망이론의 맥락이다.

이렇게 볼 때 인간에게 있어서 본능적 욕망(desire)은 살아가면서 고통스럽지만 삶을 포기하지 않게 하는 동력이자 미덕이라고 규정할 수 있다. 물론 욕망이라는 어의 자체에서도 알 수 있듯이 성적 쾌락, 학문, 돈, 권력 등이 인간 욕망의 주된 대상이 된다는 점에서는 부정적이고 허구적인 측면이 분명히 있기는 하다.

반면에 실패해도 다시 일어서고 좌절 속에서도 버티게 하는 힘 자체는 결국 무의식 속에 내재한 욕망의 에너지에 있다고 볼 수 있는 것이다. 다만 욕망은 인간이 그 대상을 추구하는 과정에서 타인을 억압하는 일이 없어야 하고 궁극적으로는 욕망이 채워질 수 없는 허상임을 깨닫게 되었을 때 그것을 향한 집착에서 벗어날 수 있다는 점이다. 이는 프로이트가 『쾌락의 원리를 넘어서(*Jenseits des Lustprinzips*)』(1920)에서 욕망을 충족시키는 유일한 대상은 죽음충동(Thanatos, death drive)뿐이라고 말하고 있는 것과는 다른 라캉적인 욕망의 진정한 의미가 될 수 있다.

아울러 인간의 삶이 욕망의 연속에서 이루어지고 그에 따른 결과치가 행복을 담보하는지는 관점에 따라 다르지만 저자가 이 책의 부제의 하나로 제시한 '라캉처럼 욕망하기'는 '욕망'이 성적 쾌락, 학문, 돈, 권력 등에 한정되거나 어쩌면 불가능한 차원이 아니다. 100세 시대를 살아가는 호모헌드레드(Homo-hundred)[22]로서의 '진정한 행복'이라는 미덕을 향해 정상적인 리비도 운동을 복원하는 생명충동(Eros)적인 욕망의 에너지를 발휘할 때 개인적으로나 사회적으로 순기능적이 된다는 점을 강조하기 위한 것이다.

---

22) 100세가 가까운 나이에도 젊은이 못지않은 심신의 건강과 활력을 가지고 생활하는 100세인을 현 인류의 조상을 '호모사피엔스(homo-sapiens)'라고 부르는 것에 비유하여 지칭한 신조어로서, 유엔이 2009년 작성한 <세계인구고령화(World Population Aging)> 보고서에서 처음 등장한 개념이다.

Part

02

20세기 중반 이후의 포스트구조주의

프롤로그 _ 포스트구조주의의 흐름

제 4 장 • 알튀세 / 푸코의 포스트구조주의

제 5 장 • 들뢰즈 / 데리다의 포스트구조주의

제 6 장 • 부르디외 / 보드리야르의 포스트구조주의

프롤로그
포스트구조주의의 흐름

언어학, 문화인류학, 심리학(정신분석학) 분야 등을 중심으로 발전한 유럽 대륙철학인 구조주의자들의 견해는 1980년대에 접어들면서 또 다른 부류의 철학자들로부터 비판을 받게 된다. 포스트구조주의(Post-structuralism) 또는 후기구조주의(탈구조주의)를 들고나온 일군의 사상가들이 그들이다. 포스트구조주의는 구조주의에서 출발했으면서도 구조주의를 넘어서려는 사유경향을 보이는데, 이러한 차이점에 근거하여 주로 미국 철학자들이 명칭을 규정한 개념에 해당한다.

'post'라는 용어는 '후기'라는 시기적인 개념보다는 '무엇으로부터의 이탈'을 의미하는 것으로 해석될 필요가 있다. 이는 포스트구조주의를 '탈구조주의(脫構造主義, Post-structuralism)'라고 칭하는 것도 이와 같은 이유이기도 하다. 이들 스스로는 포스트구조주의로 칭하는 것을 거부하지만 대체적으로 구조주의자들이 분석했던 '구조' 자체도 기존 철학계의 틀을 벗어나지 못한 불완전한 도전에 불과하다는 입장을 보인다는 점에서는 같은 맥락을 가지고 있다.

따라서 포스트구조주의자들은 구조주의자들이 주목했던 이원적이고 이항 대립(binary oppositions)의 구조 자체를 인정하지 않으면서 구조주의자들이 경시했던 인간의 역사를 다시 전면에 내세우게 된다.

그 선두에는 루이 알튀세(Louis Pierre Althusser, 1918~1990)의 영향을 받은 미셸 푸코(Michel Foucault, 1926~1984)가 서게 된다. 1951년 푸코는 교수자격시험에 합격한 후 알튀세의 추천으로 고등사범학교에서 심리학 강의를 하게 된다. 하지만 교수 경력을 쌓는 데에 관심을 그다지 가지지 않았던 푸코는 이후 스웨덴, 폴란드에서 프랑스문화원의 직원으로 일했고, 독일 함부르크의 프랑스문화원장직을 맡기도 했다. 1968년 프랑스 파리로 돌아온 푸코는 파리 8대학의 전신인 뱅센느대학의 철학과 학과장으로 부임했고, 질 들뢰즈와 같은 당대의 유명 좌파지식인들을 교수로 임명했다.

그는 대표 저작 『감시와 처벌 : 감옥의 역사(*Surveiller et punir : Naissance de la prison*)』(1975)에서 정신병자와 죄수들을 가두는 것까지도 모두 권력자들의 횡포라고 주장했다. 아울러 인간의 지식체계를 '고고학'이라고 조롱하고 역사를 '계보학'이라는 틀에서 폄하한다. 즉 인간의 지식체계를 고고학적 관점으로 본다는 것은 인간이 역사적으로 추구해온 온갖 정신적 신념체계의 진리성이나 절대성을 부정하고, 그것들을 단지 그 시대가 빚어낸 고고학적 산물이라고 본다는 것을 말한다. 이는 독일의 니체(Friedrich Wilhelm Nietzsche, 1844~1900)가 세 편의 논문[1)]으로 구성된 『도덕의 계보학(*Zur Genealogie der Moral*)』(1887)에서 "도덕 또는 선악의 기원이 무엇인가?"라는 근본적이고 역사적인 주제를 다룬 것을 계승한 것으로도 평가할 수 있다.

자크 데리다(Jacques Derrida, 1930~2004)는 국립교원 양성기관인 파리고등사범학교(Ecole Normale Superieure)를 졸업한 뒤 1960~1964년까지 소르본대학에서 강의한 후 1965년부터 파리고등사범학교에서 철학사를 가르쳤다. 푸코와 마찬가지로 역사와 변화를 중시하면서 구조주의자들을 비판했다는 점에서 후기 구조주의자에 해당한다. 구조주의자들이 보는 구조라는 개념은 이미 인간이 태어나기 이전부터 선험적으로 완결되어 있다는 것이라는 점을 공격하고 인간이 사용하는 언어라는 것도 끊임없이 그 의미가 변화되는 것

1) 첫째 논문은 '선과 악, 좋음과 나쁨'이라는 제목이고, 둘째 논문은 '죄, 양심의 가책 그리고 그와 유사한 것들, 셋째 논문은 '금욕주의적 이상이란 무엇을 의미하는가?'라는 제목이다.

이라는 점에서 구조라는 틀 안에서 본다는 것에 한계가 있다는 점에 착안한 것이다. 이는 언어구조주의가 변화의 참된 의미를 놓치고 통일된 언어의 구조만을 파악하려 한다는 점에 착안하여 동의하지 않은 결과로 볼 수 있다.

데리다는 이러한 관점을 설명하기 위해 1967년에 동시에 『그라마톨로지에 대하여』, 『글쓰기와 차이』, 『목소리와 현상』이라는 세 권의 책을 내면서 독특한 방법으로 만들어낸 신조어인 '차연(差延, differance)'을 소개하고 있다. 특히 『그라마톨로지에 대하여(*De la grammatologie*)』에서는 '차연(differance, 데파랑스)'과 함께 '에크리튀르(ecriture, 글쓰기)', '해체(deconstruction)' 등의 개념을 제시하고 있다.

여기에서 '차연(데파랑스)'이란 프랑스어 'difference(差異)'에서의 어미인 '-ence'를 '-ance'로 바꾸어서 만든 용어인데, '차이(differ, 다르다)'와 '연기(defer, 지연시키다)'라는 개념을 동시에 의미하는 프랑스어 'differer(디페레)'가 포함되어 있다. 즉 다르게 하는 것과 지연시키는 것이 합성된 개념으로 설명될 수 있으며, 그의 해체적 반인식론(anti-epistemology)에 결정적으로 중요한 관련어들을 지칭하기 위하여 만든 신조어인 것이다. 다시 말하면 데리다는 『그라마톨로지에 대하여』에서 소쉬르의 언어학을 해체하고 구조주의적 차이를 넘어서는 '차연'의 개념을 제시한 것으로 볼 수 있다.

이러한 책에서 보인 데리다의 견해에 따르면, 모든 단어들의 의미를 '고정된 것'이 아닌 '차연된 것'으로 본다면 나아가 인간의 모든 지식체계 자체도 고정된 것이 아니라 '차연된 것'이 될 수밖에 없다. 같은 맥락에서 진리도 고정된 것이 아니라 차연된 것이 되며, 그것에 따라 인간을 통제하는 것은 폭력이 된다. 이러한 결론에 이르자 데리다는 기존의 고정된 진리를 주장하는 일체의 것들이 해체(deconstruction)되어야 한다는 해체적 반인식론(anti-epistemology)을 들고나온 것으로 볼 수 있다.

그가 말하는 해체론은 철학사 방법론이고 그 주된 물음은 "철학이란 무엇인가?"에 있다. 그러므로 데리다의 '차연의 철학'은 후설이 상징적으로 주장한 '사태(현상) 자체로 돌아가자!'라는 현상학 이념과도 상관이 있다고 볼 수 있다. 이러한 해체주의 입장에 따르면 구조주의는 말 중심의 언어를 너무 중요시한다는 점에서 비판을 받게 되며, 탈구조주의에 와서는 구조주의에서 변하지 않는다고 본 언어(말, Language)의 구조마저도 해체의 대상이 된다. 그러므로 구조주의를 비판하는 탈구조주의에 와서는 말보다는 글쓰기(문자, Writing)가 중요시된다. 따라서 데리다가 1960년대에 보인 해체론은 에크리튀르(글쓰기)를 다루는 문자학(grammatologie, 그라마톨로지)의 형태를 띤다고 규정할 수 있다.

그리고 데리다는 소비에트 사회주의 공화국 연방(Union of Soviet Socialist Republic, USSR)이 몰락한 1990년대에 와서는 『마르크스의 유령들』[2](1993), 『법의 힘』(1994)을 발간했는데, 문자학을 버리고 본격적으로 실천의 문제와 씨름하기 시작하면서 '유령론(hauntology)'이라는 새로운 해체론의 용어를 제시했다. 이는 일본에서는 유재론(幽在論)으로 번역하여 '이미 죽어가고 있는 것 같은 상태의 존재론의 의미로 사용되는데, 귀신이 출몰한다는 뜻의 프랑스어 동사 'hunter'와 그리스어 접미사 '-logie'를 결합한 프랑스어 'hantologie'를 영어로 번역한 것이다.

따라서 이 시기의 데리다의 해체론은 서양철학의 근간인 존재론(ontologie)을 부정하면서 시시각각 침투하는 타자의 죽음을 목격하고 삶과 죽음의 경계에서 유령들이 출연하는 유령론(hantologie)의 형태를 띤다고 규정할 수 있다. 결국 이러한 해체주의 단계에서의 탈구조주의 세계관에 따르면 진리의 옳음(是)과 그름(非)마저도 버려야 하는 원리에 이르게 되는 것이다.

왜냐하면 해체론에서 보면 이쪽에서 보면 옳은 것도 저쪽에서 보면 그른 것이 될 수 있기 때문이다. 이는 결국 기존 종교의 도그마(dogma)를 추종하는 것이나 지나치게 높은 도덕적 기준과 사회적 합의라는 명목하에 만들어진 금기(禁忌)보다는 인간의 자유를 중요시 여기는 사유체계를 중시하는 것으로 해석이 된다.

---

2) 데리다는 1979년의 인터뷰에서 스스로를 '마르크스주의자'로 불렀지만 데리다가 마르크스(주의)를 자신의 저서 전면에 처음 드러낸 것은 1993년 『마르크스의 유령들』을 발표하면서였다.

이 외에도 포스트구조주의자에 속하는 철학자로는 알튀세와 들뢰즈 정도를 대표적으로 거론할 수 있고, 사회학자로서 포스트구조주의 철학자로 분류할 수 있는 대표적인 인물은 부르디외와 보드리야르가 있다.

우선 루이 피에르 알튀세(Louis Pierre Althusser, 1918~1990)는 실존주의 철학자 알베르 카뮈(Albert Camus, 1913~1960)와 마찬가지로 북아프리카의 프랑스령 알제리(Algérie) 태생이다. 그는 국립교원양성기관인 파리국립고등사범학교(Ecole Normale Superieure, ENS)에서 헤겔철학을 공부하여 졸업하고 1948년부터는 대학강사 직무를 수행하며 공산당에 가입한 이후 당원으로서 공산당을 동조하거나 때로는 비판적인 글쓰기를 통해 현실참여적인 활동을 했던 것이다.

이러한 과정에서 알튀세가 프랑스어로 출판한 저서를 보면『마르크스를 위하여(*Pour Marx*)』(1965),『자본론 읽기(*Lire 'le Capital'*)』(1965),『레닌 철학(*Lénine et la philosophie*)』(1969),『자기비판의 요소들(*Éléments d'autocritique*)』(1974) 등이 있다. 따라서 알튀세는 20세기 후반의 최고의 신마르크스주의(Neo-Marxism) 철학자로 평가되고 있다. 철학적으로는 마르크스주의와 구조주의를 융합한 포스트구조주의자로 지칭할 수 있지만, 그의 사상적 뿌리와 평생 동안의 활동은 마르크스주의에 있었다고 볼 수 있기 때문이다.

질 들뢰즈(Gilles Deleuze, 1925~1995)는 파리의 카르노 고등학교(리세)에서 공부한 후 파리고등사범학교(ENS) 입학시험에 낙방하였지만 장학금으로 소르본대학을 졸업하고 1957~1960년까지는 소르본대학 철학사학과에서 조교생활을 했다. 1960년에는 국립과학연구소에서 연구원이 된 후에 1962년에 미셸 푸코와 만나게 된다. 1968년에는 모리스 드 강디악(Maurice de Gandillac, 1906~2006)의 지도로 주 논문인 〈차이와 반복〉과 부논문 〈스피노자와 표현의 문제〉[3]로 국가박사학위를 취득하였다. 이는 곧바로『차이와 반복(*Différence et répétition*)』(1968)이라는 같은 제목의 책으로 출판이 되었다.

그 후 파리 제8대학(뱅센대학)에 교수로 재직하는 시기에는『의미의 논리

3) 부 논문의 지도교수는 스피노자 철학의 전문가였던 페르디낭 알키에(Ferdinand Alquié, 1906~1985)였다.

(*Logique du sens*)』(1969), 『스피노자: 실천철학(*Spinoza : Philosophie pratique*)』(1970/1981) 등을 출간하면서 그의 '차이의 철학'을 포스트구조주의 관점에서 정립하게 된다. 그리고 정신과 의사인 펠릭스 가타리(Pierre-Félix Guattari, 1930~1992)와 교류하게 된 후에는 본격적으로 여러 권의 공저 작업을 하게 된다. 그 결과 『안티 오이디푸스(*L'Anti-Oedipe: Capitalisme et schizophrénie*)』, 『천 개의 고원(*Mille Plateaux: Capitalisme et schizophrénie 2*)』 등을 공동으로 발간하면서 포스트구조주의 철학을 확산시키게 된 것이다.

피에르 부르디외(Pierre Bourdieu)는 프랑스 남서부 시골지역에서 고등학교(Lycée)를 다니다가 파리의 명문으로 불리는 루이르그랑 고등학교(Lycée Louis-le-Grand)로 전학하여 1951년에 그랑제콜(grandes écoles)[4]의 하나인 고등사범학교(École Normale Supérieure: ENS, 에콜 노르말 쉬페리외르)를 졸업했다. 이후 고등학교 교사로 근무하다가 1955년 징집되어 알제리에서 복무하다가 제대 후 보수파의 입장에서 장 폴 사르트르와 시몬 드 보부아르의 지적 적수(intellectual opponent)로 유명했던 소르본대학의 레몽 아롱(Raymond Claude Ferdinand Aron, 1905~1983)에게 발탁되어 1964년부터 고등연구원(École Pratique des Hautes Études)에 재직하면서 프랑스의 교육, 문화 등에 내재한 불평등에 대한 연구를 시도하였다. 이 시기에 부르디외는 주로 사변적인 프랑스 지식인들과 다르게 자신의 저작에서 통계방법론과 인터뷰 기법으로 저작활동을 했는데, 1975년에는 사회과학의 학제적 연구를 목표로 하는 『사회과학연구논집(*Actes de la Recherche en Sciences Sociales*)』을 창간하였다.

그리고 1979년에는 그의 대표 저작인 『구별 짓기(*La Distinction: Critique sociale du jugement, Paris: Éditions de Minuit*, 차별: 경험의 판단에 따른 사회적 비평)』(1979)를 발

4) 프랑스에서는 고등학교를 졸업하고 대학 입학시험인 바칼로레아(baccalauréa)에 합격만 하면 성적과는 상관없이 평준화된 일반 국립대학(université)으로 갈 수 있도록 제도적으로 보장되어 있다. 그러나 그랑제콜 진학을 위해서는 바칼로레아(Baccalauréat) 시험에서 우수한 성적을 거둬 그랑제콜 준비반에서 2년 동안 공부를 한 뒤 여러 번의 시험을 거쳐서 합격하면 입학할 수 있다. 응시기회는 한 번밖에 없고 입학정원은 200~300명 정도이다. 다만 의대, 간호대, 약대, 법대, 신학대, 사관학교 등은 그랑제콜 형태로 설치되지 않는다. 인문학 및 자연과학을 다루는 순수학문 분야에서는 파리 고등사범학교(ENS Paris)가 가장 유명하다.

간하고, 그 이듬해에는 『실천 감각(Le Sens pratique)』(1980)을 출판하여 프랑스 최고의 사회철학자 위치에 서게 되었다. 그 명성으로 부르디외는 1981년 프랑스 최고의 고등연구기관인 콜레주 드 프랑스(Collège de France)의 교수로 선출되었고, 『호모 아카데미쿠스(*Homo academicus*)』(1984), 『마르틴 하이데거의 정치적 존재론(*L'Ontologie politique de Martin Heidegger*)』(1988), 『예술의 규칙: 문학장의 기원과 구조(*Les Règles de l'art : genèse et structure du champ littéraire*)』(1992), 『실천 이성: 행동의 이론에 대하여(*Raisons pratiques : sur la théorie de l'action*)』(2005) 등의 저서를 통해 그의 포스트구조주의적 사상을 전개하였다.

특히 그중에서도 그의 사회철학을 구성하는 유명한 개념인 아비투스(habitus)는 인간 행위를 상징하는 무의식적 성향을 뜻하는 단어이다. 그는 아비투스를 구조와 행위자를 혼융시키는 촉매로 보고, 문화적 자본과 연결되며 복잡한 교육체계를 통해 이루어지는 무의식적 사회화의 산물이라고 규정한다. 즉 그가 사용하는 아비투스의 개념은 특정한 환경에 의해 형성된 인간의 성향이나 사고, 인지, 판단과 행동 체계를 의미하는 것으로, 사회계급 구성원들의 문화적 상징이나 행동특성을 나타내는 의미가 내포되어 있다. 따라서 부르디외의 사상은 '아비투스적 포스트구조주의'로 볼 수 있다.

장 보드리야르(Jean Baudrillard, 1929~2007)는 소르본대학에서 독일어를 전공하고 1958~1966년 프랑스의 국립고등학교인 리세에서 독일어 교사로 재직하였다. 그리고 1968년 파리 10대학(낭테르대학)에서 마르크스주의자였던 앙리 르페브르(Henri Lefebvre)의 지도로 박사논문 〈사물의 체계〉를 썼고, 낭테르대학에서 당시 조교의 신분으로 1968년 5월 혁명에도 참가했던 포스트구조주의자이다.

이후 낭테르대학(파리 제10대학)에서 앙리 르페브르가 그만둔 사회학과 교수로 재직하면서 30권 이상의 저서를 남겼다. 1986년부터는 파리 제9대학(도팽대학)의 사회경제 조사연구 및 정보연구소 연구교수로 재직했다. 이는 그의 스승인 앙리 르페브르의 영향으로도 보인다. 르페브르는 초기에는 마르크스의 사상에 관심을 기울였으나 말년에는 파리도시연구소로 자리를 옮겨서 고도산업사회에서 정보화사회로 나아가는 현대사회의 일상성의 문제, 도시문제 등을 연구했기 때문이다. 1987년 낭테르대학을 그만둔 보드리야르는 1994년 유럽대학원(EGS)이 설립되자 교수로 참여하여, 장티푸스로 숨을 거둔 2007년 3월 6일(77세)까지 재직했다

노년에 보드리야르는 다양한 사회문제에 대한 논쟁을 불러오기도 했는데 1991년 〈리베라시옹〉에 실린 에세이 「걸프전은 일어나지 않았다」로 인하여 지성계에서 논쟁이 되었다. 그는 걸프전쟁은 이라크에서 아무것도 변화시키지 못했고 어느 쪽도 승리하지 못했으므로 걸프전은 일어나지 않았다고 주장했던 것이다. 그리고 2001년 9·11 테러 이후 쏟아졌던 수많은 담론들 중에서도 9·11 테러는 세계화가 자신과의 싸움을 시작한 것이라는 해석을 내놓기도 했다. 200년 5월 한국을 방문했을 때도 한반도가 통일이 되어 물질적이고 가시적인 경계가 사라지면 문화적이고 비물질적인 대립과 분쟁이 일어날 수 있다고도 주장했다.

이처럼 그는 사회학과 철학의 테두리 밖에 머물면서 어느 한 곳에 구속되기를 거부한 보드리야르는 초기 저작 이후 전통적인 사회문화이론에 대한 아이로니컬하고 도발적 글쓰기로 주목을 받았다. 그의 글이 철학·문화·사회 이론의 영역을 넘나드는 스타일이었기 때문이다. 하지만 이러한 글쓰기를 통해 프랑스 안에서는 라캉, 들뢰즈, 데리다, 부르디외 등에 비해서는 명성을 얻지 못했지만 프랑스 밖에서는 더 잘 알려진 지성으로 볼 수 있다.

보드리야르는 2000년대에 한국을 두 번 방문해 기호와 이미지, 프랑스어로 시늉, 흉내, 모의(模擬) 등의 뜻을 지니는 기호와 이미지라는 의미의 시뮬라크르(simulacre)[5]가 지배하는 세상에 대해 강연하고 포스트구조주의적인 메시지를 전하고 떠났다. 그가 주장하는 시뮬라크르는 고대의 플라톤이나 현대의 들뢰즈가 제시한 개념보다 큰 변화를 겪게 되는데, 현대 사회

---

5) 시뮬라크르(라틴어 및 영어 simulacrum, 프랑스어 simulacre)는 고대 그리스의 플라톤으로부터 현대의 질 들뢰즈, 자크 데리다 등에 이르기까지 많은 철학자들이 다룬 개념이다. 플라톤은 현실에서 발견할 수 없는 영원불변의 참된 존재로서의 이데아(Idea)와 대조된 모방물로서의 현실을 시뮬라크르로 정의했다. 그리고 질 들뢰즈는 진짜인 원본과 가짜인 복사본, 즉 이데아와 시뮬라크르의 구분은 더 이상 의미 없는 것으로 인식한다.

의 많은 시뮬라크르들은 원본 없이도 존재하고 있다는 '원본 상실'을 주장한 것이다. 따라서 원형(원본)과 복제물인 시뮬라시옹(simulation, 복사본)[6]의 경계가 모호해지며 결국 복제물들이 점차 원본을 대체하게 되는 사회가 바로 현대 사회라고 주장하고 있는 것이다.

주요 저서로는 『사물의 체계(*The System of Objects*)』(1968), 『소비의 사회: 신화와 구조(*The Consumer Society: Myths and Structures*)』(1970), 『기호의 정치경제학 비판을 위하여(*For a Critique of the Political Economy of the Sign*)』(1972), 『생산의 거울(*The Mirror of Production*)』(1973), 『상징적 교환과 죽음(*Symbolic Exchange and Death*)』(1976), 『푸코 잊기(*Forget Foucault*)』(1977) 등의 초기의 구조주의적인 저작이 있고, 후기에는 대표 저작이라고 볼 수 있는 『시뮬라크르와 시뮬라시옹(*Simulacres et Simulation*)』(1981)에 이어서 『차가운 기억들(*Cool Memories 1980-1985*)』(1987), 『악의 투명성(*The Transparency of Evil*)』(1990), 『완전범죄(*The Perfect Crime*)』(1995), 『차가운 기억들 2(*Cool Memories Ⅱ 1987-1990*)』(1996), 『차가운 기억들 3(*Cool Memories III 1995-2000*)』(2003), 『차가운 기억들 4(*Cool Memories Ⅳ 1995-2000*)』(2003), 『차가운 기억들 5(*Cool Memories V 2000-2004*)』(2006) 등의 후기구조주의적인 저작이 있다.

이러한 저작들에서 주장하고 있는 보드리야르 사상은 크게 소비 · 기호의 가치체계 · 시뮬라크르 혹은 하이퍼 리얼리티(Hyper-reality)[7]로 정리할 수 있다. 이중에서 하이퍼 리얼리티의 개념은 21세기의 인공지능(Artificial Intelligence, AI) 시대의 기술적 진화가 제공하는 현실세계에서 인간들이 도출해내는 방식보다 훨씬 더 정교하게 사람들의 심리와 소비패턴을 파악해서 개인들이 가장 선호하는 정보만을 제공하여 결국에는 사람의 인식 구조도 바뀌게 만들 수 있게 되는 현상과도 부합되는 개념이다.

물론 보드리야르 사상의 토대를 이루는 이러한 핵심적인 개념들을 이해하는 것만으로 보드리야르 사상 전체를 면밀히 파악할 수 있는 것은 아니다. 그러나 무엇보다도 그가 『시뮬라크르와 시뮬라시옹(*Simulacres et Simulation*)』에

6) 시뮬라시옹(simulation)은 시뮬라크르(simulracre)의 동사형으로 '시뮬라크르 하기'의 의미가 있다.
7) 보드리야르는 미디어가 만들어내는 수많은 정보가 때로는 사람들이 직접 경험하는 현실보다 더 실제처럼 느껴지는 '하이퍼 리얼리티(Hyper Reality)'를 생산해 낸다고 주장했다.

서 현대사회에서 실재가 아닌 가상 실재를 만드는 과정의 개념으로 제시한 '시뮬라시옹(Simulation)'을 분석하는 것은 그의 사상을 이해하는 지름길이 될 수 있다. 따라서 보드리야르의 사상은 시뮬라시옹적 포스트구조주의로 칭할 수 있다.

한편, 이러한 사상가들의 포스트구조주의 사조는 흔히 포스트모더니즘이라고도 불리는데, 둘 사이에는 개념적인 차이가 있다. 포스트구조주의는 구조주의라는 철학적 사상에 대한 비판으로 제기되었으며, 포스트모더니즘은 모더니즘 혹은 근대성이라고 하는 좀 더 포괄적인 문화적 흐름을 비판하면서 제기되었기 때문이다. 간략하게 말하면 포스트구조주의가 철학적 개념이라면 포스트모더니즘은 문화적 개념으로 볼 수 있다. 즉 후기 구조주의(포스트구조주의)는 철학이나 사회과학연구에 나타난 포스트모더니즘 현상에 속한다고 규정할 수 있다.

그리고 지역적으로 보면, 포스트구조주의가 프랑스를 중심으로 전개된 20세기 후반의 철학적 사상이라면, 포스트모더니즘(탈근대주의, postmodernism)은 제2차 세계대전 이후인 1960년대에 프랑스와 미국을 중심으로 문학 및 예술 전반에 걸쳐 일어난 문화운동의 사상을 말한다. 그러나 포스터모더니즘이 이들 지역에만 한정되거나 문화적 사상으로만 정의하는 것에는 문제가 있다. 이 문화운동은 독일, 영국, 이탈리아 등의 서구 국가 전반과 소련을 비롯한 동구권이나 한국, 일본 등에까지 전파되면서 범세계화되었고, 문학이나 예술차원뿐만 아니라 후기구조주의와 접목이 되면서 정치 · 사회적인 패러다임과 세계를 바라보는 방법으로도 자리 잡게 되었기 때문이다.

따라서 포스트모더니즘은 현대의 후기 자본주의의 문화논리를 대변하고 있고, 후기 자본주의가 발달하는 과정에서 채택했던 다양한 철학적 사조들을 다양하게 포함하는 시대정신이라고도 정의할 수 있다는 점에서는 철학적인 포스트구조주의와도 상통한다. 이러한 맥락에서 포스트모더니즘은 '모더니즘'이 차지했던 철학적 개념보다는 더욱 뚜렷한 사상성을 확보하고 있다고 볼 수 있다. 그 이유 중의 하나는 포스트구조주의가 구조주의를 비판적으로 계승한 것에 비하여, 포스트모더니즘은 근대의 이성주의와 휴머니즘에 대한 대항으로 대두하였고 모더니즘에 대한 근본적인 회의를 내포한 사상이라는 차이점에서도 찾을 수 있다

Chapter

4

알튀세 / 푸코의 포스트구조주의

제1절 루이 알튀세의 생애 배경과 포스트구조주의

1. 포스트구조주의의 개념과 포스트모더니즘과의 관계

1) 포스트구조주의와 포스트모더니즘의 개념

(1) 포스트구조주의의 개념

포스트구조주의(Post-structuralism)는 스위스의 페르디낭 드 소쉬르(Nicolas-Théodore de Saussure, 1740~1799)의 언어구조이론에서 출발한 구조주의 이념을 잇고 있으며, 마르크스주의적인 유럽의 정치경제나 문화사상과도 관련성이 깊다. 그러나 구조주의와 그 사상을 비판적으로 계승하고 있는 포스트구조주의가 마르크스사상이 제시하는 유럽의 역사적 유물론(역사의 법칙성)을 받아들이는 것으로는 볼 수 없다. 구조주의와 포스트구조주의 철학자의 대부분은 프랑스를 비롯한 유럽대륙의 사상가들이 차지하지만 '포스트구조주의'라는 명칭 자체는 미국의 자유주의적인 학자들에 의해 고안되었기 때문이다.

하지만 포스트구조주의자로 분류되는 프랑스의 루이 알튀세(Louis Pierre Althusser, 1918~1990)나 미셸 푸코(Michel Foucault, 1926~1984)를 비롯한 질 들뢰즈(Gilles Deleuze, 1925~1995), 자크 데리다(Jacques Derrida, 1930~2004) 등 대부분의 철학자들은 마르크스주의자의 범주에 속하는 것도 사실이다. 아울러 이들은 포스트구조주의자라는 명칭을 거부하고 있지만 상당한 분야에서 전체적인 구조보다는 개체의 존엄성과 자유를 중시하는 '탈구조주의'의 조류를 나타낸다는 점도 자명하다.

즉 이들은 초기의 구조주의(Structuralism)가 구조를 절대적이고 보편적인 하나의 의미로 설정하였던 것을 비판하면서 개인의 무의식적인 심적 구조와 사회구조, 그리고 언어구조가 전체적으로 구조를 결정하게 된다는 점을 강조하고 있는 것이다. 이 말은 포스트구조주의자들이 절대적이고 보편적 관념을 언어구조에서 찾으려는 구조주의에 대하여 문제점을 제기하고, 다른 것들과의 관계 속에서 사물의 상대적이고 다양한 해석을 허용해야 한다고 주장한 것으로 볼 수 있다.

이렇게 볼 때, 루이 알튀세를 비롯한 알튀세로부터 영향을 받은 미셸 푸코가 제시한 권력의 중심화에 저항하는 탈중심화 이론, 질 들뢰즈의 차이생성철학(差異生成哲學), 자크 데리다의 해체론(해체주의) 등이 후기구조주의(포스트구조주의)를 형성하는 철학운동을 대변한다고 규정할 수 있다. 아울러 원래 구조주의자로 출발했던 레비-스트로스(Claude Levi-Strauss, 1908~2009)도 사회인류학을 구조주의가 주장한 다양성의 개념을 통해서 자신의 구조주의 인류학 이론을 완성하고 있다. 이처럼 포스트구조주의는 다양한 사상들이 얽혀져서 혼재한 특성이 있다.

다만 포스트구조주의는 구조주의를 계승하였지만 구조주의가 갖고 있던 이론과 패러다임의 철학적 함의를 충실히 하려는 20세기 후반의 사상으로서의 위치를 확고하게 하고 있다는 점이 특징적이다. 그것은 그 이전의 주류사상이었던 실존주의가 인간주체사상을 중시한 나머지 인간주체 외부의

'관계'영역을 경시한 것에 착안한 것이며, 구조주의에서도 간과되었던 종교와 역사의 역할도 중요시한 사상으로서 거듭나게 된다는 점을 의미한다.

좀 더 세밀하게 보면, 구조주의(Structuralism)는 20세기 전반의 주류 유럽 사상이었던 현상학이나 실존주의와도 대립하지만 근대성(modernity)에 대한 비판으로 대두되었다는 점이다. 이 말은 근대철학을 종합하고 독일 고전철학의 출발점을 이루는 이마누엘 칸트(Immanuel Kant, 1724~1804)로부터 시작해서 현대의 실존주의 사상을 대변하는 장 폴 사르트르(Jean Paul Sartre, 1905~1980)에 이르는 인간주체 중심의 관점에 대해 반기를 들면서 구조주의가 시작되었다는 것을 의미한다.

따라서 구조주의는 인간주체철학인 실존주의나 실증주의의 전통사상에서 벗어나고자 시도하면서 인간중심보다는 인간 바깥의 사유, 체계적이고 구조적 사유, 무의식의 언어활동과 무의식의 논리 등의 이념을 가지고 있다. 아울러 이러한 구조주의 세계관에서는 종교나 문화, 그리고 역사적인 상황과 관계없이 모든 시대, 모든 상황에 통시적이고 공시적인 '항상성의 구조'가 늘 유지되는 것으로 믿어진다.

이에 비하여 포스트구조주의(Post-structuralism) 혹은 후기구조주의는 이러한 구조주의에 대한 계승 혹은 보완의 이면으로 전개되었다고 볼 수 있다. 구조주의 사유는 필연을 전제하는 연역법적 사고를 밑바탕으로 한다는 측면에서 결정론적 존재론 혹은 전체주의론이라는 점에서 비판받게 되는 것이다. 애초에는 마르크스주의적 구조주의자였던 루이 알튀세와 그의 제자 미셸 푸코가 포스트구조주의자로 전향하게 된 것에서도 이러한 흐름은 파악될 수 있다.

마르크스주의(Marxism)는 20세기 후반의 구조주의 철학에는 속하지 않는 19세기 후반의 변증법적 유물론이지만 구조주의 패러다임(structuralism paradigm)도 가지고 있다는 측면에서 알튀세와 푸코는 포스트구조주의자로 전향한 것으로 볼 수 있기 때문이다. 즉 칼 마르크스(Karl Marx, 1818~1883)는 그의 사상(마르크스주의)을 대변하는 『독일이데올로기』(1845)와 『자본론(Ⅰ)』(1867)에서 인간사회를 이른바 '역사적 유물론'[1]의 입장에서 구조주의적인 모순 체계를 제시하고 있다. 즉 역사는 근본적으로 '생산력'과 '생산관계'의 구조적인 대응과정에 의해 역동적으로 변화한다는 주장을 한 것이다.

세부적으로 보면, 생산력에는 '노동력'과 '생산수단'을 배치하고, 생산관계에는 '생산수단의 소유 여부에 따른 계급의 분화'를 배치한다. 그리고 양자 사이에는 모순 혹은 갈등이 발생하므로 계급투쟁의 혁명을 통해 역사는 발전하게 된다는 구조적 관계를 비판적으로 설명하고 있는 것이다. 마르크스는 그중에서도 현대자본주의 사회는 '자본축적'과 '사회정의'라는 모순된 체제이념에서 비롯된 갈등구조로 보고 있다. 이로 인하여 결국 노동자혁명(계급투쟁)에 의해 '사회주의 사회(국가)'로 발전하게 된다는 구조주의적 관점을 가지고 있는 것이다.

이러한 마르크스주의에 영향을 받은 러시아의 혁명가 블라디미르 일리치 레닌(Vladimir Ilich Lenin, 1870~1924)[2)]은 제정 러시아가 참여한 제1차 세계대전이 말미에 이를 즈음인 1917년 10월에 소비에트 볼셰비키(Bolsheviks) 적위대 1,000여 명으로 소위 러시아혁명을 일으킨다. 볼셰비키는 레닌이 주도한 러시아 사회민주노동당의 분파로 폭력에 의한 혁명, 철저한 중앙집권제를 주장하였다. 그 결과 그해 2월 민중혁명[3)]으로 니콜라이 2세를 퇴위시키고 집권했던 온건파 사회주의자 알렉산드르 케렌스키(Aleksandr Fyodorovich Kerensky, 1881~1970) 임시정부와 멘셰비키(Mensheviks)를 밀어내고 볼셰비키 사회주의 공화국이 성립된 것이다.

당시 제정 러시아 로마노프 왕조의 차르(황제)였던 니콜라이 2세 알렉산드로비치(Nikolai II Aleksandrovich, 1868~1918)는 1917년 2월 민중혁명(제1차 러시아

---

1) 마르크스는 역사적 유물론에서 인간사회는 원시 공산주의 사회에서 시작되어 고대 노예제 사회를 거쳐 중세 봉건제 사회로 이행되었고, 근대 시민계급혁명을 거쳐 자본주의사회로 이행되었다고 본다.

2) 레닌은 뇌졸중으로 1924년에 반신불구가 된 체 사망하게 되는데, 레닌과 볼셰비키 혁명에 대해서 적대적이었던 윈스턴 처칠(Winston Churchill)은 레닌의 죽음 소식을 접하고, "러시아인들에게 최악의 불운은 레닌이 태어났다는 것이었고, 그다음의 불운은 그가 죽었다는 것이다."라는 말을 했다고 전해진다.

3) 1917년 3월 8일에는 수도 페트로그라드(현, 상트페테르부르크)에서 대규모 시위가 일어나 9만 명이 넘는 노동자가 이 파업 데모에 참가하자 니콜라이 2세는 무력진압을 명령했으나 군인들도 혁명에 가담하자 정부는 총사퇴하고, 중산층을 중심으로 한 케렌스키의 임시정부가 수립되었다.

혁명)으로 퇴위를 당했지만 그나마 우호적이었던 알렉산드르 케렌스키 정부에 의해 알렉산드롭스키 궁에서 가택연금 보호를 받고 있던 중에 1917년 여름에 가족과 함께 토볼스크로 보내졌고, 1918년 봄에는 볼셰비키에 의해 다시 시베리아 우랄산맥의 도시 예카테린부르크로 옮겨졌으며, 1918년 7월 17일 이파티예프 하우스[4] 지하실에서 가족들과 함께 총살당했다.

이에 당시 제정 러시아와 같은 연합국이었던 영국과 프랑스는 소비에트 정부를 승인하지 않았고, 독일과 오스트리아-헝가리 제국으로 구성된 동맹국에서도 마찬가지였다. 하지만 레닌은 브레스트리토프스크(Brest-Litovsk)에서 평화협상을 시작해 이들 국가들이 내세운 굴욕적인 조건을 받아들여서 1918년 3월 3일에 독일 · 오스트리아 · 불가리아 · 터키 등과 강화조약을 체결한 후에야 국가인정을 받게 되었다. 이러한 과정을 거쳐 레닌이 집권하게 된 소비에트가 제시한 정치이념인 레닌주의(Leninism)에서는 자본주의 체제의 폐해로서, 카르텔(Cartel, 생산담합), 신디케이트(Syndicate, 판매담합), 트러스트(Trust, 독점기업) 등에 의한 시장의 장악문제를 구조주의적인 문제로 보는 패러다임이 드러난다.

한편, 레닌이 정치혁명적으로 마르크스주의를 계승한 대표자 격이라면, 파리고등사범학교(École Normale Supérieure)의 철학과 교수였던 알튀세는 자본주의 체제의 구조주의적 모순을 비판하는 '권력이론'에서 마르크스주의를 철학적으로 계승한 대표자로 볼 수 있다. 그리고 이러한 마르크스적인 구조주의는 수정되고 보완되어 포스트구조주의로 이어지게 된다. 따라서 포스트모더니즘이 모더니즘에 대한 반동으로 출발한 것과 포스트구조주의가 대두된 배경에는 상당한 차이를 보인다고 해석할 수 있다.

그리고 철학사에서는 많이 다루어지는 철학자는 아니지만 프랑스의 롤랑 바르트(Roland Gérard Barthes, 1915~1980)도 1960년대에 유럽 기호학과 구조주의 연구에 전념하여 포스트구조주의 형성에 기여한 것으로 평가된다. 롤랑 바르트는 1915년 프랑스 북부 노르망디 셰르부르(Cherbourg)에서 태어

4) 이파티예프 하우스는 1977년에 철거되었고, 현재 그 자리에는 처형당한 로마노프 왕가를 추모하는 '피의 성당'이라는 러시아정교회 성당과 관련 박물관이 세워져 있다.

나서 1935년부터 1939년까지 소르본대학에서 고전문학을 공부한 후, 파리에서 고등학교 교사로 사회생활을 시작한 인물이다. 이후 루마니아의 부쿠레슈티(Bucuresti), 이집트의 알렉산드리아(Alexandria)에서 대학강사를 거쳐 1952년 파리의 국립과학연구원의 연구원이 되었다. 그리고 명성이 알려지면서 콜레주 드 프랑스(Collège de France)의 문학기호학 교수로 활동하다가 1980년 교통사고로 사망하게 된다.

롤랑 바르트의 업적은 소쉬르(Saussure)가 제시한 언어 구조주의 사상을 비판한 것에서 찾을 수 있다. 즉 소쉬르는 언어를 '관념을 표현하는 기호의 체계'로 나타내며, 사물의 의미는 전체 언어 체계 안에서 다른 언어들과의 관계에서 결정이 된다는 절대적이고 진정한 하나의 의미만을 찾으려고 하는 구조주의에 머물렀다는 한계점을 비판한 것에 있다. 이는 상대적이고 다양한 해석을 통한 의미 찾기를 롤랑 바르트가 주장하였다고 해석될 수 있다.

그러므로 바르트는 '해석의 무한성'을 주장한 포스트구조주의의 선두주자로도 볼 수 있다. 이러한 견해는 그의 저서인 『신화론(*Mythologies*)』(1957), 『저자의 죽음(*The Death of The Author*)』(1968), 『텍스트의 즐거움(*La Plaiser du texte*)』(1973), 『사랑의 단상(*Fragments d'un discours amoureux*)』(1977) 등에 나타나고 있는데, 바로 '해석의 무한성'에 의한 의미파악을 강조한 것이다. 그중에서 『신화론(*Mythologies*)』(1957)에서는 '이성'과 '자본'이라는 전지전능한 능력으로 신과 같은 자리를 차지한 '부르주아'들이 자신들의 이데올로기를 유지 · 강화 시키는 담론에서 표면적 의미만으로는 드러나지 않는 숨겨진 이데올로기가 있다는 점을 밝혀내고 있다. 즉 롤랑 바르트는 바로 이러한 부르주아의 현대신화에 주목하고 있으며, 신화는 그 구조에 있어서는 이차적인 기호학적 체계로 이루어져 있기 때문에 그 의미작용에서도 이중성을 띠고 있다는 견해를 보인다.

그리고 『사랑의 단상(*Fragments d'un discours amoureux*, 연인의 담론)』(1977)에서는 200여 년 전에 괴테(25세)가 자신의 경험을 바탕으로 쓴 서간체 연애소설 『젊은 베르테르의 슬픔(*Die Leiden des jungen Werthers*)』(1774)[5]을 바탕으로 사랑하는 사람들 간의 이야기를 철학적 담론이나 수필이 아닌 사랑하는 사람의 이야기를 글의 형식으로 제시하고 있다. 이는 바르트가 '사랑'이라는 비이성적이고 부조리하며 고통스러운 욕망을 발견하고 인정하려는 '무한한 해석'을 하고 있다고 볼 수 있다.

(2) 포스트모더니즘의 개념

포스트구조주의(Post-structuralism)가 프랑스를 중심으로 전개된 20세기 후반의 포스트모더니즘 현상의 철학적 사상이라면, 포스트모더니즘(탈근대주의, Postmodernism)은 제2차 세계대전 이후인 1960년대에 프랑스와 미국을 중심으로 철학적이고 사회과학적인 범주를 넘어서서 문학 및 예술 전반에 걸쳐 일어난 문화운동의 사상을 말한다.

그러나 포스터모더니즘이 이들 지역에만 한정되거나 문화적 사상으로만 정의되는 것에는 문제가 있다. 이 문화운동은 독일, 영국, 이탈리아 등의 서구 국가 전반과 소련을 비롯한 동구권이나 한국, 일본 등에까지 전파되면서 범세계화 되었기 때문이다. 아울러 문학이나 예술 차원뿐만 아니라 후기구조주의와 접목이 되면서 정치 · 사회적인 패러다임과 세계를 바라보는 방법으로도 자리 잡게 된 것이다.

따라서 포스트모더니즘은 현대의 후기자본주의의 문화논리를 대변하고 있고, 후기자본주의가 발달하는 과정에서 채택했던 다양한 철학적 사조들을 다양하게 포함하는 시대정신이라고 정의할 수 있다. 이러한 맥락에서 포스트모더니즘은 '모더니즘(Modernism)'이 차지했던 철학적 개념보다는 더욱 뚜렷한 사상성을 확보하고 있다고 볼 수 있다. 그 이유 중의 하나는 포스트구조주의가 구조주의를 비판적으로 계승한 것에 비하여, 포스트모더니즘은 근대의 이성주의와 휴머니즘에 대한 대항으로 대두하였고, 모더니즘에 대한 근본적인 회의를 내포한 사상이라는 점에서도 찾을 수 있다.

그러나 포스트모더니즘은 포스트구조주의와 같은 철학적 개념으로서 한

---

5) 25세에 괴테가 베르테르가 남의 약혼녀인 로테를 사랑하다가 끝내 권총으로 자살한다는 내용으로 쓴 비극적 연애소설로서 이 책의 유행으로 젊은 세대가 자살하는 사건들이 발생하였다.

정되는 것보다는 사회문화 및 정치, 예술 분야에 걸쳐 다양하게 전개되었기 때문에 철학적 맥락의 관점에서는 뚜렷한 특징이 없다. 흔히 포스트모더니즘은 '후기근대주의'로 번역이 되고 있지만 그것조차도 철학적 용어로 정의하기에는 한계가 있는 것이다. 그 이유는 후기근대주의(포스트모더니즘)가 시작된 시대적 배경이 대단히 복잡하고, 그것이 확산되는 과정에서도 다양성을 보였기 때문에 뚜렷한 사상적 틀을 나타내지 않았다는 점이다.

그리고 21세기에 접어들어서도 그러한 흐름은 여전히 진행 중이기 때문이다. 하지만 프랑스와 미국지역을 중심으로 보면, 1968년 5월에 그 정점에 이르렀던 '68혁명(혹은 5월 혁명)'과 상관하여 포스트모더니즘은 출발이 된 역사적 배경을 찾을 수 있다. 이러한 명칭은 1968년 5월이라는 시점에 상징성을 두고 있으며, 그 혁명이 학생들을 중심으로 일어났고 정치적으로는 80년 전의 프랑스 대혁명(1789)과는 달리 성공하지 못했다는 점에서는 '68 학생운동'으로 불리기도 한다.

68혁명은 1968년 3월 22일에 파리 제10대학(낭테르대학)의 학생단체가 남학생이 여학생기숙사를 자유롭게 방문할 수 있도록 허락해달라고 대학당국에 요청한 것이 거절당한 것에 반발하여 시위를 벌인 것에서 비롯되었다. 시위행동은 곧 다른 대학으로 번지면서 마침내 5월에는 소르본대학에 학생운동본부가 옮겨졌다. 이에 드골 정부는 소르본대학을 폐쇄했고, 이에 반발한 대학생이 일제히 궐기하면서 이후 정부와 학생들 간의 물리적인 충돌로 이어졌다.

그러나 이를 사상사적으로 보면, 전후 베이비부머로서의 젊은 세대가 당시 구체제(모더니티)에 반발하면서 시작된 시위가 소르본대학을 비롯한 프랑스 전국의 대학으로 확산됨으로써 시작되었다고 볼 수 있다. 그뿐만 아니라 당시 파리 전체 노동자 수의 2/3에 해당하는 400만 명 정도의 노동자도 이에 동조하여 총파업을 선언하고 공장 점거나 대규모 시위에 참여함으로써 더욱 확산되었다. 당시 시위(혁명)에 참여한 이들은 정부가 대학교육의 모순과 관리적인 사회에서의 인간소외문제, 유럽공동체(EC) 체제하에서의 사회적 모순을 해결해 줄 것을 주장하였던 것이다.

그 와중에서 사회주의적인 좌파 노선의 프랑크푸르트학파(The Frankfurt school, 비판이론 학파)[6] 계열의 지식인들도 동조하여 드골 정부의 실정을 비판했고, 결국 5월 말에는 국회가 해산되기에 이른다. 하지만 그해 6월에 치른 입법선거(총선)에서는 드골 정부가 승리함으로써 결국 '5월 혁명'은 실패하게 된다. 그러나 그 이듬해에 이루어진 국민투표에서는 참패하여 드골이 사임해야 했고, 프랑스 사회 전체를 유지하던 권위적 모더니티(모더니즘)의 문화는 혁명적 전환이 되었다는 점에서는 가치 · 문화적으로 성공한 사상혁명으로도 평가될 수 있다.

한편, 이러한 학생중심의 5월 혁명은 미국, 브라질과 멕시코, 이탈리아, 스페인, 일본 등지에서도 이어졌으나 포스트모더니즘적인 특징들은 뚜렷하지 않았다. 미국지역에서는 프랑스와 같은 치열함은 보이지 않았는데, 다만 처음 서부의 버클리대학에서의 자유언론운동에서 촉발된 시위가 1965년부터 베트남전쟁(越南戰爭, 1955~1975)[7] 반대운동으로 확산되기에 이른다. 즉 1963년 마틴 루터 킹(Martin Luther King, 1929~1964)[8] 몽고메리 침례교회 흑인 목사가 시작한 흑인인권운동과 결합된 반전운동이 1973년 미군이 베트

6) 프랑크푸르트학파는 1923년 독일의 프랑크푸르트대학에 설립된 '사회연구소'에서 시작되었다. 이 학파는 '독일, 파시즘, 유대인, 마르크시즘'이라는 네 단어로 축약해도 반은 이해한 거와 다름없다. 이유는 호르크하이머, 아도르노, 마르쿠제, 프롬, 벤야민, 폴록, 하버마스 등의 학자들이 이에 해당되기 때문이다. 이 연구소는 1933년 히틀러의 파시즘 정권의 박해를 피해 스위스 제네바로 옮겼다가, 1934년에는 미국 컬럼비아대학으로 옮겨 활동했다. 이들은 파시즘을 연구하고 비판했으며, 2차 세계대전 후에는 선진 산업사회로 눈을 돌려 연구와 비평을 했다. (http://www.kscoramdeo.com)

7) 베트남전쟁은 남북 베트남 사이의 내전임과 동시에 냉전시대에 자본주의 진영과 공산주의 진영이 대립한 대리전쟁 양상을 띠었는데, 1964년 8월 2일에 북베트남 해군의 135편대 소속 어뢰정 3척이 미 해군 구축함인 USS 매독스함을 선제공격한 통킹만 사건(Gulf of Tonkin Incident)을 구실로 미국이 개입함으로써 국제전으로 치러졌다. 즉 1965년에 미국, 대한민국, 오스트레일리아 등이 지상군을 파병하였고, 1973년 1월에 평화협정으로 미군이 철수하자 북베트남이 무력으로 사이공을 점령한 것을 기반으로 1976년에 통일되어 베트남 사회주의 공화국이 선포되었다.

8) 1963년 "나에게는 꿈이 있습니다."라는 대중연설에서 인종차별 철폐와 인종 간의 공존을 호소하는 비폭력 인권운동을 전개했다. 1964년에 최연소 노벨평화상을 받았으나 1969년 극우파 백인 제임스 얼 레이의 총에 맞아 39세에 사망했다. 그리고 40년 후인 2009년에 버락 오바마(Barack Obama)가 미국 최초로 흑인 하와이 출신으로 제44대 대통령에 당선되었으며, 재선되어 2017년까지 재임했다.

남에서 완전히 철수할 때까지도 이어졌던 것이다. 당시 반전운동은 베트남전쟁 징집의 대상이었던 미국 대학생들이 중심이 되어 대학 내의 예비역장교훈련단(Reserve Officers' Training Corps, ROTC) 건물을 파괴하기도 하였다.

하지만 프랑스에서는 초기에 사회개혁적인 학생운동에 좌파적인 이데올로기를 제공했던 지식인들이 차츰 학생운동이나 사회주의적인 노선과 결별하면서 독자적인 노선을 취하게 되는 상황이 전개되는 등 포스트모더니스트들의 활동이 분명해진다. 흔히 구조주의자 혹은 포스트구조주의자로도 칭해지는 리오타르(Jean-François Lyotard, 1924~1998), 라캉, 푸코, 데리다 등이 여기에 해당한다.

따라서 포스트모더니즘의 철학적 뿌리는 포스트구조주의에 있다고 볼 수 있다. 그러나 사르트르를 비롯한 마르크스주의자들인 프랑크푸르트학파의 경우는 이러한 포스트구조주의자들과는 달리 여전히 신마르크스주의(Neo-Marxism) 관점을 유지하였으며, 푸코에게 영향을 준 알튀세 역시도 유사한 태도를 보였다.

한편, 68혁명의 조류는 '68 학생운동' 내지 '68 문화운동'으로 불리며 인종차별 반대운동이나 평화 · 인권운동으로도 이어졌으며, 특히 페미니즘(Feminism, 여성주의)이 급진적 페미니즘(radical feminism)으로 흐르는 경향도 뚜렷해지는 배경이 되었다. 그중에서도 페미니즘은 모더니즘의 세계관에서 여성의 참정권, 재산권, 노동권이 진전된 자유주의 페미니즘(liberal feminism)을 구축했지만 1970년대 이후에는 래디컬 페미니즘(radical feminism)으로 변혁이 된다.

이러한 맥락에서 대부분의 포스트구조주의 철학자들은 포스트모더니즘의 철학자로도 지칭이 된다는 측면에서 혼란을 가져오게 된다. 이러한 혼란의 원인은 포스트모더니즘(postmodernism)이라는 용어 자체가 가지고 있는 역사성에도 있다. 즉 서구에서 모던시대(age of modern)라고 하면 1700년대 계몽주의 사상인 이성중심의 시대를 일컫는 것은 분명하다. 그러나 '뒤' 혹은 '후'라는 의미의 라틴어 'post'가 '모더니즘'이나 '모더니티'와 합해질 때는 뚜렷한 기점이나 기준점을 정하기 어려운 측면이 있는 것이다.

이러한 측면에서 포스트모더니즘을 이해하려면 모던(modern)의 시대적 개념이나 모더니티(근대성), 그리고 포스트모더니티(post modernity)에 대한 개념도 먼저 이해할 필요가 있다. 즉 모더니티와 마찬가지로 포스트모더니티는 포스트모더니즘이 형성되기 시작한 시기의 사회 · 문화 현상(흐름)을 의미하기 때문이다. 그리고 포스트모더니즘은 바로 이성중심주의, 인간의 인식에 의해 표상될 수 있는 실재(實在), 합리주의, 그리고 합목적적 진보성에 대한 신념 등을 뜻하는 '모더니티(modernity)'라는 근대성이나 현대성에 대한 비판으로 출현했다는 점도 이해해야 한다.

이러한 이해에서 기초해보면, 포스트모더니즘은 모더니즘에 반발한 구조주의 철학사조에서 생겨났음을 알 수 있다. 따라서 포스트모더니즘은 예술이나 문학에서는 다양성을 강조하고, 사유방식에서는 이성을 중시했던 모더니즘에 반대하여 탈이성적이고 탈중심적으로 전개된 문화사상인 것이다. 이러한 사유방식에서 보인 모더니즘의 특징은 예술분야에도 영향을 미쳐 미술에서의 팝아트(Pop art), 비디오 아트(Video art)는 물론 대중음악에서는 강렬하고 반복적인 리듬에 맞춰 가사를 읊조리듯이 노래하는 랩(Rap)과 같은 새로운 장르를 발생시키게 되었다고 볼 수 있다.

2) 포스트구조주의와 포스트모더니즘의 관계

포스트모던(postmodern)이라는 용어가 최초로 사용된 것은 영국의 역사학자 아널드 토인비(Arnold Toynbee, 1852~1983)의 『역사의 연구(*A Study of History*)』(1965)에서이다. 그는 서구 역사를 크게 암흑기, 중세기, 모던기, 포스트모던기의 네 가지 시기로 구분했기 때문이다. 그리고 포스트구조주의와 포스트모더니즘이라는 용어가 철학사에서 대두되는 시기는 제2차 세계대전이 종료된 1960년대 전후이다.

따라서 포스트구조주의와 포스트모더니즘이 20세기 후반의 정치 · 사회적 환경과 이데올로기를 공유하고 있다는 측면에서는 구분 없이 거론되거나 혼용이 되기도 한다. 그러나 정치적 환경으로 보면 제1차 세계대전과 제2차 세계대전[9]으로 인하여 유럽 중심의 세계질서는 미국과 소비에트 사회주의 공화국 연방(Union of Soviet Socialist Republic, USSR) 중심으로 넘어가게 되고, 동서 국가 간 냉전(cold war) 체제가 1991년 12월 26일의 소련 해체 시기까지 이어졌다는 점에서는 포스트구조주의나 포스트모더니즘이 이 시기를 대변한다고는 보기 어렵다.

왜냐하면 독일과 프랑스 등의 사상가들은 세계대전을 직접적으로 경험하게 되면서 반성과 속죄, 그리고 회복 등에 대한 고민을 하게 되었는데, 그것이 대표적으로 나타난 것은 실존주의(Existentialism)였기 때문이다. 대표적인 철학자로는 장 폴 사르트르, 알베르 카뮈 등을 들 수 있으며, 이들은 키르케고르, 니체, 하이데거 등의 현상학적 사상의 영향을 받아 그들의 실존적 사상을 펼쳤다. 하지만 전후 세대들은 미국에서 유입된 상업문화에 호응하여 이들의 실존적 사상에 동의하지 않았으며, 전쟁의 피해를 직접적으로 입지 않았던 영미권의 사상가들은 실존주의가 아닌 분석철학과 신실용주의를 발전시켰다.

이러한 정치 · 사회적 환경에서 세계대전의 중심지역이 되었던 프랑스의 사상가들은 20세기 중반부터 클로드 레비-스트로스(Claude Lévi-Strauss)에 이어서 자크 라캉(Jacques Lacan) 등이 구조주의를 들고 나왔다. 그리고 1960년대 후반부터는 구조주의를 비판적으로 계승하면서도 그 한계를 극복하고자 하는 포스트구조주의가 알튀세와 푸코, 들뢰즈, 데리다 그리고 리오타르 등에 의해 전개된 것이다.

그런데 이러한 포스트구조주의가 추구하는 사상은 같은 시기에 미국을 중심으로 일어난 포스트모더니즘이 모더니즘에 대한 회의 사상으로 전개된 맥락과 큰 차이가 있는 것은 아니다. 따라서 상당수의 지식인들도 두 가지 사상 간의 관계에 대해서는 뚜렷한 차이점을 제시하지 않고 혼용하는 경향이 있다.

다만 차이가 있다면 포스트구조주의는 철학사에서 주로 다루어지고, 포

9) 제1차 세계대전(1914~1918)은 발칸반도와 유럽지역을 중심으로 영국·프랑스·세르비아·러시아가 연합국이 되고, 독일·오스트리아-헝가리제국이 동맹국이 되었다. 제2차 세계대전(1939~1945)은 프랑스·영국·미국·소련·중국이 연합국이 되고, 독일·이탈리아·일본이 동맹국(추축국)이 되었다.

스트모더니즘은 문학, 예술을 포함한 문화적이고 실재적 환경에서 다루어지는 경향이 짙다는 정도의 차이가 있다. 이 말은 미국 중심의 현대문화사는 포스트모더니즘이 더 넓은 의미에서 사용된다고 해석될 수 있으나, 포스트모더니즘은 철학적인 근거의 한계가 있기 때문에 후기구조주의(포스트구조주의)를 차용했다는 점에서도 차이를 찾을 수 있다.

그러므로 장 프랑수아 리오타르(Jean Francois Lyotard, 1924~1998)[10]가 『포스트모던의 조건(*La condition postmodeme*)』(1979)[11]에서 지적한 대로 포스트모더니즘이 '모던'이나 '모더니즘'을 단절하는 사상이라고 정의하는 것보다는, 모더니즘 속에는 이미 포스트모더니즘이 내포되어 있었다고 볼 필요가 있다. 왜냐하면 리오타르는 포스트모더니즘에 관한 근대적 관점에서의 비판을 소개하면서 리얼리즘, 초 아방가르디즘(Avant-gardism, 전위주의) 등이 이른바 포스트모더니즘에 가하는 공격과 하버마스의 근대성 옹호에 대해 비판적으로 고찰하고 있기 때문이다. 이러한 맥락에서 포스트구조주의 역시 구조주의 속에 담겨 있었지만 시간적(역사적) 역동성 속에서 다시 상기하고 전향(conversion)하고 있다고 보는 관점이 중요하다고 볼 수 있다.

---

10) 리오타르는 파리 외곽의 베르사유에서 태어나 소르본대학에서 철학과 문학을 공부하면서 질 들뢰즈 등과 친구로 지내게 된다. 이후 프랑스의 여러 리세(고교)에서 철학교사를 지내다가 파리의 낭테르대학(파리 제10대학)에서 강사를 거쳐 파리 뱅센-생드니대학(파리 8대학)의 철학교수로 활동했으며, 은퇴 후 백혈병으로 사망했다.

11) 이 책은 자체가 퀘벡주 대학협의회의 의뢰를 받아 새로운 시대에 지식과 대학의 위상을 연구한 결과물이다. 즉 대학과 고등지식의 변화에 대한 철학적 작업이라고 할 수 있는데, 1984년에 영어로 번역되면서 '포스트모던이란 무엇인가'라는 논문 한 편이 덧붙여져서 발간이 되었다.

2. 루이 알튀세의 생애 배경과 마르크스주의적 포스트구조주의 체계

1) 루이 알튀세의 생애 배경과 네오마르크스주의

(1) 루이 알튀세의 생애 배경

루이 피에르 알튀세(Louis Pierre Althusser, 1918~1990)는 제1차 세계대전이 종료된 1918년에 프랑스 북동부 알자스(Alsace) 지역에서 북아프리카의 프랑스령 알제리(Algérie)의 비르망드레이스(Birmendreïs)로 이주해 온 아버지 샤를 조제프 알튀세와 어머니 뤼시엔 마르트 베르제 사이에서 태어났다. 당시 프랑스, 스페인, 이탈리아나 유대계의 이주민들은 알제리, 모르코, 튀니지와 같은 프랑스식민지에 거주하는 경우가 많았는데, 이른바 '피에 누아르(Pieds-noirs)'로 불렸다. 약 100만 명에 이르는 이들은 프랑스 본토인들에 비하여 차별적 시선을 받아야 했다.

그뿐만 아니라 알튀세의 출생에는 그의 아버지와 삼촌 사이에 얽힌 어머니 뤼시엔의 복잡한 결혼 사건이 깔려 있는 가정사의 문제도 있었다. 교사이던 알튀세의 어머니 뤼시엔은 결혼 전 알튀세의 삼촌이 되는 루이 알튀세와 연인관계에 있었다는 점이다. 그는 예술적 감성이 풍부한 섬세한 남자였지만 제1차 세계대전이 벌어지면서 그의 형이었던 샤를르 알튀세와 함께 징집이 되었고, 공교롭게도 동생 루이 알튀세만 전사하게 된다.

이에 매우 상심한 상태에 있던 뤼시엔은 휴가를 받아 돌아온 형 샤를르 알튀세의 위로를 받고 일종의 보상심리로 1918년 2월에 그와 결혼하게 된다. 하지만 연인이었던 루이 알튀세와는 달리 샤를르 알튀세는 마초적인 성격으로 결혼 후에는 처녀 시절부터 모아둔 뤼시엔의 전 재산마저 탕진해버린다. 이러한 과정에서 부부 사이가 멀어진 상태에서 비극적으로 루이 알튀세가 태어났고, 루이라는 이름도 어머니 뤼시엔이 과거 연인이자 루이 알튀세의 삼촌 이름이었던 '루이'를 그대로 붙여주었던 것으로 전해진다.

따라서 알튀세의 부모 사이는 이혼은 하지 않았지만 화목하지 못했고 어린 알튀세도 부모로부터 사랑을 받지 못하고 성장하게 된다. 이는 알튀세가 성장 후 평생 신경안정제와 우울증치료제를 복용해야 했던 원인이 되었다고 볼 수 있다. 아울러 후일에 알튀세가 제2차 세계대전에 참전하였다가 독일군 포로가 되어 수용소에서 만났던 열렬한 공산주의자에게 쉽게 빠진 것도 어린 시기에 사랑을 학습하지 못한 상태에서 이상만을 추구하다가 비롯된 것으로도 그의 자서전에서 밝히고 있기도 하다.

한편, 알튀세는 은행원이었던 아버지의 직장이동으로 1936년(18세)에 프랑스 리옹(Lyon)으로 이사한 후에는 리옹공립중등학교에 다녔다. 그러나 이 시기에도 알튀세는 독재적이고 권위적인 아버지와 아들인 자신에게만 집착했던 어머니와의 관계에서 비롯된 힘든 고통을 겪어야 했다. 이는 후일 알튀세가 반권위주의의 투사로 그리고 자유의 철학자로 나아가게 되는 근원이 되었다고 해석할 수 있다.

어릴 때부터 명석했던 알튀세는 제2차 세계대전이 일어났던 1939년(20세)에 파리의 명문 국립교원양성기관인 파리고등사범학교(에콜 노르말)에 합격했지만 우울증이 발병하여 입학이 미루어지기도 한다. 그 사이에 제2차 세계대전 시기인 1940년(21세)에 징집이 되어 독일군대와의 전투에 참전하게 된다. 그러나 1940년에 파리가 독일군대에 점령이 되면서 곧바로 독일군에 포로로 잡혀 독일의 북서쪽 도시 슐레스비히 홀슈타인(Schleswig-Holstein)에서 5년간 수용소 생활을 해야 했다. 이 시절에 알튀세는 정신적 불안정을 겪으면서 수용소에 있던 마르크스주의자가 펼치는 이상론에 매료된 것으로 보인다.

미국의 드와이트 아이젠하워 장군이 이끄는 연합군이 프랑스 북부 노르망디에 상륙함으로서 전황이 바뀌어 제2차 세계대전이 종전이 가까웠던 1945년 5월에 수용소에서 풀려난 알튀세는 다시 파리고등사범학교 철학과로 돌아가게 된다. 그리고 가스통 바슐라르(Gaston Bachelard, 1884~1962)의 지도로 헤겔사상을 연구하여 〈헤겔 철학에서의 내용 개념〉이라는 제목으로 1947년(29세)에는 석사학위를 취득하였다. 이후 1948년에는 대학강사나 교사가 될 수 있는 교수자격시험에도 합격하였지만, 알튀세는 신체적 · 정신적인 문제로 전기경련치료를 받기 시작하였다.

이러한 상태가 주기적으로 계속되자 알튀세는 정식 교수직을 얻지 못하고 대신 국립고등사범학교 레지던스홀(기숙사)에서 거주하며 강사생활을 수십 년간 이어가야 했다. 그러나 당시 알튀세의 강의에 대한 명성은 자자했는데, 그에게 수강한 학생으로는 미셸 푸코, 자크 데리다 등이 있었다.

한편, 이 시기에 알튀세는 다작을 하며 학문적 열정을 보였지만 자신만의 이론 구축보다는 마르크스주의에 대한 재해석이 많았다. 그 연장선상에서 1948년에 누이동생과 함께 공산당에 가입한 이후 당원으로서 공산당을 동조하거나 때로는 비판적인 글쓰기를 통해 현실참여적인 활동을 했던 것이다. 이러한 과정에서 출판된 저서를 보면『마르크스를 위하여』(1965),『자본론 읽기』(1968),『레닌 철학』(1971),『자기비판의 요소들』(1974) 등이 있다. 1975년(57세)에는 이러한 업적으로 프랑스 북부지역인 아미엥(Amiens)에 위치한 파카르디대학에서 국가박사학위를 받게 되었다.

그러나 이러한 업적에도 불구하고 알튀세는 평생 조울증 등의 정신적 질환으로 정신병 약을 닥치는 대로 먹고도 15년 이상을 정신병원을 오가며 보내야 하는 고통스러운 생활을 하였다. 그러던 중 1946년 1월에 리투아니아(Lithuania)의 유대인 여성 혁명가 출신인 엘렌 리트망(Héléne Rytman)을 만나 연인관계를 맺게 된다. 하지만 거의 30년간 동거하며 관계를 유지했지만 집안에서의 반대 등으로 알튀세의 아버지가 사망한 이듬해인 1976년(58세) 2월에 정식 결혼할 수 있었다.

그러나 아내 리트망 역시 우울증에 시달리고 있었는데, 그녀의 어린 시절 부모는 둘 다 질병으로 사망했고 독일군과 나치가 프랑스를 점령하고 있을 당시에는 레지스탕스로 활동하기도 한 것과도 상관이 있었다고 볼 수 있다. 따라서 알튀세와 리트망은 평소에도 둘 다 자살충동을 느끼고 있었고, 그중에서도 리트망은 열흘 이상이나 바깥으로 나가지 않아 기진맥진해지면 알튀세에게 죽여 달라고 요구하기도 하고, 경련을 일으키는 일이 많아서 알튀세가 마사지를 하곤 했다고 전해진다.

이러한 상황에서 알튀세는 리트망과 결혼한 지 4년만인 1980년(62세)에 그녀의 목을 졸라 사망케 한 사건이 발생한다. 이날도 리트망의 요구로 경련이 일어난 목과 어깨 마사지를 하다가 자신도 모르게 알튀세는 아내의 목을 조르는 사고를 일으키게 것이다. 아내가 사망한 것을 알게 된 알튀세가 미친 듯이 병원 당직 의사에 가서 사실을 알렸지만 자신도 제정신이 아니었던 상태였다고 전해진다. 이 사건으로 알튀세는 정신착란상태였다는 점에서 법적으로 무죄판결을 받았지만 3년간 파리 생트안 정신병원에서 생활해야 하는 감호처분을 받았다.

많이 알려지지 않은 책이지만 『철학에 관하여(*Sur la philosophie*)』는 알튀세가 바로 이러한 상황에서 후견인 보호 아래서 병원에서 저술했던 도서이다. 그리고 1983년에 생트안 정신병원을 나온 시기부터 그의 자서전 격인 『미래는 오래 지속된다(*L'avenir dure longtemps suivi de les faits*)』를 저술하게 된다. 알튀세는 이 책에서 "삶이란 모든 비극에도 불구하고 여전히 아름다울 수가 있다. 나 자신으로서 사랑받지 못했기에 청춘이 없었던 나로서는 곧 인생이 끝나게 될 것이다. 하지만 젊게 느껴지고, 미래는 오래 지속된다."라고 말한다.

이는 마치 가톨릭 신자였던 그가 마르크스주의자로서 프랑스 공산당을 선도하는 이론가로서 생을 살았던 전부를 보여주는 듯하다. 알튀세는 소비에트연방이 붕괴된 시기인 1990년 10월 22일 72세에 심장발작으로 죽을 때까지 10년간을 후견인의 감호 아래 법적 권리가 없는 금치산 상태에서 살아야 했다.

(2) 루이 알튀세와 네오마르크스주의

알튀세는 20세기 후반의 프랑스 공산당을 선도하는 이론가였으며 최고의 마르크스주의 철학자로 평가된다. 철학적으로는 마르크스주의와 구조주의를 융합한 구조적 마르크스주의자 혹은 포스트구조주의자로 지칭할 수 있지만 그의 사상적 뿌리와 평생 동안의 활동은 마르크스주의에 있었다고 볼 수 있기 때문이다. 그러나 파리고등사범학교 철학과 지도강사 시절의 제자였던 푸코나 데리다, 그리고 평소 친숙하게 지냈던 라캉 등이 68

혁명(5월 혁명)에 적극적으로 가담했던 것과는 다르게 알튀세는 공산당 당원이었지만 68혁명에는 참여하지 않았다.

이를 두고 당시의 많은 지식인들은 알튀세를 비난했고, 심지어 그가 가톨릭을 믿는 중산층 가정에서 출생한 것을 그 배경으로 지목하기도 했다. 그러나 그 당시 알튀세의 행적을 보면 1967년에 그의 대표작인 『마르크스를 위하여』를 출간하였고, 1968년 2월부터는 이탈리아 공산당 잡지에 꾸준히 기고하면서 역할을 다했으며, 프랑스철학학회에서도 '레닌과 철학'이라는 제목으로 강연을 이어갔다. 아울러 그해 9월부터 시작된 엘렌 리트망(Hélène Rytman)과의 동거를 앞두고 정신적인 부담도 많았을 것으로 추정된다.

알튀세의 사상은 같은 마르크스주의를 계승하는 신마르크스주의(Neo-Marxism)로 볼 수는 있지만 네오 마르크스주의자로 분류되는 안토니오 그람시(Antonio Gramsci, 1891~1937), 게오르그 루카치(Georg Lukacs, 1885~1971), 막스 호르크하이머(Max Horkheimer, 1891~1937) 등에 의해 설립된 프랑크푸르트학파가 주장하는 '비판이론(Critical Theory)'과는 차이가 난다.

막스 호르크하이머(Max Horkheimer, 1891~1937), 데오도어 아도르노(Adorno, 1898~1979), 마르쿠제(Marcuse, 1898~1979), 에리히 프롬(Erich Fromm, 1900~1980) 등은 1923년에 프랑크푸르트대학의 부설 사회과학연구소를 중심으로 학파를 형성한 후, 1933년 1월에 히틀러가 정권을 장악하자 1933년 이후에는 미국의 사립종합대학인 컬럼비아대학으로 망명(이주)하여 활동한다. 이들은 1950년까지의 망명 기간 동안 후기 자본주의사회를 비판하는 소위 '비판이론(Critical Theory)'을 통하여 신마르크스주의 형성에 기여했기 때문이다.

그리고 제2차 세계대전이 종료되고 유럽에 안정기가 찾아온 1950년에 다시 대부분의 마르크스주의 학자들이 독일로 귀국하였고, 마르쿠제 등의 일부 사상가는 미국에 남아서 현대적 입장에서 네오 마르크스주의를 이어간다. 그중에서 테오도어 아르드노(Theodor Ludwig Wiesengrund Adorno, 1903~1969)의 제자인 위르겐 하버마스(Jürgen Habermas)나 클라우스 오페(Claus Offe) 등은 마르크스 사상을 이어간 네오 마르크스주의의 대표적인 인물이다. 그러나 이러한 사상적 흐름은 소련이 체코에서 1968년 1월에서 8월까지 이어진 반소운동(프라하의 봄)을 진압한 사태 이후 소련 중심의 세계공산주의 체제에 반발하여 유고슬라비아 공화국의 티토(Josip Broz Tito) 대통령 등이 설립한 유럽 공산주의(EURO communism), 즉 유고연방[12] 체제까지도 이어지게 된다. 그러나 1990년 초반의 소비에트연방 붕괴와 함께 유고연방 체제도 무너지면서부터는 신마르크스주의는 더욱 고립되기에 이른다.

알튀세는 이러한 신마르크스주의의 흐름에서 루카치(György Lukács, 1885~1971)를 비롯하여 호르크하이머, 아도르노, 에리히 프롬, 마르쿠제 등의 프랑크푸르트학파 사상가들이 주장한 '인간주의적(헤겔적) 마르크스주의'에 반대하는 사상을 전개했다. 여기에서 인간주의적 마르크스주의란 청년 마르크스의 저작에서 나타나는 자본주의적 소외 및 착취에 대한 비판과 인간주의적 이상에 초점을 둔 사상을 의미한다. 알튀세는 이러한 인간주의적 마르크스주의가 마르크스 사상에 대한 정확한 이해 방식이 아니며 정치적인 대안도 아니라는 인식을 가지고 있었던 것이다.

이러한 맥락에서 알튀세는 1960년대 초부터 1964년까지 프랑스의 좌파 월간지에 기고한 글들을 정리하여 1965년에 처음 출간한 『마르크스(주의)를 위하여』라는 '과학적 마르크스주의'로 불리는 구조주의적 마르크스주의를 그 대안으로 제시하였다. 이를 계기로 알튀세는 일약 유명인사로 떠오르게 된 것이었다. 이 책에서 알튀세가 주장한 마르크스 사상의 핵심은 헤겔 사상과 포이어바흐의 문제설정에 사로잡혀 있는 마르크스의 청년기 저작이 아니라 『자본론』 발간 이후의 후기 마르크스 사상에 담겨 있다고 본 것이다.

12) 일곱 개의 국경, 여섯 개의 공화국, 다섯 개의 민족, 네 개의 언어, 세 개의 종교, 두 개의 문자, 하나의 국가가 유고연방을 나타내는 말인데, 유고슬라비아는 1918년 '세르비아-크로아티아-슬로베니아 왕국'으로 출발해 1945년 나치의 지배로부터 해방된 뒤부터 나치독일에 대한 저항운동을 주도한 빨치산 출신의 요시프 티토에 의해 35년간 1인 지배로 통치되었다. 흔히 소비에트 사회주의 공화국 연방(Union of Soviet Socialist Republic, USSR)의 위성국가로 이해되었지만, 티토는 소련과 맞서서 대립의 감정을 바탕으로 유고 지역을 연대하였다. 그러나 1980년 5월 티토가 사망하자, 집단지도 체제로 바뀌었고, 순번을 정하여 각 공화국에서 차례로 대통령을 뽑는 방법으로 연방은 명맥을 유지하던 중 1989년 공산주의 정권들의 도미노 붕괴를 계기로 분리 독립운동이 전개되면서 2006년에는 완전히 해체되었다. 오늘날에는 세르비아, 크로아티아, 보스니아 헤르체고비나, 슬로베니아, 마케도니아, 몬테네그로 6개 국가로 존재한다.

2) 루이 알튀세의 마르크스주의적 포스트구조주의 체계

독일과 프랑스에서 1930년대에 번성한 프랑크푸르트학파는 소위 '비판이론(Critical Theory)'으로 신마르크스주의(Neo-Marxism)를 형성하게 된다. 그러나 1960년대의 포스트구조주의자들인 알튀세, 푸코, 데리다 등은 마르크스주의 입장에 기초를 두었지만 기존의 마르크스주의자들이 취했던 국가를 자본가 계급의 도구로 보는 단선적 인식에서 벗어나고자 하였다.

따라서 이들의 사상은 포스트 마르크스주의(Post Marxism)로도 표현할 수 있으며, 구조주의(structuralism) 학파적인 해석으로서 후기구조주의(포스트구조주의) 방식으로 발전시켰다고 볼 수 있다. 특히 알튀세는 구조주의를 마르크스주의에 적용(융합)하여 독자적인 포스트구조주의를 제시했다고 볼 수 있다.

알튀세의 이러한 사상은 '과학적 마르크스주의'로도 불리는데, 그는 『마르크스를 위하여』(1965)에서 그동안의 실증주의적·경험주의적 마르크스주의 해석과 마르크스주의를 실천의 철학으로 보는 루카치(György Lukács, 1885~1971)나 그람시(Antonio Gramsci, 1891~1937)의 휴머니즘적인 견해와 프랑크푸르트학파의 '비판이론' 등을 공격하고 있다.

이는 알튀세가 마르크스주의가 이데올로기나 사회철학이 아닌 과학이 되어야 함을 목표로 삼았다고 해석할 수 있다. 다시 말하면 알튀세는 마르크스가 『자본론』 등의 저서에서 '하나 이상의 생산양식이 지배적인 현실사회'를 지칭하는 개념으로 제시한 '사회구성체(Social Formation)'의 다양한 수준과 구조 사이의 과학적 관계에 관한 이론이 진정한 마르크스주의라고 보았던 것이다.

따라서 알튀세는 마르크스가 "물질적 하부구조가 정신적 상부구조를 결정한다."고 언급한 것에 고착된 구식(정통) 마르크스주의자들이 바라다보는 사회구성체 도식인 토대(하부구조) - 상부구조의 관점도 거부하는 관점을 보인다. 즉 토대(sub structure)는 생산력과 생산 관계로 구성되고, 사회의 나머지 모든 부분(문화, 제도, 정치권력, 종교, 국가정치 등)은 상부구조(super structure)로서 토대에 의해서 규정된다고 보는 모델을 공격한 것이다. 이러한 관점은 사회적 총체성(totality)이 노동-자본관계나 인간소외와 같은 단일한 본질을 통해 생산되는 통일개념이기 때문에 헤겔주의적인 관점이라고 본 것이다.

대신에 알튀세는 인류학자 레비-스트로스와 정신분석학자 프로이트나 라캉이 주장한 의식과 무의식 간의 이중적인 언어 구조주의적 방식의 결정론(중층결정론)을 차용한 사회적 총체성의 개념을 강조한다. 이는 마르크스주의에서의 사회적 총체성은 구조적이며 역사적으로 규정된 전체적인 복합체로 본다는 것을 의미한다.

알튀세의 이러한 포스트구조주의 철학은 그의 많은 저서 중에서도 『마르크스를 위하여(*Pour Marx*)』(1965)와 『자본론 읽기(자본론 독해, *Lire le Capital*)』(1965)에서 두드러진다. 한마디로 정리하면 알튀세는 마르크스주의가 헤겔의 관념론적인 해석으로 사회철학이 되는 것에 반대하고, 언어 구조주의적 과학이 되기를 바랐던 것이다. 이것은 알튀세가 마르크스의 후기 저작물에서 보인 과학적인 사유 성향에 영향을 받은 것으로 볼 수 있다.

즉 알튀세는 마르크스의 초기저작물인 『경제학과 철학 수고』(1844)[13]과 『독일 이데올로기』(1845~1846)에서 보이는 인간주의적이고 역사적인 성향과 후기의 『정치경제학 비판 요강』(1859)과 『자본론(자본: 정치경제학 비판)』(1867) 등에서의 과학적인 성향 간에는 인식론적 단절(epistemological break)이 존재한다고 주장하였다. 즉 개별적인 개념의 의미를 결정하는 체계 혹은 이론의 준거틀, 제기된 질문, 핵심적인 명제 등이 근본적으로 다르다고 하였다. 아울러 후기의 저작이 진정한 마르크스사상이라고 강조했다는 측면에서 마르크스주의적 포스트구조주의자로 볼 수 있다.

---

13) 1844년 4월에서 8월 사이에 마르크스가 쓴 필기 수고인데, 마르크스 살아 생애에는 출간되지 못하고 1933년 소련의 연구자들이 처음으로 출간하게 된다. 마르크스는 이 수고에서 포이어바흐의 '기독교의 본질(1841년)'에서 차용한 자신의 소외 이론, 즉 자본주의 체제하에서 사람들이 살기 위해 어떻게 '노동'에 더욱 의지하게 되는지를 설명하고 있다.

제2절 미셸 푸코의 생애 배경과 포스트구조주의

1. 미셸 푸코의 생애 배경과 알튀세와의 관계

미셸 푸코(Michel Foucault, 1926~1984)는 프랑스 중서부 지역에 위치한 푸아티에(Poitiers)에서 유력한 부르주아지 가정에서 태어나서 15개월 먼저 태어난 누나 프랑신과 1933년 태어난 동생 드니와 함께 성장하였다. 그의 아버지인 폴 미셸 푸코는 유명한 외과 의사였고 어머니인 안 말라페르 푸코는 푸아투 지방의 외과 의사의 딸로서 많은 농지와 땅을 물려받은 지주이기도 하였다. 따라서 그의 부모는 푸코와 동생 드니가 외과 의사가 되기를 원했으며, 집안의 분위기도 매우 엄격하였다.

이러한 기대에 부응하기 위해 푸코는 어린 시절부터 공부에 매진하였으나 푸아티에 중학교에 재학 시에는 언어와 역사 교과목에서는 매번 우수한 성적을 나타내었지만 수학 과목에는 유독 성적이 좋지 않았다. 이에 비하여 동생 드니는 수학을 비롯한 자연과학 영역의 성적이 우수하여 외과 의사의 길을 가게 된다. 이러한 상황에서 푸코는 극심한 심리적 위기를 겪게 되는데, 1940년 중학교 3학년이 되었을 무렵부터 파리에서 푸아티에로 이주해 온 학생들이 늘어나면서 언어와 역사 교과목에서도 교과 우수상을 석권하지 못하게 되고 결과적으로 평범한 학생 그룹으로 떨어지게 된 것이다.

이에 그의 어머니는 푸코를 스타니슬라스 가톨릭 종립 중등학교로 전학시켰는데 이곳에서도 종교적인 학교 분위기와 아버지가 요구하는 의학 공부에 대한 압박감으로 자살까지 시도하게 된다. 그러나 이곳에서 철학교사들로부터 철학에 대한 영향을 받아 철학 교과목에서 우수한 성적을 보이며 자신감을 회복하였다고 전해진다. 어느 정도의 자신감을 회복한 푸코는 푸아티에 있는 앙리 4세 리세(고등학교)에 설치된 소수정예 고등교육기관인 그랑제콜(Grandes Eoles) 준비반에도 들어가게 된다. 하지만 1945년에 프랑스 문과계열 최상위 그랑제콜의 하나인 파리고등사범학교(École Normale Supérieure, 에콜 노르말 쉬페리에르)[14] 입학 작문시험에서 낙방하게 된다. 오직 상위 100명만이 다음 시험단계인 구술시험에 응시할 수 있었는데, 푸코는 공교롭게도 101등이었던 것이다.

이렇게 되자 그의 어머니는 같은 해(18세)에 푸코를 파리의 앙리 4세 리세(고등학교)로 보내서 중고등과정 졸업시험이자 대학입학자격시험인 바칼로레아(Baccalauréat)[15]를 거쳐 다시 파리고등사범학교에 입학할 수 있도록 지원하게 된다. 이후 4수를 거쳐 1946년에 4등으로 입학한 파리고등사범학교(ENS)에서 푸코는 중등학교 시절처럼 자살을 기도할 정도로 불안을 겪지는 않았지만, 동성애적인 성적 정체성의 혼란과 비사교적인 성격으로 타인들과의 관계에서는 매번 갈등상황이 이어졌다. 결국 입학한 지 2년 만에 생트 안 정신병원에 입원해야 했다.

특히 푸코는 과대망상으로도 보일 만한 태도와 행동으로 많은 학생들과 언쟁을 벌였기 때문에 미움을 받고 외톨이로 생활해야 했으며, 그중의 한 사례는 1947년에 당대의 대부분의 고등사범학교 학생들처럼 프랑스 공산당에 가입신청을 하였지만 학생조합에 참여하지 않았다는 이유로 가입이 거절되었던 것을 들 수 있다. 이후 푸코는 파리고등사범학교 졸업(1951년)을 앞둔 1950년에야 알튀세의 추천으로 공산당에 가입할 수 있었지만 적극적으로 활동하지는 않았다. 그리고 스탈린의 소비에트 사회주의 공화국 연방(Union of Soviet Socialist Republic, USSR) 체제에서의 강제노동수용소를 담당하던 정부 기관인 '굴라크(Gulag)'에 대한 정보를 1953년에 접한 후에는 실망하

14) 문과계열이 중심인 파리고등사범학교(에콜 노르말 쉬페리외르)는 이과계열의 에콜 폴리테크니크와 함께 대학과는 계통이 다른 프랑스 특유의 소수정예 고등교육기관인 그랑제콜(grandes écoles)의 하나이다. 원래 리세(고등학교)의 교사양성이 원래 목적이었으나 졸업 시 석사학위를 취득하고 대학교수 자격을 취득하는 사람이 많으며 입학 선발이 엄격하여 18~23세의 청년이 대학입학자격(바칼로레아)을 취득한 후 약 2년간의 준비과정을 거쳐 입학시험에 합격해야만 하며 수습공무원의 자격을 가지며, 국가로부터 수업료 전액과 일정한 급여도 받는다.

15) 바칼로레아는 나폴레옹 시대였던 1808년에 만들어졌으며, 20점 만전에 10점 이상 점수를 획득하면 대학에 지원 가능한데 합격률이 10% 이내일 정도의 난이도가 한동안 유지되었다. 따라서 많은 유학생들은 바칼로레아를 치지 않고 각국의 수능시험 형태를 거쳐 대학 입학증을 받는다.

여 아예 탈퇴하였다.

한편, 파리고등사범학교에 재학하는 동안에 그러나 스승인 장 이폴리트(Jean Hyppolite, 1907~1968)나 모리스 메를로퐁티(Maurice Merleau-Ponty, 1908~1961) 등의 인문학 강의에 심취하여 동기들 중에서 푸코는 가장 뛰어난 학생으로 평가받게 되었다. 하지만 이 시기에도 두 차례의 자살소동을 벌일 정도로 정신병에도 시달려야 했다. 그리고 부모님에게나 학교에서는 공개적으로 말을 못 했지만 그 원인이 자신의 동성애적 정체성을 감추어야 했던 억압적 충동에 있음을 알고 그에 대한 해결책을 찾게 된다.

이는 그가 소르본대학에서 심리학과 정신병리학에 대한 공부를 병행하여 1949년에 심리학 학사학위를 받고, 심리학 교사 자격을 1950년에 받은 것이나 1952년에 정신병리학 학위를 받은 것을 보더라도 알 수 있다. 아울러 그의 아버지가 그토록 원했던 의사의 길을 가지 못하고 인문학도의 길을 가게 된 것의 배경이 되었다고도 볼 수 있다.

물론 푸코는 같은 시기인 1950년에 철학 교수(교사) 자격시험인 아그레가시옹(Agrégation)에 실패한 이후에 1951년(26세)에 다시 도전하여 공동 2위로 교수(교사) 자격시험을 통과하여 1952년에 병리심리학 학위를 수여받았다. 이후 푸코는 알튀세의 추천으로 고등사범학교에서 심리학 강의를 하고, 릴대학(Lille University)에서도 조교로 재직하면서 심리학을 강의하였다.

더불어 정신병 환자들과 교도소 수감자들의 심리상태를 관찰하고 조사하여 1954년에 푸코의 최초 저술인 『정신병과 인격(정신병과 심리학)』을 발간하게 된다. 이는 푸코가 평생 동안 전개한 구조주의와 포스트구조주의 철학의 시발점이 되었다고 볼 수 있다. 아울러 개인사에 투영된 정신병과 동성애적 성욕에 대한 근대적 억압체계에 대한 반항이었다고도 볼 수 있다. 따라서 푸코의 철학은 자신의 삶을 옥죄고 있었던 정신병과 성적 정체성의 비정상성이 자신만의 문제가 아니라 사회 인식의 보편적 구조가 만들어 낸 것이라는 점을 역사적 자료에 의한 실증적 검토와 분석을 통해 밝히는 과정이 된 것이다.

1955년 8월에는 릴대학을 그만두고 스웨덴의 웁살라주에 이는 국립 웁살라대학(Uppsala University)으로 가게 되었는데, 프랑스문화대표단의 일원으로 지원하여 4년간 프랑스어와 프랑스문화지도 교사직 자격이었다. 이 시기에 푸코는 웁살라대학의 도서관 자료를 중심으로 정신병과 관련된 역사자료들을 광범위하게 수집하여 16세기부터 20세기 초에 이르는 유럽사회 전반의 2만여 건의 기록들을 정리하게 된다. 그리고 1958년 봄에 푸코는 파리로 돌아와서 박사학위 논문을 준비하며 그 자료들을 분석하게 된다.

그러나 같은 해에 폴란드 바르샤바대학(University of Warsaw)의 프랑스 연구소장으로 임명되어 폴란드로 떠나야 했고, 1959년에는 함부르크의 프랑스 문화원장으로도 임명되어 독일로 이주하게 된다. 1960년에 프랑스로 돌아와 오베르뉴(Auvergne) 지역의 클레르몽-페랑대학(University of Clermont-Ferrand)의 철학과 강사직을 수행하면서 소르본대학에 박사학위 논문을 청구하여 학위를 받게 된다. 당시 푸코는 웁살라대학에 먼저 박사학위를 신청했지만 논문을 심사한 교수들은 "논문이라기보다는 현란한 문학에 가깝다."는 이유를 들어 박사학위 수여를 거부했던 것으로 알려지고 있다.

1961년 5월 20일에 소르본대학에서 발표된 푸코의 박사학위 논문의 제목은 〈광기와 정신착란: 고전시대 광기의 역사〉이었다. 즉 광기로 지칭이 되는 심리현상이 정신병이 되어가는 역사에 관한 연구였는데, 1,000여 페이지에 달하는 저서로도 출판이 되면서 명성을 얻게 된다. 이 저작이 명저의 반열에 오르게 된 이유는 이성에 대한 근본적인 반성의 메시지를 담고 있다는 점이었다.

푸코는 소르본대학의 박사학위를 받은 1962년부터 클레르몽-페랑대학의 주임교수가 되었다. 이후 푸코는 파리의 소르본대학 교수직으로 가기를 원했지만 여의치 않자 1965년 9월에 튀니지[16]의 수도에 위치한 튀니스대학으로 옮겼다. 그리고 68혁명이 한창이던 1968년 말에 프랑스로 돌아

16) 푸코와 동시대 활동한 프랑스 석학으로서 전 파리정치대학 교수인 기 소르망(Guy Sorman)은 2021년 3월 28일 영국 더 선데이타임스와 인터뷰에서 푸코가 튀니지에서 머물던 이 시기에 8~10세 아랍계 소년들을 매수하여 성 착취를 저질렀다고 주장하였다. 푸코는 동성 연인과의 관계가 알려지기도 했으며, 1977년에는 장 폴 사르트르, 자크 데리다 등의 지성인들과 함께 13세 아동과의 성관계 합법화 청원에 서명하여 국회에 제출한 것으로 알려지고 있다.

와 파리 교외의 뱅센느(Vincennes)에 신규로 설치된 뱅센느대학(파리 제8대학) 철학과 학과장이 되었다. 당시 뱅센느대학은 68혁명의 여파로 파리대학이 분할되면서 신설된 좌익 계열의 학교, 즉 아방가르드(Avant-garde)적인 대학이었다.

따라서 푸코의 뱅센느대학 생활도 연일 계속된 집회와 시위로 혼란스러웠고, 2년이 지날 즈음인 1968년 10월에 고등연구교육기관인 콜레주 드 프랑스(Collège de France)의 철학과 교수였던 장 이폴리트(Jean Hyppolite, 1907~1968)가 사망하자 후임교수로 지원하게 된다. 장 이폴리트는 푸코가 에콜 노르말 쉬페리에르(파리고등사범학교) 준비반 시절부터 스승이었는데, 푸코는 다른 두 후보자와의 치열한 경쟁을 거쳐 사상사 교수로 임용이 된다.

꿈에 그리던 프랑스 최고의 국립교원양성기관인 노르말 쉬페리에르(파리고등사범학교)의 교수가 된 푸코는 1970년 12월 2일의 취임 강의를 시작으로 구조주의와 포스트구조주의를 넘나드는 저작들을 발표해간다. 그중에서도 1971년 출간된 『담론의 질서(*L'Ordre du discours*)』는 푸코의 첫 강의로 구성되어 있다. 아울러 권력에 대한 고발과 저항의 길에도 뛰어들게 된다. 이러한 푸코의 저항활동은 역사적으로 보면, 볼테르(Voltaire, 1694~1778)가 '장 칼라스 사건'[17]을 다룬 『관용론(*Traite Sur La Tolerance*)』(1763)에서 보인 계몽사상에서 시작해 사르트르(1905~1980) 등의 실존주의 사상가들에게까지 이어지는 '앙가주망(engagement)[18]', 즉 지식인들의 사회참여 역사와도 맞물려 있다.

푸코 역시 사르트르와 같은 좌파지식인들과 함께 사회문제에 참여(engagement, 앙가주망)하여 1970년 9월에 일어난 정치범들의 단식투쟁에도 깊이 관심을 가지게 된 것이다. 뿐만 아니라 푸코는 질 들뢰즈(Gii Deleuze, 1925~1995)와 같은 동년배의 지식인들과는 1971년 2월에 '감옥정보모임

17) 1726년에 프랑스 남부 도시 툴루즈에서 개신교도(칼뱅파)였던 장 칼라스가 맏아들 마르크앙투안이 구교로 개종하려고 했기 때문에 살해했다는 누명을 쓰고 차형(車形)을 받게 된 사건이다.

18) 프랑스어의 '앙가주망(engagement)'은 장 폴 사르트르가 주로 사용함으로써, 그를 중심으로 하는 무신론적 실존주의 사상이 되었다. 그러나 사르트르가 주장한 앙가주망은 정치행동이나 사회참여에 한정되는 개념은 아니며, 시대와 상황에 속박되어 있으면서도 자유스러운 인간 주체가 자기를 실현하기 위한 자기구속, 자기책임이라는 개념으로도 볼 수 있다.

(Group Information Prisons, GIP)'도 결성하여 저항하였다. 그리고 푸코는 이 시기에 정신과 의사였던 펠릭스 가타리(Pierre-Félix Guattari, 1930~1992)나 자크 라캉(1901~1981)과도 교류하게 된다.

푸코는 학생 시절부터 자살을 기도할 정도로 평생 조울병에 시달렸고, 1952년에는 소르본대학에서 정신병리학 학위도 받았으며, 최초로 쓴 저서도 『정신병과 인격(정신병과 심리학)』(1954)이었다는 점에서 이들과의 만남은 푸코에게는 필요 그 이상의 동기부여도 되었던 것으로 보인다.

이러한 푸코의 권력에 대한 저항 정신은 프랑스를 벗어난 국외에서도 이어졌다. 1975년 9월에는 스페인에서 영화배우 이브 몽탕(Yves Montand, 1921~1991)과 함께 스페인 내전에서 승리한 프란시스코 프랑코(Francisco Franco)가 스페인 제2공화국을 해체하고 수립한 프랑코 독재정권의 정치범 탄압에 대해서도 시위활동에 참여한 것이다.

그리고 1978년 9월부터 푸코는 이란의 팔레비(Pahlavi) 왕정(1925~1979)[19]의 인권침해를 고발하기 위한 시위활동에도 참여하고, 1981년 12월에는 사회철학자 피에르 부르디외(Pierre Bourdieu, 1930~2002)와 함께 폴란드의 군부정권이 민주화운동을 무력으로 진압한 사건에 대한 시국선언문 작성에도 참여하였다. 이 선언문으로 인하여 푸코는 당시 프랑스 사회당 정부의 미테랑 대통령과도 논쟁하기도 하다가 이를 피해 1983년에는 미국의 캘리포니아대학 버클리 분교에서 잠시 머물며 강의를 맡게 된다.

이처럼 푸코가 활동한 시기는 철학사적으로 프랑스에서 실존주의가 퇴락하고 실존주의와 마르크스주의를 접합시키려는 사르트르(Jean-Paul Sartre, 1905~1980)의 문학적 철학이 실패로 규명되는 시점과 맞닿아 있었다. 따라서 당시 프랑스 철학은 후설과 하이데거로 대표되는 독일적인 영향의 실존주의를 버리고 영미권의 '분석철학'을 받아들이려는 풍조가 있었다. 또 다른 기류에서는 프랑스 철학의 자생을 추구하는 풍조도 있었다.

19) 1979년 2월 11일에는 이슬람 시아파 지도자 루홀라 호메이니가 이끄는 혁명 세력이 친미 팔레비 왕정을 무너뜨리고 이란이슬람공화국을 수립했다. 이들은 서구 문화와 제도를 배척하고 이슬람 원리주의를 추구했으며, 종교 지도자가 통치하는 신정(神政) 국가를 수립했다.

이러한 풍조에서 푸코는 사르트르 이후 프랑스 철학의 영향력이 뚜렷하지 못했던 상황을 다시 반전시키는 역할로 가장 영향력 있는 포스트구조주의자의 거물로 위치하게 된다. 그러나 푸코는 그 자신이 구조주의자나 후기구조주의자로 불리는 것을 거부하고 스스로는 계몽주의자임을 주장했다. 하지만 계몽주의 사상과는 거리가 있었는데, 푸코는 이성을 통한 지위획득이라는 개념에 반대하고 이성이 오히려 인간을 억압하고 규제한다고 주장했기 때문이다. 한편, 그의 생애도 그리 길지 못했는데, 1984년 6월 (58세)에 미국에서 파리로 돌아와 후천성면역결핍증(AIDS)의 합병증으로 고통을 받다가 갑자기 아파트에서 쓰러져 피티에살페트리에 병원(Pitié-Salpêtrière University Hospital)으로 이송했으나 6월 25일에 사망하였다.

2. 미셸 푸코의 포스트모더니즘적 포스트구조주의 체계

1) 『말과 사물: 인간과학의 고고학』에서의 포스트구조주의 체계

미셸 푸코는 구조주의와 포스트구조주의를 망라하는 철학자이기도 하지만 '권력과 지식 사이의 관계'라는 개념에 기초한 권력의 분석 틀은 질 들뢰즈(Gilles Deleuze, 1925~1995)에 의해 받아들여지고 정식화되어 영향력을 미치게 된다. 따라서 미국이나 유럽 사회학자들의 인문학 분야의 학술논문 인용지수(Web of Science)에서도 최상위에 오르고 있을 정도이다. 이러한 관점에서 푸코는 포스트구조주의 철학자이자 사회학자로도 영향성이 큰 학자라고 할 수 있다.

푸코가 이처럼 가장 유력한 후기구조주의자(포스트구조주의자)로 떠오르게 된 배경에는 역사와 철학을 접목하여 구조주의와 포스트구조주의 사상에 걸쳐있는 저서들을 집필하고 발간하였다는 점에 있다. 푸코의 주요 저서로는 1960년 프랑스 국가박사학위 논문으로 제출되었던 『광기의 역사(광기와 문명, *Madness and Civilization*)』(1961), 『임상병원의 탄생』(1963), 『말과 사물: 인간과학의 고고학(사물들의 층위)』(1966), 『지식의 고고학』(1969), 『담론의 질서』

(1971), 『감시와 처벌』(1975), 『성(性)의 역사 3권』(1976~1984)이 대표작이다.

이 중에서 『말과 사물: 인간과학의 고고학(*Les mots et les choses*)』(1966)은 당대의 최고 사상가였던 사르트르와의 논쟁을 이끌어내어 구조주의자로서의 자신의 위치를 설정하게 된 작품이기도 하였다. 이 책은 원래 푸코가 1961년 소르본대학에 국가박사학위 주 논문으로 〈광기와 정신착란: 고전시대 광기의 역사〉를 제출하면서 부 논문 제출요건에 맞추기 위해 작업했던 칸트의 비판철학(선험적 관념론)에 관련된 사상에 기초한다. 푸코는 당시 칸트의 『실용적 관점에서 본 인간학』을 프랑스어로 번역하고 칸트의 선험적 관념론과 관련된 『서설』을 부 논문으로 제출했던 것이다.

푸코가 『말과 사물: 인간과학의 고고학』(1966)을 집필하고 있었던 시기의 유럽 사회는 철학사적으로 '구조주의' 논쟁이 한창이었는데, 당시의 구조주의자들은 사르트르가 개인의 자유로운 의지에 의해 주체가 구성된다고 본 실존주의의 견해를 공격하였다. 실존주의가 주장하는 인간주체란 사회나 문화체계의 특수한 효과에 불과한 것으로 보았던 것이다.

시기적으로 보면, 초기 구조주의 인류학자인 레비-스트로스는 사르트르의 실존철학을 현대의 신화에 불과하다고 공격했고, 푸코도 사르트르의 휴머니즘적 실존주의가 신비화라고 규정하였다. 즉 사르트르의 대표작인 『존재와 무』(1943)가 제2차 세계대전 직후의 세계를 지배한 철학서로 간주되었지만, 레비-스트로스를 비롯하여 푸코 등의 구조주의 철학자들은 19세기적 사유방식의 철학으로 간주하고 공격했던 것이다.

푸코의 『말과 사물: 인간과학의 고고학』은 '인간과학에 대한 고고학'이라는 부제가 말해주듯이, 르네상스 시대 이후 현대에 이르기까지의 인간인식 구조가 어떻게 변화해왔는지를 칸트의 입장에서 기술하고 있다. 즉 푸코는 고고학자들이 유적을 발굴하듯이 수많은 구체적 문헌자료들을 발굴하여 각 시대를 지배하는 '에피스테메(epistēmē)', 즉 인식의 틀을 밝히려고 했던 것이다. 푸코는 이 책에서 그리스어로 '참된 진리'를 뜻하는 에피스테메(epistēmē)를 특정한 시대의 학문분야(과학, Science)나 지식(Knowledge)을 대상으로 추출되는 '담론의 질서' 또는 철학사의 '선험적 여건'이라고 규정하고 있다.

여기서 푸코가 분석하는 인간주체의 철학은 소크라테스 이후의 형이상학적 전통지식이 재현되어오다가 현대의 관념론이나 유물론 역시도 여전히 전통적 재현의 세계를 다루며 모든 과학들의 공통 문법을 이룩하려는 연장선상에 있다는 점을 비판한 것이다. 이러한 사유방식은 그의 제자 격이었던 자크 데리다(Jacques Derrida, 1930~2004)에 의해 '해체주의(解體主義)'로도 이어진다.

이렇게 보면 칸트가 제시한 '선험적 관념론'이 말 그대로 재현의 세계를 다루면서도 경험론과 합리론을 비판적으로 받아들임으로써, 경험적 탐구에 의한 지식들이 선험적 인간인식에 의해 실증되는 최초의 철학이 된다. 푸코가 집중적으로 분석하고 비판하는 것도 바로 이 지점이다. 푸코는 마르크스가 주장한 역사적 유물론이나 변증법적 유물론, 사르트르의 실존주의 역시도 이러한 범주를 벗어나지 못했다고 동시에 비판하고 있는 것이다. 이러한 관점에서 보면, 『말과 사물: 인간과학의 고고학』은 직접적으로는 칸트사상의 독해에 의한 현대까지의 전통적 인식방법론에 대한 비판이지만, 크게 보면 푸코의 구조주의적이고도 포스트구조주의적인 사상전개의 기초 지점에 있다고 볼 수 있다.

바로 푸코가 『말과 사물: 인간과학의 고고학』을 출간한 이후 책 내용에 관한 인터뷰 중에 사르트르를 '20세기를 사유하려는 19세기 인간' 쯤으로 공격하면서 2년간 사상적 논쟁을 벌였던 것은 그의 사상적 모습을 세상에 드러낸 시작점이 되었다고 볼 수 있는 것이다. 이때 사르트르는 발끈해서 "부르주아지가 마르크스에 대항해 마지막 댐을 건설한다."고 맞받아치며 푸코를 부르주아지의 옹호자로 몰아세운 것으로 전해진다.

하지만 푸코의 이러한 사상적 시작점에는 당시의 많은 지식인들이 동조하지는 않았는데, 기본적으로 그는 반-실존주의자, 반-마르크스주의자로 불렸으며, 푸코가 칸트 사상을 전개하는 방식에 대해서도 칸트주의자 혹은 반-칸트주의자로도 불리는 등 여러 철학자의 계보들이 동시에 거론되며 공격을 받았던 것이다. 아울러 소크라테스 이후의 플라톤 사상인 전통적 형이상학에 반역하는 니체주의자로도 지칭이 되는가 하면, 구조주의자, 포스트구조주의자, 포스트모던주의자로도 동시에 불리게 된다.

그만큼 『말과 사물: 인간과학의 고고학』은 당대 철학자들의 사유방식과 공존하기 힘든 내용을 담고 있었다고 볼 수 있다. 이처럼 푸코가 공격의 대상이 되자 푸코의 스승이었던 장 이폴리트(Jean Hyppolite, 1907~1968)는 『말과 사물: 인간과학의 고고학』에 대하여 비극적인 책이라고 말하였다고 한다. 이에 푸코는 "아마도 선생님밖에 그 책을 제대로 읽은 사람이 없을 것이다."라고 반응했다고 전해진다.

그렇지만 사르트르와 벌인 논쟁으로 이 책은 푸코에게 대중적으로는 많이 푸코를 세상에 알리는 기회를 제공했는데, 마치 모닝 빵처럼 팔려나가 휴양지에서조차도 두꺼운 『말과 사물: 인간과학의 고고학』을 들고 다니는 사람들이 많았다고 한다. 아울러 대중매체인 TV프로에 출연하여 책 내용을 설명하기도 했던 것이 그 사례이다. 이처럼 『말과 사물: 인간과학의 고고학』은 푸코에게는 비판과 함께 대중적 성공이 중첩되는 역할을 하였다고 볼 수 있다.

2) 『담론의 질서』에서의 포스트구조주의 체계

장 이폴리트는 스승으로서 푸코에 대해 지적하기도 했지만 근본적으로는 신뢰가 두터웠는데, 푸코는 이폴리트가 사망한 이후 '사유체계의 역사'라는 강좌를 맡아 고등연구교육기관인 콜레주 드 프랑스(Collège de France)[20]의 후임교수로 1970년(43세)에 부임하게 된다. 푸코의 콜레주 드 프랑스의 교수 취임강의는 1970년 12월 2일에 이루어졌으며, 그 내용은 『담론의 질서(*L'Ordre du Discours*)』(1971)로 출판이 되었다.

이 책에서 푸코는 담론(discourse)이 일반적인 담화(conversation)와 구별되는 특징을 제시하고 있다. 그리고 일반적인 말하기(talk), 말하는 행위(the act of

20) '콜레주 드 프랑스'는 당시는 파리대학에 인문학 강좌가 없었기 때문에 1530년 프랑수와 1세 왕실 문고 담당자이자 고대 그리스 문학 번역가인 기욤 뷔데(Guillaume Budé)가 왕에게 인문학자들이 강의를 하는 교육기관을 만들 것을 건의하여 창설되었다. 현재의 교육과정은 수학, 자연과학, 철학, 사회학, 역사학, 언어학, 고고학의 7가지 과목으로 이루어져 있다.

speaking)의 의미와도 다르게 규정한다. 다시 말하면 담론(discourse)에는 권력이나 감시의 목적이 깔려있다고 보고, 그것을 정당화하기 위한 언술체계(말하기와 글쓰기를 포함)라고 보았다. 즉 권력의 계보학 차원에서 정의한 것이다.

따라서 지배계층에서 사용하는 담론은 피지배계층에게 그들의 지식과 권력을 규율(감시)로서 언술한다고 푸코는 갈파한다. 같은 맥락에서 푸코는 광인과 죄수가 감시와 교화의 대상이 된다고 인식하는 언술체계는 지배계층이 가진 권력을 정당화하기 위해 만들어 낸 담론이라고 규정한다. 그러므로 푸코의 견해에서는 '진실(truth)'이나 '진리'라고 일컬어지는 것도 본래부터 기원된 것이 아니라 지배계층들이 현실을 조작하고 생산하는 담론의 효과(effect)에 불과한 것으로 규정된다.

더 나아가서 푸코는 담론이 지배계층들이 주로 진실을 호도하거나 은폐하는 차원에서 사용하는 이데올로기(ideology)의 부정적 의미보다도 더 복잡한 개념을 가지고 있다고 지적한다. 아울러 그것이 지배계층의 권력을 유지하기 위한 현실변화와 진리(에피스테메, epistēmē)까지도 생산하는 특징이 있다고 비판한다.

3) 『감시와 처벌』에서의 포스트구조주의 체계

1970년대 이후 집중된 푸코의 권력의 계보학(genealogy, 系譜學)에 대한 연구는 『감시와 처벌(*Surveiller et Punir*)』(1975)에서 더욱 발전된다. 즉 『감시와 처벌』에서는 죄수와 감옥(판옵티콘, panopticon)이라는 형벌제도가 다루어지고 있고, 『성의 역사 3권』에서는 동성애자라는 비정상인을 대상으로 이루어지는 지배계층의 권력구조의 책략을 비판하고 있다.

『감시와 처벌』의 세부 내용을 보면, 절대왕정시대인 1757년 루이 15세(Louis XV)를 죽이려다가 미수에 그친 '다미앵'이라는 정신병자가 광장에서 잔인하게 공개 처형당하는 이야기에서 시작하여 권력이 보이지 않는 곳에서 인간을 감시하고 통제하는 사례들을 사회학적으로 분석하고 있다.

즉 푸코는 권력의 계보학을 본격적으로 분석하면서도 현대적 감시사회의 기원을 규명하고 있는 것이다. 이는 오늘날 현대인들의 정체성이 권력 관계의 산물로서 그 힘은 개인이나 집단에 독점적으로 소유될 수 없고, 사유를 구조화하는 사회적인 현상의 힘이라는 관점을 보여준다. 특히 푸코는 이 책에서 1791년 영국의 법학자이자 공리주의 철학자 제러미 벤담(Jeremy Bentham)이 죄수를 효과적으로 감시할 목적으로 설계했던 원형감옥 '파놉티콘(panopticon)'의 사례를 든다.

현대사회의 감시체계 원리가 사회 전반에 파고들고 있음을 지적하고 있는 것이다. 'panopticon'에서 'pan'은 '모두'를 뜻하고 'opticon'은 '본다'라는 뜻이 있다. 이러한 감옥은 중앙의 원형 공간에 높은 탑을 세워서 원형공간의 바깥에 설치된 죄수들의 방을 감시하게 되므로 죄수들은 감시권력의 관찰과 감시라는 도구에 의해 규범을 어길 경우에 벌칙기제로서 통제받게 되는 원리에서 설계된 것이기 때문이다.

마찬가지로 푸코에게는 '학교' 역시 지배계층의 권력유지를 위한 감시와 처벌의 기제(메커니즘)가 된다. 크게 보면 '판옵티시즘(panopticism)'으로 간주되는 것이다. 학교의 대표적인 감시 메커니즘은 시험이나 측정(measurement)이라는 통제수단을 두어 개별적 행동이나 태도보다는 기존의 규율이나 질서에 순응하도록 규격화(moralization)한다는 주장이다. 그리고 학생들을 '우등생'과 '열등생'으로 구분함으로써 '훈육하는 권력(disciplinary power)'에 저항하지 못하도록 하는 억압성과 생산성을 가지고 있다고 분석한다.

이러한 맥락에서 푸코는 지식(knowledge)을 권력(power) 유지의 수단으로 보는 교육을 비판하는 '훈육론'의 견지에 있다고 볼 수 있다. 그러나 푸코의 이러한 구조주의적이고 포스트구조주의적인 사상은 인간주체의 역동성이나 저항성(반항성)을 고려하지 않는다는 한계도 엿보인다. 구조주의가 인간의 주체성과 역사성을 내세우는 실존주의와 대립하여 우리 사회에는 언어, 사회구조, 정신 등을 지배하는 보편적 구조가 존재한다고 전제한다는 점이 그것이다. 이것은 개개인의 특성이 결국 보편적인 구조에 의해 마련된다고 보는 관점이라는 점에서는 개인의 저항성이나 역동성의 여지가 많지 않다는 점에서 비판받을 수 있는 것이다.

4) 『성의 역사』에서의 포스트구조주의 체계

『성의 역사(*L'Histoire de la sexualité*)〉』(1976~1984)는 푸코의 만년기 사상을 가늠할 수 있다. 전체적으로 세 권으로 구성되어 있으며, 사망 후 유작을 정리하여 제4권이 2018년에 출간되었다. 푸코는 플라톤의 '향연'에 등장하는 동성애적 소아성애인 '남색'을 찬양하면서 그것을 실제로 수행한 푸코다. 푸코는 제2권과 제3권을 탈고한 해인 1984년에 후천성 면역결핍증(AIDS)으로 58세의 나이로 사망하게 된다. 이를 보더라도 푸코는 자신의 성적 정체성이 동성애자였기 때문에 주류사회의 권력구조에서 비정상인을 옹호하는 견해를 전개하고 있다고 볼 수 있다.

세부적인 내용을 보면 다음에서와 같다.

제1권 『지식의 의지(*La volonté de savoir*)』(1976)에서는 성에 대한 억압의 가설[21)]을 분석하고, 그것이 출현한 배경에는 권력의 책략이 있다는 점에서 허구성을 논의한다. 아울러 성적인 쾌락이나 욕망은 선험적으로 존재하는 생물학적 실체가 아니라 특수한 사회적 실천과정에서 역사적으로 구성된다고 보고 있다. 이는 성적 쾌락의 도덕적인 문제설정이라고 볼 수 있다.

제2권과 제3권은 1984년 같은 해에 출간이 되었다. 제3권 『쾌락의 활용(*L'usage des plaisirs*)』(1984)에서는 성을 억압된 것으로 보고, 남색과 소년들에 대한 사랑의 가능성을 언급하고 있다. 즉 성인을 유혹하는 소아들의 성 욕망이 억압되어서는 안 된다는 주장을 하고 있는 것이다. 제4권은 『자기에의 배려(*Le souci de soi*)』(1984)라는 제목으로 출간하였다. 제2권과 제3권에서는 중세의 기독교 권력이 고착되기 전인 고대 그리스-로마의 성윤리와 고대 이교도의 사례들을 들어서 그의 주장들을 설명하고 있다. 즉 플라톤의 『향연』에 등장하는 나이 많은 지성인들의 동성애적 소아성애인 '남색'을 찬양하고 있는 것이다.

제4권 『육체의 고백(*Les aveux de la chair*)』(2018)은 사후 14년만인 2018년에 유

---

21) 『성의 역사(*L'Histoire de la sexualité*)』에서 푸코가 세운 가설은 "성은 억압되지 않았다."는 것인데, 억압 대신 선동과 증대가 이뤄지고 거기로부터 수많은 '권력망'이 생겨났기 때문에 '억압의 역사'를 가진 것으로 치부된다는 주장이다.

작을 정리하여 출간한 것인데, 초기 기독교 교리 형성과정을 분석하면서, 죄를 짓지 않았는데도 진실을 고백해야 하는 동성애의 억압적 권력 구조를 역사적 담론으로 전개하고 있다. 이는 후에 성소수자인 퀴어 신학(Queer theology)[22]으로도 지칭이 된다. 이렇듯 푸코는 성인과 미성년자와의 합의된 섹스인 소아성애에 대한 지지자였던 것이다.

이처럼 푸코는 『성의 역사』를 저술했던 1976년 이후부터는 권력론에서도 선험적이고 보편적인 구조에서의 절대적 진리가 초래한 억압적 부분을 문제로 삼고 있다. 이렇게 볼 때 생애 후반기의 푸코 사상은 보편적 구조가 존재한다고 보는 구조주의 입장에서 포스트구조주의자의 입장으로 변화하는 것으로 분석할 수 있다. 즉 그의 후기구조주의에서는 그러한 보편적 구조에서의 한계인 역사성과 상대성을 강조하여, 급진적으로는 보편적 구조를 해체하려는 사상으로 변화한 것이다.

이것은 역사성과 상대성을 고려하고, 근대적 합리성으로 보편적 진리를 주장하는 모더니즘에는 반대하는 차원에서는 포스트모더니즘적 전환이라고도 볼 수 있다. 물론 『감시와 처벌』(1975)에서 보인 지식론과 권력론에 따른 교육 비판과 훈육론 역시 근대적 합리성에 대한 학교 제도의 설명과는 다른 입장을 보였다. 이러한 맥락에서 관념의 세계를 공허하게 헤매는 여느 철학자들과는 달리 치밀한 역사적 자료수집을 바탕으로 자신의 주장을 설명하고 사회적 참여에도 적극적인 생애주기를 보낸 사람으로 규정할 수 있다.

그러나 그의 글이나 강의의 대부분이 문학적 수사와 역사자료로 설명되었기 때문에 안개처럼 모호하고 이해하기 어려운 것도 사실이다. 아울러 그가 인용한 역사적 자료가 객관적인지에 대해서도 비판이 있었다는 점에서 그의 강의를 수강한 미국 학생들은 '프랑스(France)의 푸코(Foucault)'라는

22) 퀴어 신학(Queer theology)은 성경을 포함한 인류 역사에서 성비적합과 게이와 레즈비언적 욕구가 항상 존재해왔다는 가정과 미셸 푸코(Michel Foucault), 게일 루빈(Gayle Rubin), 이브 세지윅(Eve Kosofsky Sedgwick), 주디스 버틀러(Judith Butler) 등의 퀴어 이론에 대한 철학적 접근에서 발전한 신학이며, 게이 신학과 레즈비언 신학으로 구별이 될 수 있다.

말의 발음을 빗대어 'frog fog(개구리 안개)'라고 부르기도 했다고 전해진다. 하지만 반대로 현실에 기초한 정확한 자료만을 분석한 사상만이 편견이 없다고는 볼 수 없다는 점도 분명하다. 이러한 측면에서 푸코를 대변하는 사상은 실존주의를 대변하는 사르트르 이후의 사상인 포스트구조주의(탈구조주의)와 포스트모더니즘(탈근대주의)을 대변하고 있다고 볼 수 있다.

Chapter 5 들뢰즈 / 데리다의 포스트구조주의

제1절 질 들뢰즈의 포스트구조주의: 들뢰즈처럼 리좀하기

1. 질 들뢰즈의 생애 배경과 가타리와의 관계

1) 질 들뢰즈의 생애 배경

질 들뢰즈(Gilles Deleuze, 1925~1995)는 프랑스 파리에서 엔지니어였던 아버지와 가정주부였던 어머니 사이에서 다섯 살 많은 형 조르주(Georges)에 이어서 둘째 아들로 태어났다. 질 들뢰즈가 성장했던 정치적 시대 상황을 보면, 14세였던 1939년에는 제2차 세계대전이 일어났다. 아울러 1940년부터 파리는 독일 나치(Nazi)당의 히틀러가 세운 제3제국[1]의 지배를 받으면서 나치군

1) 제1차 세계대전(1914~1918) 때 오스트리아인이였던 히틀러는 독일군에 입대하였다가 경제 대공황 시기였던 1932년에 나치당 당수로서 국회의원 선거에서 230석을 차지하였다. 그리고 1934년에 총통에 올라 재무장을 하여, 제2차 세계대전을 일으키게 된다. 이때 히틀러는 자신이 집권한 1934년 이후의 독일을 프랑스혁명의 여파로 무너진 신성로마제국(962~1918)을 제1제국, 비스마

인들을 위한 매춘사업만이 황금시대를 보내고 있을 정도로 경제상황도 어려웠다. 그의 형은 독일군이 프랑스를 점령(1940~1944) 시기에 레지스탕스(resistance)에 지원하여 활동하다가 1944년에 체포되어 폴란드의 부헨발트(Buchenwald) 수용소로 이송되던 중 탈출하다가 사망하였다. 이후 들뢰즈는 형을 대신하여 이 레지스탕스 서클에 참여하기도 한 것으로 전해진다. 이로 인해 들뢰즈는 '영웅의 동생(le frère du héros)'이라는 별명이 붙기도 했다.

이러한 상황 속에서 들뢰즈의 아버지는 크르와 드 푀(Croix-de-Feu)라는 사회당 계열의 정치 모임에 가담하면서도 들뢰즈에게 문과계열 중심의 그랑제콜(Grande école)인 파리고등사범학교(Ecole Normale Superieure)[2] 진학을 목표로 고등학교인 리세 카르노(Lycee Carnot)의 고등사범 준비반에서 공부를 시킨다. 하지만 들뢰즈는 우수한 학업성적에도 불구하고 합격률이 1~2%에 불과한 파리고등사범학교 입학 구두시험에 낙방하게 된다. 그러나 우수한 성적 덕분에 '교수자격시험을 위한 장학금'을 지원받고 1944년(19세)에 국립대학인 소르본대학(La Sorbonne) 철학과로 진학할 수 있게 된다.

이곳에서 들뢰즈는 페르디낭 알키에(Ferdinand Alquié, 1906~1985), 모리스 드 강디악(Maurice de Gandillac, 1906~2006), 장 이폴리트(Jean Hyppolite 1907~1968), 조르주 캉길렘(Georges Canguilhem, 1904~1995) 등의 당시의 유력한 철학자들에게서 배우게 된 것이다. 그리고 프랑수와 샤틀레(François Chatelet, 1925~1985), 미셀 뷔토르(Michel Butor, 1926~2016), 미셀 투르니에(Michel Tournier 1924~2016) 등과의 교우관계도 맺었다. 한편으로는 마리-마들렌느 다비(Marie-Madeleine Davy, 1903~1998)가 주관하고 있었던 지식인 모임에 참석하여 페사를 신부, 피에르

르크에 의해 통일된 제2제국(1871~1918)과 구별하여 제3제국으로 칭하였으나 1945년 전쟁패배로 12년간만 유지되었다.

2) 프랑스의 대학교육은 일반대학과 그랑제콜로 구분이 된다. 파리고등사범학교는 소수정예 엘리트 양성기관인 그랑제콜의 하나로서 대학과는 달리 학사와 석사과정으로 운영되어 리세의 교사 등 공무원 양성이 원래 목적이었으나 2000년대 중반부터는 박사과정을 두어 대학교수 자격을 취득하는 경우도 있다. 4년제인 그랑제콜에 입학하기 위해서는 바칼로레아(Baccalauréat) 시험에서 우수한 성적을 얻은 뒤 그랑제콜 준비반(프레파)에 들어가야 한다. 그랑제콜 준비반에서 2년 동안 공부를 한 뒤 1회에 한정되는 시험을 통과하면 정식으로 그랑제콜에 입학할 수 있다. 입학정원은 학교마다 차이가 있으나 200~300명 정도이다.

콜로소브스키, 자크 라캉(Jaques Lacan, 1901~1981), 란자 델 바스토, 장 폴랑 등과도 교류하게 된다.

1947년(22세)에 들뢰즈는 소르본대학의 장 이폴리트와 프랑스 최대의 대학인 스트라스부르대학(Université de Strasbourg)의 조르주 캉길렘의 지도로 데이비드 흄의 경험론에 관한 논문[3)]을 제출하여 소르본대학을 졸업하고 고등교육학위를 받았다. 그리고 1948년(23세)에 철학교사 자격시험의 과제로 베르그송(Henri Bergson)의 『물질과 기억(*Matière et mémoire*)』(1896)이 주어졌는데, 8위로 통과하여 교사생활을 시작하게 된다. 1948~1957년까지는 아미앙, 오를레앙, 루이-르-그랑, 파리 등의 여러 중등학교를 전전하며 교사생활을 하였던 것이다.

그리고 철학교사로 재직 중이었던 1956년(31세)에는 번역가인 데니스 폴 페니 그랑주앙(Denis Paule Grandjouan)과 결혼하였고, 1957~1960년까지는 소르본대학 철학사학과에서 조교 생활을 했다. 이 시기인 1960년(35세)에 아들 쥘리앵(Julien Deleuze)을 낳고 1964년에는 딸 에밀리(Emilie Deleuze)를 얻었다. 1960년에는 국립과학연구소에서 연구원이 되었으며, 국립과학연구소에 재직했던 시기에는 17세기 이후의 비주류철학자들의 독특한 사상들을 주도면밀하게 재해석하여 『니체와 철학(*Nietzsche et la philosophie*)』(1962), 『칸트의 비판철학(*La philosophie critique de Kant*)』(1963), 『베르그송주의(*Le Bergsonisme*)』(1966) 등의 책을 출간하게 된다.

아울러 들뢰즈는 리용대학(University Lumière Lyon)의 강사로 재직하면서부터는 한 살 연하의 미셸 푸코(Michel Foucault, 1926~1984)와도 교류하면서 클레몽페랑대학의 학생운동에도 함께 참여하게 된다. 들뢰즈는 이러한 저작활동과 사회참여활동이 기초가 되어 자신만의 독자적인 철학인 '차이의 철학'의 기반을 구축하게 되었다고 볼 수 있다. 그 결과 1968년(43세)에는 모리스 드 강디악(Maurice de Gandillac, 1906~2006)의 지도로 박사학위의 주논문인

3) 이 논문은 재정리되어 1052년에 『흄, 그의 삶, 그의 저작(*Hume, sa vie, son oeuvre, avec un exposé de sa philosophie*)』과 1953년 『경험주의와 주관성(*Empirisme et subjectivité*)』이라는 제목으로 PUF출판사에서 발간되었다.

〈차이와 반복〉과 부논문 〈스피노자와 표현의 문제〉[4]로 국가박사학위를 취득하였다. 이는 곧바로 『차이와 반복(*Différence et répétition*)』(1968)이라는 같은 제목의 책으로도 출판이 되면서 서서히 명성이 알려지게 된다.

그 결과 1969년에는 미셸 푸코가 파리 제8대학(뱅센-생드니대학)에 재직하다가 파리고등사범학교로 떠나게 되자 그 자리에 교수로 임용이 되었다. 이처럼 들뢰즈가 뱅센-생드니대학 철학과 교수로 임명되었던 것은 『의미의 논리(*Logique du sens*)』(1969)에 이르기까지의 들뢰즈가 전개한 '차이와 생성'의 철학이 지식인들 사이에서 인정을 받았다고 해석될 수 있다.

아울러 정치적 격변기에도 사회운동에도 적극적으로 참여한 이력도 고려되었다고 볼 수 있다. 이는 1970년에 푸코가 〈비평(Critique)〉 지에 들뢰즈의 『차이와 반복(*Différence et répétition*)』(1968)과 『의미의 논리(*Logique du sens*)』(1969)에 대한 서평을 실은 것에서도 드러난다. 특히 서평에서 "아마도 언젠가는 들뢰즈의 세기가 올 것이다."라는 문구를 남긴 것은 세간에서 자주 회자되고 있다.

교수직을 시작한 들뢰즈는 드디어 자신만의 독자적인 저술들을 발간하게 되는데, 이 시기는 프랑스에서 학생이 중심이 되어 1968년 5월에 일어난 혁명(68혁명 혹은 5월 혁명)이 기성체제(드골 정부, 1958~1969)의 권위주의와 성차별과 인종차별에 맞선 시위가 계속되고, 노동자들도 총파업으로 호응하여 혼란이 이어졌던 때이기도 하다.

따라서 이 시기에 맞물려서 들뢰즈는 장 프랑수아 리오타르(Jean-François Lyotard, 1924~1998), 자크 데리다(Jacques Derrida, 1932~2004) 등의 당대의 사상가들과도 교류하게 된 배경을 짐작할 수 있다. 이러한 와중에서 들뢰즈는 공산당원은 아니었지만 미셸 푸코나 공산주의자이자 정신과 의사인 피에르 펠릭스 가타리(Pierre-Félix Guattari, 1930~1992) 등과 함께 반체제 활동에도 적극성을 보이며, 그의 학문적 역량의 폭도 확장하게 된다.

68혁명이 어느 정도 가라앉았을 즈음인 1970년에 들뢰즈는 국가박사학

4) 부 논문의 지도교수는 스피노자 철학의 전문가였던 페르디낭 알키에(Ferdinand Alquié, 1906~1985)였다.

위의 부논문(보충논문)으로 제출했던 〈스피노자와 표현의 문제〉를 재정리하여 『스피노자: 실천철학(*Spinoza : Philosophie pratique*)』(1970)이라는 이름으로 출간하였다. 이 책을 마지막으로 들뢰즈는 자신만의 독자적인 글쓰기에서 벗어나 당시의 68혁명이라는 정치적 격변기에 좌파적 이데올로기를 공유했던 지식인들과 교류하면서 영향을 받게 된다. 그중에서도 1971년(46세)에는 푸코 등과 함께 감옥정보그룹(Group Information Prisons, GIP)을 창설하고, 정신과 의사인 펠릭스 가타리(Pierre-Félix Guattari, 1930~1992)와도 교류하면서 본격적으로 여러 권의 공저 작업을 하게 된 것은 대전환이었다고 볼 수 있다.

그중에서도 1972년(47세)에 가타리와 더불어 『안티 오이디푸스(*L'Anti-Oedipe: Capitalisme et schizophrénie*)』와 1980년(53세)에 『천 개의 고원(*Mille Plateaux: Capitalisme et schizophrénie 2*)』을 출판한 것은 그 결과물의 하나이며 대표작이라고 할 수 있다. 이 책에서는 서구 기독교의 삼위일체 도식이 가족에 덧씌워진 것을 비판하고 있다. 들뢰즈는 푸코나 가타리를 통하여 정치적인 영향도 받았지만 철학적으로는 정신병리를 후기 구조주의 관점에서 다루게 된 계기가 되었다고 볼 수 있다.

그러나 1978년(53세)에 이르면 테러리즘 문제와 철학 노선의 차이로 들뢰즈는 푸코와 결별하게 된다. 이로써 1984년에 푸코가 사망할 때까지 소원한 관계를 유지했지만 들뢰즈는 푸코의 장례식에 참석하여 추도사를 낭독했다. 푸코 사후 2년 뒤인 1986년에는 『푸코(*Foucault*)』를 출간하여 새로운 시각으로 푸코사상을 조명하였다. 이 책에서는 "내가 필요했기 때문에, 또 푸코에 대한 존경 때문에 쓴다."는 문구를 남기고 있다.

들뢰즈는 1987년에 파리 제8대학인 뱅센-생드니대학(Paris VIII-Vincinnes)에서 은퇴하고 가타리와 마지막 공동 저작인 『철학이란 무엇인가?(*Qu'est-ce que la philosophie?*)』(1991)를 출간하는 등 좌파지식인으로서 집필과 방송활동을 했다. 이처럼 들뢰즈와 가타리가 좌파적 지식인으로 활동할 수 있었던 정치적 여건을 보면, 당시 프랑스는 제5공화국 성립 이후 한 번도 좌파가 정권을 잡지 못했던 상황에서 최초로 사회당 출신인 프랑수아 미테랑(Francois Mitterrand)이 선거를 통해 보수 우파의 장기 집권을 종식시키고 1981년(65세)

에 대통령으로 당선된 시기와도 맞물린다.

당시 미테랑은 1995년(78세)까지 역대 프랑스 대통령 중 최장기간인 14년간 재임하였는데, 집권 직후 미테랑이 공약으로 제시했던 사회주의적인 정책들이 재정 문제로 실현되지 못하자 오히려 영국이나 독일 등의 주변 국가들과 마찬가지로 신자유주의적 긴축정책을 시행하면서 실망감을 안겨주게 된다. 이에 들뢰즈와 가타리도 이러한 사회당 정권에 비판을 하게 된 것인데, 들뢰즈는 만년에 심각한 폐기능 부전으로 고통을 받다가 1995년 11월 4일에 파리 근교의 자신의 아파트에서 투신하여 70세에 자살한다. 그리고 비판적 관계에 있었던 미테랑도 1996년 1월 대통령에서 퇴임한 지 7개월 만에 전립선암으로 사망하게 된다.

2) 펠릭스 가타리와의 관계

피에르 펠릭스 가타리(Pierre-Félix Guattari, 1930~1992)[5]는 파리 북서부의 노동자 계층 출신으로 공산당원이면서 1955년부터 1965년까지는 트로츠키주의자들의 신문이었던 〈공산주의의 길(La Voie Communiste)〉의 편집도 맡았다. 이후 라캉의 영향하에서 파리 정신분석 학파(프로이트 학파)에 참여하여 1962~1969년까지 라캉 등과 공동작업도 했던 투사적 정신분석 의사이자 철학자였다.

그러나 가타리는 라캉의 지도하에 이루어졌던 구조주의적인 정신분석에 차츰 회의를 느낀 나머지 1969년에 5세가 많은 들뢰즈를 찾아가게 된다. 들뢰즈는 당시만 해도 온건한 철학가였지만 가타리와 첫 만남이 이루어지자마자 들뢰즈가 먼저 공동 저작에 관한 제의를 했다고 전해지고 있는 것을 보면 들뢰즈가 첫 만남에서 가타리의 정신분석적이고 급진적인 사상에 매료되었던 것으로 보인다.

그 결과 이들은 『앙티 오이디푸스(*Capitalisme et Schizophrénie 1. L'Anti-Odipe*)』(1972), 『카프카: 소수문학을 위하여(*Kafka: Pour une Littérature Mineure*)』(1975), 『리

5) 자크 라캉 밑에서 훈련을 받은 후 라캉의 제자 장 오리의 감독 하에 보르도 병원에서 평생 근무하며 철학과 심리학을 연구하였다.

좀(*Rhizome*)』(1976), 『천 개의 고원(*Capitalisme et Schizophrénie 2. Mille Plateaux*)』 (1980), 『철학이란 무엇인가?(*Qu'est-ce que la philosophie?*)』(1991) 등 5권의 공동저서를 후기구조주의와 포스트모더니즘적인 관점에서 저술하게 되었다. 이로 인하여 가타리도 유명세를 타게 되는데, 특히 프로이트와 라캉의 정신분석학적 구조주의에 반대하는 『앙티 오이디푸스(*Capitalisme et Schizophrénie 1. L'Anti-Odipe*)』(1972)를 발간한 것이 계기가 되었다.

이러한 책들이 대중적으로 알려지자 당시 가타리와의 관계를 질문받은 들뢰즈는 "우리는 한 사람은 번개였고, 또 한 사람은 피뢰침이었다."라고 대답했다고 전해지는 것을 보면 과히 짐작이 간다. 이는 마르크스와 엥겔스가 서로에게 이끌려서 생애에 걸쳐 공동 저술을 했던 것에도 비유될 수 있다.

한편, 들뢰즈가 거론하듯이 열정적이었던 가타리는 들뢰즈와 공동 저작을 하고 있었던 1980년대 이후에 에콜로지(생태학) 운동에도 참여하게 된다. 그 결과 1989년에는 단독 주저인 『세 가지 생태학(*Les trois écologies*)』(1989)을 출간한다. 이 책에서는 기존의 자연환경 생태학(에콜로지)에서 더 나아가 사회를 구성하는 기구와 기관의 배치를 다루는 사회생태학(에콜로지)을 주장했다. 아울러 주체들의 욕망과 무의식에 대해 다루는 정신생태학적 치료를 강조하는 생태철학의 개념으로서 '에코소피(ecosophy)'도 제시하였다.

그리고 가타리가 사망한 1992년에 출간한 『카오스 모제(*Chaosmose*)』(1992)에서는 이러한 생태철학과 분열분석 방법론[6]을 결합해 책 이름에서 거론된 '카오스모제(chaosmose)'라는 새로운 개념을 도출해낸다. 카오스모제는 카오스(chaos, 혼돈), 코스모스(cosmos, 질서), 그리고 오모제(omose, 상호 침투)의 합성어로 혼돈과 질서가 상호 침투하는 생성의 과정으로 가타리는 설명하고 있다. 가타리는 이 두 가지 책들을 출간하고 프랑스 녹색당에도 가입해 이

6) 가타리가 이 책에서 제시한 분열분석은 정신분열과 대치되는 개념으로서 정신분열증처럼 화석화된 모델화 체계를 바꾸는 방식인 비기표적인 주체화의 핵심지대에 접근하는 것을 막는 무의식의 장벽을 뛰어넘는 것을 뜻한다. 즉 분열분석은 무의식 구성체로 들어가는 실용적인 진입로를 알맞게 확장하는 것을 의미하는 것으로 볼 수 있다.

를 실천하고자 했다. 하지만 가타리는 들뢰즈보다 3년 앞선 1992년 8월 29일에 갑작스러운 심장마비를 일으켜 73세를 일기로 보르도병원에서 사망하게 된다.

2. 질 들뢰즈의 리좀적 포스트구조주의 체계

1) 초기의 저작에서의 포스트구조주의 체계

질 들뢰즈(Gilles Deleuze)는 20세기 후반에 활동한 프랑스의 포스트구조주의 내지는 포스트모더니즘의 철학자이자 사회학자이다. 미셸 푸코보다 한 해 먼저 태어나 같은 시대에 활동했지만 푸코가 예언했듯이 들뢰즈는 21세기의 포스트구조주의자들이 가장 주목하는 철학자로 볼 수 있다. 즉 유럽 사상사에서 19세기의 대표적 사상가로는 마르크스를 들고, 20세기의 대표적 사상가로 푸코를 거론하는 것은 시대적으로 사회변혁과 권력 투쟁에 바탕을 둔 측면이 강하다고 본다면, 들뢰즈는 사회변혁적인 사상보다는 철학 그 자체의 측면과 예술 등의 다양한 관련 분야에 영향을 미치는 21세기형 철학자로 볼 수 있는 것이다.

이는 들뢰즈가 다른 현대 철학자들과는 달리 고대에서부터 현대에 이르는 철학자들의 사상을 역사적으로 재해석하여 자신만의 사상으로 제시하고 있다는 점에서도 그러하다. 이러한 들뢰즈의 철학적 업적과 영향성은 크게 두 가지 차원에서 분석될 수 있다.

첫째는 17세기 유럽철학의 중요한 합리주의자 스피노자로부터 라이프니츠, 흄, 칸트, 니체, 베르그송, 푸코의 사상을 재해석하는 철학사적인 업적이다. 둘째는 이러한 서양철학사의 전통과 계보를 뒤엎고 새로운 사상의 지평을 횡으로 생성하는 역할의 업적이다. 그가 차이, 사건, 정신분열, 감각, 예술 등의 다방면의 개념들을 철학의 주제로 생성시킨 것은 자크 데리다(Jacques Derrida), 프랑수아 샤틀레(François Châtelet), 질 들뢰즈(Gilles Deleuze)와 함께 '세계철학대학(Collège international de philosophie, 국제철학학교)[7)]'의 공동

창립자였던 장 프랑수아 리오타르(Jean Francois Lyotard, 1924~1998)가 언급하듯이 20세기 말 사상의 전쟁터에서 저격수이자 '횡으로 가로지르는 벗어나기'를 하고 있다고 평가할 수 있다.

이러한 들뢰즈의 철학적 업적을 시기별로 구분해보면 초기에는 17세기 이후의 철학자에 대한 철학사적 연구에 치중했으며, 대략 1940년대 중반부터 1960년대 중반까지가 해당된다. 초기의 대표적인 저서로는 『니체와 철학』(1962), 『칸트의 비판철학』(1963), 『베르그송주의』(1966)가 있다. 중기는 자신의 철학이 형성된 『차이와 반복』(1968), 『의미의 논리』(1969) 등을 발간한 시기이다. 그리고 생애 말기는 라캉의 영향하에 활동하고 있었던 공산당원이자 정신과 의사인 펠릭스 가타리(Félix Guattari)와 공동으로 철학의 영역을 넘어 다양한 분야에서 철학적 주제들을 생성했던 시기로 볼 수 있다.

이제 들뢰즈의 초기 주요 저서들에 나타나는 그의 철학적 관점들을 정리해보면 다음에서와 같다.

『니체와 철학(*Nietzsche et la philosophie*)』(1962)은 들뢰즈의 초기 작품 중에서 니체철학에 대한 현대적인 해석의 고전으로 평가되는 저서이다. 니체는 종교·철학·도덕에 대한 비판을 바탕으로 권력지향적인 의지, 영원회귀(영겁회귀), 초인(위버멘쉬, Übermensch)에 관한 실존적 철학을 선도했지만 허무주의자나 나치스트로 왜곡되었던 측면을 들뢰즈가 재해석한 것이다.

이것은 어떤 측면에서는 지성계에서 철학의 바깥에서 문학적으로 읽혔던 니체의 사상이 철학의 내부세계로 자리를 잡게 되는 역할을 들뢰즈가 맡았다고도 볼 수 있다. 즉 들뢰즈는 니체가 주장한 존재론의 근본 개념이 '힘'과 '권력의지'에 있고, '권력의지'는 '권력을 목표로 하는 의지'로 인식되는 오류에서 발생된 나치즘적 오해를 풀고자 한 것이다. 이는 니체의 허무주의(니힐리즘)가 '부정적 허무주의'에 한정된다고 보고, '권력의지'도 부

7) 재정적으로는 정부의 지원을 받지만 운영은 완전히 독립되어 있는 대학이다. 그러나 '콜레쥬'라는 이름을 달고 다양한 강의나 세미나가 이루어지기는 하지만 학위도 없고, 특정한 장소를 갖고 있지는 않고, 파리 시내 곳곳에 건물을 빌리고 세계의 다른 지역에도 공간을 빌려 사용한다. 교수(강사)들은 별도의 급여 없이 강의를 하며, 학생들도 수업료를 내지 않고 수업에 참여하는 형태이다.

정적 허무주의를 긍정으로 전환시키고 생성을 위한 '힘'의 존재로 보는 것이 본질이라는 관점으로 재정립시킨 것으로 볼 수 있다.

『칸트의 비판철학(*La philosophie critique de Kant*)』(1963)은 들뢰즈가 칸트의 순수이성비판(1781), 실천이성비판(1788), 판단력 비판(1790) 등 이른바 3대 비판서를 대상으로 해석한 내용을 담고 있다. 칸트가 말한 '비판'의 의미는 그 자신이 명명했듯이 '코페르니쿠스적 전환(Copernican Revolution)'을 말하는데, 합리론과 경험론이라는 근대사상 사이에서 문제의 틀을 전면적으로 재조정하는 과정이 담겨 있다고 들뢰즈는 해석하고 있다.

이처럼 들뢰즈는 칸트의 이러한 3대 비판서를 자신의 포스트구조주의나 포스트모더니즘의 관점에서 해석해내고 있다. 다시 말하면 칸트의 비판철학의 목적이 이성의 능력범주 내에서 인식의 확장에 있음에 비하여, 들뢰즈가 해석하는 관점은 칸트가 역사적인 합리주의와 경험주의를 곤란한 상황에 처하게 만들었다는 새로운 비판을 담고 있다. 이와 함께 3대 비판서별로 칸트가 제시한 용어인 '능력(faculties)'의 개념과 이원론적 자연관(경험론과 합리론)의 한계에 기초하여 자신만의 해석을 하고 있는 것이다.

『베르그송주의(*Le Bergsonisme*)』(1966)는 들뢰즈가 1900년 프랑스 최고의 명문 인문학교인 콜레주 드 프랑스(College de France)의 강사가 되어 제1차 세계대전이 일어날 때까지 베르그송주의를 유행시켰던 베르그송(Henri Bergson, 1859~1941)의 삶의 철학(생의 철학)을 들뢰즈의 입장에서 해석한 책이다. 들뢰즈는 이 책에서 베르그송 철학의 주요 발전단계를 '지속', '직관', '기억', '생명의 도약(Elan Vital, 엘랑 비탈)'의 네 가지 개념에서 파악하고 있다. 들뢰즈는 이러한 네 가지 개념이 선천적인 통찰이나 깨달음의 능력이 아니라 엄격한 규칙을 지닌 '직관'이라는 방법에 의해 잠재적 차원에서 분화되어 나오는 생명과 물질의 다양성을 증명해내고 있는 것이다.

2) 중기의 『차이와 반복』, 『의미의 논리』에서의 포스트구조주의 체계

들뢰즈가 국가박사학위를 받고 난 이후인 중기의 대표적인 저서이자 그의 박사학위 논문이기도 한 『차이와 반복(*Différence et Répétition*)』(1968)과 『의미의 논리(*Logique du sens*)』(1969)는 말 그대로의 들뢰즈의 리좀적(rhizomatic) 철학이 담겨 있다. 이러한 저작은 들뢰즈가 초기 연구에서부터 선대 철학자들의 사상을 연구하며 철학사를 재해석했던 과정에서 비롯되었다. 여기에서 선대의 철학자들은 플라톤이나 헤겔처럼 주류 철학사에 편입되지 않고 자신만의 새로운 사유의 노선을 제시했던 사상가들을 의미한다. 당시의 칸트, 니체, 베르그송은 주류 철학사에서는 편입될 수 없는 대표적 사상가들이었고, 들뢰즈는 이들의 사상에 주목하여 중기 연구에서는 들뢰즈 자신의 철학으로 나아가고자 했던 것이다.

그러나 들뢰즈는 이러한 사상가들의 사유방식을 있는 그대로 받아들인 것이 아니라 그 자신이 적나라하게 표현하듯이 마치 동성애자들의 '항문성교(anal sex)'를 통한 남색질의 방식으로 채색하여 재해석하였다고 평가되기도 한다. 그중에서도 니체로부터 받은 영향이 가장 컸다는 점을 인정하면서도 들뢰즈 자신의 사상은 역으로 니체에게도 영향을 미칠 수 있다는 점을 강조하고 있는 것이다. 이를 보면 들뢰즈가 1950년부터 1970년대까지 치중했던 철학사 재해석 작업의 목적을 알 수 있다.

『차이와 반복(*Différence et Répétition*)』(1968)은 바로 이러한 철학사의 재해석 작업의 목적이 뚜렷이 나타나 있는 저서이다. 즉 들뢰즈가 전통적이고 주류적인 철학사에 벗어난 철학자들의 사상을 남색(男色)하고 항문성교를 하듯이 재해석한 이유는 플라톤이 정립한 이데아(idea)의 원형이나 헤겔이 주장한 변증법의 원리를 철저히 부정하고자 했던 목적과 연결되었던 것이다.

다시 말하면 플라톤에서 헤겔에 이르기까지 주류 철학자들은 존재하는 모든 사물의 '차이'를 동일성, 유사성에 종속시키고 '차이'를 그 자체만의 '순수 차이'를 생각하지 않았지만, 들뢰즈는 차이를 동일한 것과 유사한 것에 기초하여 가두지 않고, 순수한 차이(différence)로서 포착하려고 한 것이다.

이 말은 차이를 동일성이나 유사성의 원형적 이데아 차원이 아니라 완전히 다른 순수의 특이성을 우선적으로 봐야 한다는 관점이다. 아울러 다른 사물(타자)과의 차이를 있는 그대로 받아들여 용인만 하는 '관용(tolerance)'의 수준과는 다르다. 이는 진정하게 차이를 긍정하게 되면 결국 자신이 타자의 남다른 특이성을 수용하여 또 다른 '생성'과 '창조'[8]의 변이(변화)를 할 수 있게 된다는 견해가 된다. 이때 자신과 타자 사이에는 동일성의 이데아를 나누어 가지고 있는 것이 아니며, 수직적인 위계질서와 우열을 가릴 수도 없고 오직 수평적이고 순수한 '차이(différence)'만 있다고 들뢰즈는 주장한다.

들뢰즈는 이러한 '순수 차이'의 개념에 덧붙여서 '반복(répétition)'의 개념도 제시하고 있다. 즉 수평적 차이(순수 차이)가 있는 모든 사물들은 서로 만나서 또 다른 무엇인가의 차이를 '생성'하거나 '창조'하는 '반복'이 이루어지며, 그것은 다양한 차이를 포함한 '반복'이라는 사상을 제시하고 있다. 이렇게 보면 주류적인 철학사에서 주장해온 동일성이나 유사성의 이데아적인(보편적인) 성격은 인정되지 않는다. 또한 그러한 이데아의 원형적 성격을 더 많이 받음으로서의 우월성이나 그렇지 않음으로서의 열등성도 없기 때문에 당연히 우열성이나 수직적 위계질서의 '차이'개념은 거부된다.

이는 불완전하고 열등한 것에서 이데아의 원형에 가까운 완전한 것에 이르고자 하는 변증법적인 발전도 없다는 말이 되며, 동일성이나 유사성도 결국 차이가 있는 반복과정에서 동일화되고 유사하게 된 차이에 불과하게 된다. 이러한 논리로 들뢰즈는 플라톤의 이데아론과 헤겔의 변증법을 동시에 제거시키고 있다. 들뢰즈는 획일성, 동일성이 아니라 '차이'에 대해 사유하고, 존재의 '생성'과 '창조'에 주목한 것이 그것이다. 따라서 들뢰즈의 철학을 두고 흔히 '차이의 철학'이나 '생성(되기)의 철학'이라고 부르게 되는 이유도 여기에 있다.

한편, 들뢰즈는 『차이와 반복(*Différence et Répétition*)』(1968)에서 기존의 가치나 철학을 부정하고 새로운 것을 끊임없이 찾는 것과 학문적으로는 여러 분야를 넘나들며 탐구하는 것을 뜻하는 의미로서의 '노매디즘(Nomadism)'이라는 용어도 사용하고 있다. 노매드(Nomad)는 그리스어 'nomos'에서 유래한

8) 들뢰즈는 신이 태초에 인간과 자연을 비롯한 세상을 '창조'했다고 본다면, 오늘날의 각 객체들의 변화(변이)는 창조가 아니란 '생성'이라고 표현한다. 이렇게 볼 때, 들뢰즈의 존재론은 '생성'과 '창조'로 설명이 될 수 있다. '창조'가 무(無)에서 유(有)로의 변화라면 '생성'은 이미 있는 것을 새롭게 재배치하고 재구성하는 아장스망(agencement)을 통해서 새로운 생성물(multiplicity, 다중체 혹은 다양체)이 만들어지는 유(有)에서 유(有)에로의 변화(변이)를 의미한다.

단어로 정착하지 않고 떠돌아다니는 사람, 즉 살 장소를 찾아 정한 곳이 없이 가축을 몰고 이동하는 '유목민'을 지칭한다.

따라서 노매디즘(Nomadism)은 '노매드(Nomad)'에서 나온 말이므로 일정한 거처를 정하지 아니하고 물과 풀밭을 찾아 옮겨 다니면서 목축을 하는 생활방식인 '유목주의(遊牧主義)'라고 번역할 수 있다. 이를 21세기적으로 해석하면 발달한 정보화를 기반으로 디지털 기기를 들고 다니며 시공간의 제약이나 특정한 가치나 지식에 기초한 삶의 방식에 얽매이지 않고 끊임없이 자기 자신의 새로운 삶(자아)을 창조적으로 가꾸어가는 인간형이라고 재해석할 수 있다.[9)]

하지만 들뢰즈는 그가 제시한 노매디즘을 더욱 세분하여 설명하고 있는데, 대지(earth)를 대상으로 한 영토화(territorialization), 탈영토화(deterritorialization), 재영토화(reterritorialization)의 개념이 그것이다. 여기에서 영토는 대지와 유사한 개념으로 일반적으로는 동물들이 삶의 터전으로 삼는 장소(공간)를 의미한다. 즉 다른 동물 개체가 그 영역 안으로 들어왔을 때는 공격적인 행동에 나서는 것이 '영토화'의 개념이다. 그리고 어떤 이유에서든지 정해진 영토라는 공간을 버리고 떠나는 것은 '탈영토화'의 개념이 된다. 만약 '탈영토화'가 되었다면 그 동물은 또 다른 곳에 다시 영토를 만들게 되는데, 이것을 '재영토화'라고 설명한 것이다.

이러한 개념을 통해 들뢰즈는 공간적인 이동뿐 아니라 사유와 삶의 방식으로까지 확장된 개념의 노매디즘을 채택하고 있다. 그러므로 들뢰즈가 말하는 '노매드(유목민)'를 문명사회의 인간상과 비교하면 장소적인 이동(유랑)뿐만 아니라 특정한 삶의 방식에 매달리지 않고, 끊임없이 자신을 변화시키고 창조적인 행위를 하는 사람을 의미한다고 볼 수 있다. 그리고 바로 그러한 삶의 방식이 21세기형 '노매디즘'이 되는 것이다. 이러한 들뢰즈의 '차이의 철학' 혹은 '생성의 철학'은 후기 구조주의와 포스트모더니즘이 지배하는 21세기를 대변하는 위치에 있다고 볼 수 있다.

---

9) 캐나다 미디어학자 마셜 매클루언(Marshall McLuhan, 1911~1980)이 "사람들은 빠르게 움직이면서 디지털제품을 이용하는 유목민이 될 것이다."라고 언급한 것에도 비유될 수 있다.

『의미의 논리(*Logique du sens*)』(1969)는 『차이와 반복』이 출간된 이듬해에 들뢰즈가 사물의 의미 있는 사건들과 계열들의 관계들을 다룬 순수철학이론서이다. 따라서 두 가지의 저서는 들뢰즈 사상의 핵심이기도 하지만 서로 연관되어 있다. 즉 주류 철학사에서 오래된 '존재' 중심의 사유에서 '차이와 반복'에 의한 '생성-사건' 중심의 새로운 사유로 전환하고자 시도한 들뢰즈의 철학적 완성품에 가깝다고 볼 수 있다.

『의미의 논리(*Logique du sens*)』(1969)는 전체 34개의 계열들로 구성되어 있는데, 17계열까지는 들뢰즈 자신의 방식에 의한 사유의 일반적인 계열이고, 18계열부터 26계열까지는 고대 스토아철학에서의 도덕에 관한 계열이며, 27계열 이후부터는 현대의 정신분석학을 기초로 의미 생성에 관한 계열을 배치하고 있다.

여기에서 의미의 생성은 '사건'의 개념이다. 따라서 '사건'은 곧 '의미'와 같은 개념이며, 들뢰즈가 지향하고 있는 사유는 '사건의 사유'가 된다. 이는 사건이 발생할 때 동시적으로 의미가 발생한다는 사유방식이며, 단순히 하나의 사건이 '의미'가 되는 것이 아니라 문화세계 내에서 계열화됨으로써 의미가 생성되는 것으로 보는 것이다. 즉 의미는 주관 속에서 고정되어 만들어지는 게 아니라 사물들이 서로 접속하면서 생성되는 것으로 본다는 점에서 현상학의 관점과 다르고 사물의 어떤 상태에 대응하지 않고 만들어져서 변이하는 것으로 본다는 점에서는 기존의 구조주의와도 다른 관점을 보인다.

이는 기존의 구조주의에서처럼 고정된 구조 패턴을 찾는 것에서 벗어나 유동적이고 변화해 나가는 논리추론에 따른 역동적 구조주의 관점의 계열화에서의 의미 생성을 뜻한다. 하지만 들뢰즈가 『의미의 논리(*Logique du sens*)』(1969)에서 주장하는 사건과 의미의 논리는 언어구조주의 철학자들과 베르그송의 사유방식을 완전히 거부한 것은 아니며, 다소 지양하고 있는 정도라는 점은 주목할 만하다.

3) 후기의 가타리와의 공동 저작에서의 포스트구조주의 체계

질 들뢰즈가 중기의 저작에서 보인 사상들은 그의 후기 작품인 정신분석적이고 마르크스주의적인 저술에서 개념적 근거로 연결이 된다. 그 이유는 들뢰즈가 생애 후기에는 공산당 당원이자 정신분석 의사였던 펠릭스 가타리(Félix Guattari, 1930~1992)와 교류하면서 영향을 받았기 때문이다. 그 결과는 두 사람이 공저한 『앙티 오이디푸스』(1972), 『카프카: 소수자 문학을 향하여』(1975), 『리좀(*Rhizome*)』(1976), 『천 개의 고원: 자본주의와 정신분열증 2』(1980), 『철학이란 무엇인가』(1991)의 다섯 권으로 나타났고, 공저의 밑그림적인 역할은 가타리가 맡았던 것이다.

먼저, 『안티 오이디푸스(*Anti Oedipus*)』(1972)는 원명이 『앙티 오이디푸스: 자본주의와 정신분열증(*Capitalisme et Schizophrénie 1. L'Anti-Œdipe*)』(1972)이다. 이 책은 책 제목에서도 짐작할 수 있듯이 프로이트와 라캉의 정신분석학 중심개념인 '오이디푸스'를 안티(anti)의 대상으로 설정하여 뒤엎는 것을 목표로 하고 있다. 마치 니체(Friedrich Nietzsch, 1884~1900)의 실존철학적 저서인 『안티 크리스트(*Der Antichrist*, 적그리스도)』(1888)가 기독교를 비판하듯이 이 책은 정신분석학 비판을 통해 자본주의 체제를 비판하고 있다.

따라서 책의 전개에서도 정신분석학의 핵심개념인 욕망의 오이디푸스에 대한 니체적인 비판을 하고 있다. 프로이트와 라캉의 정신분석은 인간의 무의식적 욕망(desire)이 결핍으로부터 비롯되고 인간의 의식적 행동의 기저에는 무의식적인 욕망이 있다는 것에 기초하고 있는 것이다. 하지만 욕망이란 늘 채워지지 않는 결핍이 있기 때문에 그것을 채우기 위해 노력해야 하고 그 과정에서 병적 증후들이 나타나게 된다는 것이 프로이트와 라캉의 핵심적인 사유라고 할 수 있다.

그러나 들뢰즈와 가타리는 이러한 정신분석학 이론을 전면적으로 반박하고 나선다. 이들은 프로이트와 라캉이 주목한 욕망이 가족체계에서부터 비롯된다는 점부터 비판한 것이다. 즉 왜 욕망의 메커니즘을 가족체계 안의 '가족 드라마(family romance)'에서만 보며, 욕망을 성적인 개념으로만 한정하느냐는 것이 이들이 비판하는 관점이다. 그 대신 들뢰즈와 가타리가 제시한 관점은 욕망개념을 역사적이고 혁명적인 사유 안에서 끝없이 분출하는 '생명력'으로 봐야 한다는 것에 있다. 이러한 들뢰즈와 가타리의 사상은 흔히 '욕망의 형이상학(Nomadology, 노마돌로지)'으로도 지칭이 되고 있다.

다시 말하면 욕망은 무의식적 에너지의 능동적 흐름이므로 부정적인 것이 아니라 생산력을 가진 긍정적인 힘이라고 들뢰즈와 가타리는 생각했던 것이다. 즉 욕망을 결핍의 의미가 아니라 창조적이고 생산적인 무의식이므로 사회는 이를 자유롭게 발현할 수 있는 방법을 모색해야 하는데, 권력을 가진 자들이 그들의 욕망충족을 위하여 타인의 욕망을 통제하고 순응시키는 쪽으로 이용하고 있다는 점을 주장한 것이다. 이는 가타리의 마르크스주의적인 사유가 융합된 것으로도 해석될 수 있다.

한편, 들뢰즈와 가타리가 이러한 사유를 바탕으로 이 책을 공동 집필하게 된 배경에는 공산당원으로서 68혁명에 적극적으로 참여하고 있었던 가타리가 들뢰즈를 찾아가서 접촉하게 되면서 비롯되었다. 이들은 당시 68혁명 과정에서 많은 사람들이 강렬하게 욕망을 분출했음에도 실패하고 금방 보수화되었는지에 대한 성찰이 필요했고, 그것은 자본주의 비판을 통해 68혁명의 이론적 · 사상적 기반을 구축하려고 했던 것이다.

당시 가타리는 라캉의 영향하에서 정신분석 분야에서 활동하고 있었으나 정신분석의 이데올로기적 역할을 감지하게 되면서 라캉과 결별했던 시기였다. 이는 기존 프로이트의 정신분석학과 마르크스주의를 벗어나려는 문제의식을 가지고 있었다는 의미가 된다. 들뢰즈 역시 프랑스 주류 철학계와는 거리를 두고 독자적인 연구를 하고 있었다는 점에서 가타리의 정치사상적 관점과 들뢰즈의 니체적인 관점이 합치된 것으로 보인다.

결국 이들은 니체주의적인 관점에서 자본주의 체제를 상징하는 프로이트와 라캉의 정신분석을 비판함으로써 종국에는 자본주의를 비판하고자 시도한 것으로 보아야 한다. 하지만 두 저자가 정신분석의 핵심대상인 '오이디푸스'를 전복의 대상으로 설정하고, 그것을 통하여 자본주의를 전복하고자 한 시도는 반드시 프로이트 사상을 적으로 삼는 것은 아니라고 볼 수 있다.

그러므로 '안티 오이디푸스'와 '안티 프로이트'는 동일한 개념이 아니라는 점도 분명히 알 필요가 있다. 당시의 정신분석을 대변하는 '오이디푸스'는 오늘날과 같은 심리학적이고 과학적인 개념이 아니라 신경생리학자로서의 프로이트가 신경세포인 뉴런(neuron)과 뉴런 사이의 에너지 흐름의 관계에서 인간의 무의식에 접근하는 관점에서 다루다가 실험적 방법이 아닌 해석학적 방법으로 환자를 다루었던 시기라는 점을 알 필요가 있는 것이다.

그러므로 들뢰즈와 가타리는 오이디푸스(정신분석)가 전통적 형이상학인 플라톤주의와 그것의 대중적 판본인 그리스도교의 기독교 철학을 반복하고 있다고 설정한 것이다. 그러한 이유로 오이디푸스적인(남근적인) 욕망을 자본주의적 사제(司祭)로 설정하여 통렬하게 비판하고 있다고 보아야 한다. 따라서 이들이 비판의 대상으로 삼는 것은 프로이트의 철학적 관점이지 결코 '오이디푸스적인 욕망의 억압' 그 자체가 아니라는 점은 분명하다고 볼 수 있다.

왜냐하면 들뢰즈와 가타리는 프로이트가 신경생리학자로서 초기에 언급했던 성 충동의 에너지로서의 '욕망(리비도)'을 긍정하고 있다. 아울러 정신분석이 '욕망하는 생산', '무의식의 생산'을 발견했고, 프로이트를 욕망 그 자체를 최초로 찾아낸 사람이라고 언급하고 있기 때문이다. 따라서 이들은 자본주의가 욕망에 대한 각종 억압과 금지를 통해 자본주의 체제에 순응하도록 하는 오이디푸스적인 욕망 길들이기를 비판하고 있는 것이다. 다시 말하면 욕망의 해방과 긍정으로 자본주의체제를 위협하고 혁명(68혁명)을 달성할 것을 주장하고 있다고 볼 수 있다.

그러한 맥락에서 자본주의 체제가 오이디푸스적인 욕망을 억압하는 것에 대항하여 '반-오이디푸스적인 욕망(désir)'을 상징적으로 주장한 것으로도 해석할 수 있다. 이것은 바뤼흐 스피노자(Baruch Spinoza, 1632~1677)가 그의 주저인 『에티카(*The Ethics Demonstrated in the Manner of Geometry*, 기하학적으로 증명된 윤리학)』(1677)에서 인간을 비롯한 모든 사물에는 자기 존재를 유지하려는 경향의 힘이 있다는 의미로 말한 '코나투스(Conatus)' 개념이나 니체가 4부로 구성된 철학적 산문시 『차라투스트라는 이렇게 말했다』(1883~1885)에서 언급한 '힘에의 의지(Will to Power)', 베르그송이 『창조적 진화(*Évolution créatrice*)』(1908)에서 제시한 '생명의 약동(elan vital, 엘랑비탈)', 프로이트가 『과학적 심리학 초고(*Project for a Scientific Psychology*)』(1895)에서 다룬 '무의식' 또는 '리비도(libido, 성본능, 성충동)'의 흐름과도 비추어 볼 수 있다.

『천 개의 고원: 자본주의와 정신분열증 2(*Capitalisme et Schizophrénie 2. Mille Plateaux*)』(1980)는 책의 제목에서도 알 수 있듯이 『안티 오이디푸스』의 후속편에 해당한다. 이 책의 핵심개념 중의 하나는 '리좀(rhizome)'이라는 단어이다. 리좀은 원래 식물학에서 뿌리를 한곳에 깊이 내리는 식물류가 아닌 담쟁이, 조릿대, 잔디, 토끼풀 등의 초본류나 이끼류처럼 줄기와 뿌리가 같이 이어져 나가는 지피식물(地被植物)을 가리킨다. 다시 말해서 수목이 처음에 뿌리가 내린 곳에서 줄기, 가지, 잎이 위계를 가지며 성장하는 반면에 리좀(지피식물)은 처음에 뿌리가 내린 곳에서뿐만 아니라 뿌리가 내려있지 않은 낯선 곳으로도 한없이 연결되고 번져 나갈 수 있는 차이가 있음을 표상하는 말이다.

그러므로 철학적으로 보면, 혼돈의 질서가 형성되기도 하고 변형되기도 하고 해체되기도 하는 사유의 개념이 '리좀(rhizome)'이다. 이는 수목형의 질서와 위계를 가지는 주류적 철학의 전통을 전복시키는 것이고, 정치적 개념으로는 단일한 자기 동일성의 확립체제 속에서 우열성으로 타자를 억압하는 자본주의에 대항하는 것으로 상징될 수 있다. 따라서 들뢰즈와 가타리가 이 책에서 지향하는 사유방식은 '수목적(treematic) 사유'가 아니라 '리좀적(rhizomatic) 사유'이며, 동일성의 위계적 차이가 아닌 순수 차이의 다양성이 된다.

리좀(rhizome)은 들뢰즈가 『차이와 반복』(1968)에서 어느 한 곳에 정착하는 정주민이 아닌 유목민(노매드)들이 끊임없이 이주하며 새로움을 추구하는 의미로 제시한 개념인 유목주의(Nomadism, 노매디즘)의 사유방식과도 상통한 것이라고 볼 수 있다. 왜냐하면 마치 줄기나 가지가 흙에 닿아서 새로운 뿌리가 내려서 옆이나 위로 성장하는 특성을 가진 지피식물(rhyzome, 리좀)과 같이 정착과 이동을 하는, 즉 생성과 창조의 삶을 유지하기 때문이다.

이는 100세 시대를 살아가는 21세기의 현대인들에게도 시사하는 의미가 크다. 과거 20세기의 산업화사회에서는 한 직장과 거주지에 정착하여 수목형의 질서를 지키며 살아갈 수 있었던 것과는 달리 4차 산업혁명사회에서는 예상치 못하는 새로운 환경에서 적응하며 살아가야 하기 때문이다. 따라서 21세기형 교육은 한 가지에 한정된 정답을 찾아내는 모범생형(입시형) 교육체제에서도 벗어날 필요가 있다. 정답을 찾아내는 능력은 4차 산업혁명을 주도하는 인공지능이 인간지능을 능가하게 되기 때문이다. 대신에 인간은 인공지능이나 기계가 할 수 없는 창의적 질문을 던지는 존재로서의 교육의 장을 열어야 한다. 그것도 기계가 쉽게 정답을 말할 수 없는 질문을 던질 수 있을 때 인간의 존재 이유는 더욱 확고해질 수 있다.

그러나 시대를 막론하고 노매드(유목민)들이라고 해서 삶에 대한 욕망을 도외시하는 것으로는 볼 수 없다. 들뢰즈와 가타리가 『안티 오이디푸스(*Capitalisme et Schizophrénie 1. L'Anti-Œdipe*)』(1972)에서 보인 생명력적인 개념의 욕망에 기초한 지식인 노마돌로지(nomadology)는 여전히 필요하기 때문이다.

그리고 정치적으로는 『천 개의 고원: 자본주의와 정신분열증 2』(1980)가 이전에 발간된 『안티 오이디푸스』와 함께 21세기 현대 자본주의가 나아가야 할 모습을 제시하는 역할을 하고 있다고 볼 수 있다. 이 외에도 들뢰즈는 생전에 철학 저널이나 잡지 또는 신문 등에 서평이나 대담, 에세이 형식으로 많은 글을 발표했다.

이렇게 발표된 글들은 그가 죽은 후에 두 권의 단행본으로 편집되어 발간되었다. 2002년에 프랑스어로 발간된 후 2003년에 영어로 번역 출간된 『무인도 및 기타 텍스트 1953-1974(*Desert Islands and Other Texts 1953 - 1974*)』와 2004년에 프랑스어로 출간된 후 2006년에 영어로 번역 출간된 『두 개의 미친 정권: 문자 및 인터뷰 1975-1995(*Two Regimes of Madness: Texts and Interviews 1975 - 1995*)』가 그것이다. 이러한 맥락에서 동시대의 푸코가 예언했듯이 20세기뿐만 아니라 21세기에서도 들뢰즈의 후기 구조주의적 사상은 현대인들의 '철학하기'에 영향력을 발휘할 것으로 보인다.

제2절 자크 데리다의 생애 배경과 포스트구조주의

1. 자크 데리다의 생애 배경과 예일 학파 등과의 관계

1) 자크 데리다의 생애 배경

자크 데리다(Jacques Derrida, 1930~2004)는 대표적인 '탈구조주의자' 또는 '해체주의자'로 칭해지는 철학자이다. 그는 1930년 4월 15일에 프랑스령 알제리(Algérie)의 수도 알제(Alger) 근처의 엘비아(El-biar)에서 중하위계층의 토착 프랑스인 유대인 가정에서 태어났다. 그의 부모는 포도원의 포도주 판매원이었고 유대인이었기 때문에 아랍계이자 프랑스 가톨릭 문화를 배경으로 성장했다고 볼 수 있다.

이는 알베르 카뮈나 루이 알튀세가 아프리카 프랑스식민지 알제리에서 태어나 고된 노동을 통해 살아가야 하는 하위 중산층인 이른바 '피에 느와르(pieds-noirs)' 출신이었다는 점과도 상통한다. 그의 성장기에는 제2차 세계대전이 발발하여 독일군대에 의해 프랑스가 점령(1940~1944년)당했던 시기였고, 알제리 역시 프랑스령이었기 때문에 독일 제3제국(나치 독일)의 통치를 받게 된다. 더욱이 당시 유대인 말살 정책을 펼쳤던 나치 정권은 프랑스 파리 남쪽 도시인 비시(Vichy)에 독일의 꼭두각시 정권인 이른바 비시 정부를 세우고 통치했기 때문에 알제리에서도 유대인 박해를 자행하면서 데리다도 직접적인 피해를 입게 된다.

그중에서 유대인 중등학교에 배정된 유대인 인원의 몫은 7%로 축소되기에 이르자 반에서 수석을 차지했던 데리다도 퇴학 조치를 당하게 되고, 유대인 교사들도 해고되었던 것이다. 이러한 성장과정으로 인하여 데리다는 반유대주의나 유대 민족주의에 대해서도 반감을 갖게 된다. 아울러 서구사회의 이중성에 대한 비판 의식도 움트게 되었다고 볼 수 있는데, 이러한 사고는 결국 서양철학 전체를 해체하려는 그의 철학의 배경으로 자리 잡게 된다.

당시 이러한 인종차별에도 항의를 할 수 없었던 유대인들은 스스로 작은 규모로 유대인 학교를 설립하였지만 데리다는 청소년 시기였기 때문에 이러한 상황에서 방황하고 좌절하여 유대인학교에 다니는 것을 원하지 않았다. 그 대신 운동 분야에서는 유대인에 대한 차별이 적다는 것을 알고 프로축구선수가 될 생각으로 여러 차례 축구 시합에도 나갔지만 자질이 없다는 것을 알고 스스로 포기하게 된다. 그러던 중 라디오 방송프로그램에서 당시 유명했던 알베르 카뮈(Albert Camus, 1913~1960)가 알제리 출신으로서 사르트르(Jean-Paul Sartre)와 대등할 정도의 철학자임을 알게 된다.

이에 감화를 받은 데리다는 어머니 죠르젯(Geogette)과 상의하여 1949년(19세)에 파리로 이주하여 명문이었던 루이 르 그랑(Louis Le Grand) 학교로 진학하게 된다. 그러나 대학 입학자격시험인 바칼로레아 시험에서 떨어지고 불안과 부적응의 심리를 보였는데, 이를 극복하기 위해 그가 선택한 것은 독서였다. 장 자크 루소, 프리드리히 니체, 장 폴 사르트르, 알베르 카뮈 등의 철학서나 앙드레 지드(Andre Gide, 1869~1951)[10)]의 문학소설을 탐독했던 것이다.

그 결과 데리다는 재수 끝에 1952년(21세)에는 중등과정 졸업시험이자 대입자격시험인 바칼로레아(Baccalauréat)[11)]에서 좋은 성적을 얻어서 프랑스 최고의 국립교원양성기관인 파리고등사범학교(Ecole Normal Superieure, ENS)에도 입학할 수 있었다. 대학재학 기간에도 데리다는 쇠렌 키르케고르와 마르틴 하이데거를 비롯한 실존주의 철학과 오스트리아 태생의 유대인 철학자 에드문트 후설의 현상학을 탐독했다. 이러한 독서의 영향은 그의 철학적 기반이 되었다고 볼 수 있다.

---

10) 앙드레지드는 쇼펜하우어·데카르트·니체 등의 철학서와 문학서를 읽으면서 성장하여 1947년 노벨 문학상을 받았다. 작품으로 『좁은 문』, 『이자벨』, 『교황청의 지하도』, 『프레텍스트』, 『엥시당스』, 『지드의 일기』, 『상상적 면담기』, 『도스토옙스키론』 등이 있다.

11) '바칼로레아'는 1808년 나폴레옹 1세의 칙령으로 창설된 프랑스의 논술형 대입자격시험으로서 매년 6월경에 치러진다. 학생의 교육받을 권리를 보장하는 교육의 목적에 맞게 80%의 합격률을 자랑한다. 또한 불합격을 받은 학생들을 위해 7월 초에 구술시험을 진행해 재평가받을 기회를 제공한다.

그리고 데리다는 벨기에의 루뱅대학에 있는 후설 아키브(archive, 기록관)도 방문하여 후설에 대한 기록과 도서에도 관심을 가지게 된다. 이를 바탕으로 장 이폴리트(Jean Hyppolite)의 지도를 받아 고등교육학위 취득 논문으로 〈후설 현상학에서의 생성의 문제〉를 제출하여 1954년에 파리고등사범학교를 졸업했다.

그러나 데리다는 고등학교 과정인 리세(lycée)와 대학(Univ.)에서 가르칠 교사와 교수를 배출하는 자격시험(Agregation, 아그레가시옹)[12]에서는 낙방하여 재수 끝에 1955년에야 합격할 수 있었다. 그리고 이즈음 번역 중이던 후설의 『기하학의 기원(*L'Origine de la Géométrie*)』(1936)을 근거로 하버드대학에 지원서를 제출하여 장학금을 받아 1년간 방문연수를 하고 조교생활도 하게 되었다. 1957년 6월에는 미국 보스턴에서 고등사범학교 동기의 여동생이자 심리분석가 오쿠튀리에(Marguerite Aucouturier)를 만나 교제 후 결혼하였다.[13]

그리고 데리다는 귀국한 후인 1957년 말에 교수자격논문시험에 응시하여 합격하고 군 복무를 거쳐 1960년에서 1964년까지 소르본대학 철학과에서 바슐라르(G. Bachelard), 캉길렘(G. Canguilhem), 리쾨르(P. Ricoeur), 장 발(J. Wahl)의 조교로서 일했다. 이 기간에 데리다는 그의 최초의 저서이자 번역서인 후설의 『기하학의 기원』(1962)을 번역하여 출간하였고, 그 학술성을 인정받아 1964년에는 현대 인식론 분야에 주어지는 장 카바이에스 상을 수상하게 되어 이름이 알려지기 시작하면서 국립과학연구소의 연구원으로 가게 된다. 하지만 1965년까지만 해도 데리다는 변변한 저서 한 권도 출간하지 못한 젊은 철학자에 불과한 시기였다.

한편, 장 카바이에스(Jean Cavaillès, 1903~1944)는 1903년 5월 15일 프랑스 남서부 위그노(프랑스 칼뱅파 신교도) 집안에서 장교의 아들로 태어나서 파리고

---

12) 이에 비해 하빌리타치온(Habilitation)은 독일어권 국가 및 소수의 동유럽 국가의 대학에서 교수가 되기 위한 자격을 부여하기 위한 제도이다. 하빌리타치온 과정을 마치면 사강사(Privatdozent)라는 칭호가 주어진다.

13) 이후 데리다는 고등사회과학원(EHESS) 정치철학 교수이자 미모와 지성을 겸비한 실비안 아가친스키와 교재하여 아들 다니엘을 뒀으며, 아가친스키는 데리다와 결별한 뒤에 프랑스 총리가 된 리오넬 조스팽(Lionel Jospin)과 재혼했다.

등사범학교 수석 졸업한 프랑스의 과학철학자이자 수학자였다. 그는 세네갈 부대에서 소위로 병역을 마친 후 여러 해에 걸쳐 독일에 머무르면서 나치 정권의 세력 확대를 관찰했고 1937년 소르본대학에서 '공리적 방법 및 형식주의' 및 '추상적 집합론의 형성에 대한 고찰'이라는 두 개의 논문에 대한 심사를 받고 스트라스부르 대학교의 조교수로 임용됐다.

그 이후에는 제2차 세계대전이 터져 1939년 9월 입대하여 1940년 6월에 벨기에 지역에서 붙잡혀 포로가 되었지만, 프랑스 클레르몽 페랑으로 도망쳐 전쟁 중 그곳으로 이전해 온 스트라스부스대학에 재직하면서 루시 오브락, 비주리 등과 함께 레지스탕스 단체를 조직했다. 그리고 교각, 변압기, 기차, 공장을 폭파하는 저항활동을 하다가 1943년 독일의 게슈타포에 체포되어 1944년 40세로 사형당했던 인물이다.

2) 예일 학파 등과의 관계

자크 데리다의 지속적인 학문적 노력은 1965년에 장 이폴리트와 루이 알튀세의 추천으로 국립교원 양성기관인 파리고등사범학교(École Normale Supérieure)의 강사로 임용되면서 진정한 능력이 드러나기 시작하였다. 즉 1966년 10월에 미국 메릴랜드주 볼티모어시(City of Baltimore)의 존스 홉킨스 대학(The Johns Hopkins University)에서 '구조주의'를 주제로 열린 심포지엄에서 그 유명한 〈인문과학 담론에서의 구조, 기호, 게임〉이라는 글을 발표하여 미국 학계에서 주목을 받은 것이다.

이를 계기로 1970년대 미국에서는 예일대학 영문학과와 비교문학과에 재직했던 폴 드 만(Paul de Man, 1919~1983) 등의 문학비평가들이 중심이 된 소위 예일 학파를 구성하게 된다. 이들은 기본적으로 문학 텍스트를 연구하면서 데리다의 해체론을 문학비평에 접목시켜 철학적 문학비평의 지평을 마련하였던 것이다.

존스 홉킨스대학 심포지엄에서 데리다가 발표한 내용의 핵심을 보면, '의미'는 끝없이 미끄러져서 고정되지 않으며 '차이'만 확인할 수 있을 뿐이기 때문에 아무것도 결정지을 수 없다는 해체주의적 개념인 '차연

(differance, 差延·디페랑스)의 이론'을 제시한 것으로 정리할 수 있다. 데리다가 제시한 '차연'은 '차이(difference)'의 어미 '-ence'를 '-ance'로 바꾸어 사용한 독특한 신조어에 해당한다.

소쉬르의 언어학적 구조주의를 이어받은 데리다에게 언어는 기표와 기의라는 이항대립으로 나누고, 그것을 명확히 정의하여 그 기준 안에서 모든 것을 평가하고 판단하여 세계의 실재를 향해 육박해 가는 것이기는 하지만 그 만남과 일치는 끝없이 연기되는 것으로 설명이 된다. 이는 언어와 세계의 차이는 좁혀지지 않는 '차연(differance)'의 의미이다. 즉 '차이'와 '연기'가 함께한다는 시간과 공간을 보다 입체적으로 마주하는 뜻인 '차연'이라고 불렀던 것이다.

당시 데리다가 제시한 '차연(differance)의 이론'의 논지는 당시 주류였던 레비-스트로스(Levi-Strauss)의 구조주의(構造主義, structuralism)를 비판하는 한편으로 텍스트와 의미의 상호관계를 이해하려는 포스트구조주의적 접근방법인 자신의 해체론(deconstruction theory) 혹은 해체주의(deconstructivism)를 주장한 것으로 볼 수 있다. 하지만 이러한 데리다의 주장은 결코 독립된 것은 아니라고 볼 수 있는데, 앞서 롤랑 바르트(Roland Gérard Barthes, 1915~1980)와 미셸 푸코(Paul Michel Foucault, 1926~1984)가 시도한 서구사상에 대한 구조주의적이고 포스트구조주의적 비판을 계승한 것이기 때문이다.

아울러 데리다가 통일적인 것을 거부하고 '차연'을 주장한 것은 질 들뢰즈가 위계서열적인 '트리(tree)형 사유'라는 개념과 대비되는 수평형의 '리좀(rhizome)형 사유' 사상을 제시한 것과도 연결된다고 볼 수 있는 것이다. 1966년 미국에서 '구조주의'를 주제로 열린 이 심포지엄에는 스승인 장 이폴리트(Jean Hyppolite, 1907~1968)를 비롯한 그 당시 프랑스 지성계를 대표하는 롤랑 바르트(Roland Barthes, 1915~1980), 자크 라캉(Jacques Lacan, 1902~1981), 질 들뢰즈(1925~1995) 등도 참석했던 것이다.

따라서 이 심포지엄을 계기로 데리다는 지식인의 대열에 참여하게 되는 계기를 얻은 것으로 볼 수 있다. 그러나 프랑스 내에서는 여전히 크게 주목을 받지 못하자 1967년에 프랑스철학회에서도 그의 철학의 핵심주제인

'차연(差延, 디페랑스)'에 대해서 발표를 하고, 본격적인 철학 저서이자 후설 연구논문인 『목소리(언어)와 현상(*La Voix et le phénomène*)』과 『문자기록(에크리튀르, ecriture)과 차이(*L'Écriture et la différence*)』, 『그라마톨로지(기록학, grammatologie)에 대하여(*De la grammatologie*)』를 1967년 한 해에 시리즈물로 출간하였다.

여기에서 그의 해체주의를 대표하는 주저는 『그라마톨로지(문자학)에 대하여』로 볼 수 있는데, 구조주의적인 의미론을 대체하는 기록학의 개념으로 '그라마톨로지(grammatologie)'를 내세우고 있다. 이 세 권의 저서(논문)가 같은 해에 출간된 '1966~1967년'은 데리다 철학의 분기점이라고도 할 수 있다.

이러한 책들은 데리다를 국제적으로 유명하게 만들었고, 특히 미국 예일대학의 영문학과와 비교문학과 교수들이 중심이 된 예일 학파에서 환영을 받았다. 당시의 예일대학 영문학과는 신비평(New Criticism)의 요람이었고, 이들은 데리다의 해체론을 신비평의 문학적 방법론으로 인식했기 때문이다. 특히 데리다보다 11세가 많았던 폴 드 만(Paul de Man, 1919~1983)은 예일 학파를 이끌며 1975년부터 1986년까지 예일대학에서 매 학기 세미나를 개최할 수 있도록 데리다에게 객원교수직을 마련해주기도 했다.

이러한 사유로 데리다는 파리와 미국을 오가며 파리고등사범학교와 미국의 존스 홉킨스대학이나 예일대학에서 정기적으로 강의를 하게 된다. 아울러 『해체(*La dissémination*)』(1972), 『조종(*Glas*, 산종)』(1974) 등의 저서도 출간하였다. 하지만 프랑스 국내에서는 여전히 명성이 높지 않아서 폴 리쾨르(Paul Ricoeur, 1913~2005)가 소르본대학 철학과 교수로 재직하다가 1967년에 새로 개교한 낭테르대학(파리 제10대학)의 학장으로 자리를 옮긴 후임으로 1970년에 교수직에 지원했지만 실패하게 된다.

그러나 데리다의 명성은 국외에서부터 해체론(해체철학)의 포스트구조주의자로 바람을 일으키면서 1983년에는 프랑스 사회당 미테랑 대통령 후원으로 설립한 국제철학학교(Collège International de Philosophie, 세계철학대학)의 초대교장으로 선출되어 1985년까지 재임하게 된다. 그리고 1987년에는 미국 캘리포니아주 어바인시(City of Irvine)에 있는 캘리포니아대학 어바인 캠퍼스의 정규 교수로도 부임하여 저술 작업을 이어갔던 것이다. 『정신에 대하여

(*De l'esprit*)』(1990), 『다른 곶(*L'autre cap*)』(1991) 등이 이 시기의 저술 작품이다. 그 외에도 영국의 케임브리지대학과 미국의 컬럼비아대학을 비롯한 우수한 대학들에서 초청받아 강의를 하고, 명예박사학위도 받았다.

아울러 이 시기에 데리다는 지금의 알제리에 있는 안나바(옛 이름은 본) 시 근처에 있었던 중세 초기의 항구 히포 출신 성 어거스틴스(Augustinus Hipponensis)의 『고백록(*Confessions*)』처럼 자전적인 『고백(*Circumfession*)』(1991)을 저작해서 남들이 자기를 무신론자로 오해하고 있다면서 자신의 유신론적 신앙과 철학을 고백하고 있기도 하다. 이후 『마르크스의 유령들(*Spectres de Marx*)』(1993), 『마르크스주의와 해체(*Marx en jeu*)』(1997) 등을 저술하고 2004년에는 췌장암 선고를 받아 그해 10월 8일에 75세로 파리의 한 병원에서 사망하게 된다.

데리다는 죽기 1년 전까지도 그는 현실 문제에 적극적으로 개입하였다. 그중에서도 1981년에 체코의 반체제 지식인을 돕기 위한 얀 후스 재단 설립에 참여하고, 1982년에 체코를 방문하여 반체제 인사들이 주관하는 세미나에 참석한 후 체코의 실존주의 유대인 작가 프란츠 카프카(Franz Kafka, 1883~1924)의 무덤을 방문한 것은 대표적 사건이다.

그리고 미국 조지 부시 대통령의 이라크 전쟁[14] 승리 선언이 나온 직후인 2003년 5월에는 독일의 철학자이자 사회학자 위르겐 하버마스(Habermas)와 함께 이라크전쟁에 반대하는 공동선언문을 독일과 프랑스 일간지에 게재하였다. 그 외에도 프랑스 일간지 〈르몽드(Le Monde)〉와의 인터뷰에서 현행 일부일처제 결혼제도를 부정하며 '시민결합(union civil)'이라는 대안을 내놓기도 하여 화제를 낳았다. 즉 결혼이란 단어와 개념, 모호함이나 종교적 위선을 제거하고 강제되지 않은 여러 명 사이의 유연한 규약인 계약적 '시민결합'으로 바꿀 수 있다는 입장을 보인 것이다.

---

14) 2001년 아랍 자살 폭탄 테러범들에 의해 납치된 미국 여객기가 뉴욕의 고층 빌딩 두 곳에 충돌하여 수천 명이 목숨을 잃었던. 9·11테러 이후 엄청난 혼란에 빠진 미국이 이라크가 유엔이 금지한 대량살상무기를 개발하고 있다는 잘못된 정보가 이라크 망명자들로부터 나오자 부시 행정부의 2003년에 이라크를 침공하면서 일어난 전쟁이다. 1990년의 걸프 전쟁(1990~1991)에 이어 두 번째로 일어났다고 해서 '제2차 걸프전쟁'이라 부르기도 하며 최종적 종결은 도널드 트럼프 대통령 시기인 2017년에 이루어졌다.

2. 자크 데리다의 해체주의적 포스트구조주의 체계

1) 『그라마톨로지(기록학)』에서의 포스트구조주의 체계

자크 데리다는 프랑스령 알제리에서 유대계 프랑스인으로 태어나 인종적 차별을 겪으면서도 파리로 이주하여 파리고등사범학교를 졸업한 뒤, 1960~1964년 소르본대학에서 조교로서 강의했으며, 1965년부터는 파리고등사범학교와 미국의 존스 홉킨스대학과 예일대학을 오가며 30년 이상을 철학사와 관련된 강의를 하며 예일 학파와의 관계를 이어갔다.

그러한 과정에서 데리다는 언어학적 구조주의를 근본적으로 흔드는 '해체철학'이라는 독자적인 철학 사조를 구축하게 된다. 그의 포스트구조주의적이고 포스트모더니즘적인 철학은 전체적으로 전통 서양철학이 궁극적인 형이상학적 확실성이나 의미의 근원을 모색해왔다는 점에 대한 비판을 토대로 삼는다. 그중에서도 '해체(deconstruction)'라는 철학적 방법론을 핵심으로 해체주의철학을 전개한 것으로 평가된다.

데리다가 말하는 해체의 철학이론은 전통 서양철학의 형이상학이 근거로 하는 암암리의 가치판단이나 편견에 대하여 비판적 방법으로 주체와 객체, 자연과 문화, 본질과 현상, 정신과 물질 등 이분법적(이항대립적) 대립구도를 해체해야 한다는 관점에 기초한다. 특히 20세기 이후의 현대서양철학에서 상징적 비중이 큰 문자언어를 매개로 한 철학 역시 절대적 진리를 전제로 현란한 논의만 오가는 '로고스 중심주의(logo centrism)'로 간주하고 해체할 것을 주장한 것이다. 즉 불완전한 언어적 기호나 구조로 진리를 드러낼 수 없다는 인식이 자크 데리다의 '해체론'의 출발선이 되는 것이다.

이와 같이 데리다의 초기 해체론의 특징은 음성언어를 높이 평가하고 문자언어를 평가 절하해 억압하는 서양의 '로고스 중심주의' 혹은 '현전의 존재 이해'를 바탕으로 하는 사고를 비판한다. 하지만 이러한 사상의 근거는 질 들뢰즈와 같은 니체주의자들을 잇는 계보에 있지만 구조주의 언어철학자 소쉬르의 견해에서도 어느 정도 차용한 것으로 보인다. 이렇게 보면 전통서양철학의 형이상학을 비판해온 현대의 서양철학자들도 알게 모르게 이성적 진리를 중심으로 하는 '말 중심주의(logo centrism)' 혹은 로고스(logos, 진리) 중심에서 벗어나고 있지 못하다고 보는 총체적 비판의 관점이 데리다의 해체론이라고 할 수 있다.

그러므로 데리다의 해체론 혹은 해체철학은 하나의 철학적 사조의 형태라기보다는 '분석철학'과 유사하게 철학적 방법론에 해당한다고도 규정할 수 있다. 이는 같은 데리다의 사상은 포스트구조주의 사상가에 속하는 푸코와 들뢰즈 등이 후기구조주의 방식으로 니체 사상을 계승하고 있는 것에 비하면 차별성이 있다. 데리다는 포스트구조주의(후기구조주의)를 흡수하면서도 보다 전통적 형이상학에 대한 비판에 집중했기 때문이다.

따라서 데리다는 미국과 영국의 주요 도시와 대학에서 이루어진 강의에서는 록 스타(Rock Star)와 같은 인기를 누렸지만 프랑스 내에서는 고등사범학교 시절의 책임교수였던 알튀세를 제외하고는 관계가 소원하거나 반목하는 관계였다. 그 결과 변변한 정규교수 자리도 얻지 못하고 조교수 위치에 머물렀던 것이다.

다만 미국에서는 예일대학의 폴 드 만(Paul de Mann, 1919~1983) 교수나 힐리스 밀러(Hillis Miller)가 이끈 해체주의자들의 모임인 예일 학파의 일원으로도 지칭될 정도로 인기를 얻었다. 그것이 역으로 프랑스로 알려지면서 말년에는 미테랑 대통령으로부터도 신임을 얻게 된 것은 데리다가 그의 철학적 방법론인 '해체철학'을 문학적 분야로 한정하여 재배치한 결과로도 볼 수 있다. 당시의 예일 학파는 문학비평가들로 구성되었기 때문에 데리다가 가지고 있는 마르크시즘, 후설과 하이데거의 현상학, 니체의 실존주의적 생의 철학, 소쉬르의 구조주의적 언어학, 라캉의 정신분석학 등의 철학적인 배경보다는 문학작품(text)의 의미에 대한 '자세한 읽기(close reading)'를 하는 포스트모던적 신비평(New Criticism)으로 데리다의 사상을 받아들였던 것이다.

특히 데리다는 그의 주요 저서인 『그라마톨로지에 대하여(*De la grammatologie*)』(1967)에서 문자학(기록학)과 관련하여 서양철학이 2,500년간 역사에서 접근했던 형이상학 읽기의 방법을 비판한다. 즉 서양철학사에서 형이상학은

‘말(로고스, 이성)’을 중시하여 단 한 권의 책도 쓰지 않았다는 소크라테스 이후로는 대부분 ‘글(문자학, 기록학)’로 존재하지만 ‘말’과 ‘글’은 ‘지금-여기’ 존재하는 현전성(現前性, Presence)이 없고, 불확정적이기 때문에 재해석하지 않아야 한다는 점을 데리다는 강조한 것이다.

그리고 언어의 다양한 현상 뒤에는 불변하는 구조의 틀, 즉 랑그(langue)와 빠롤(parole)이 있다고 한 소쉬르(Ferdinand de Saussure)의 이분법적 언어구조주의에 대해서도 “텍스트(text)밖에는 아무것도 없다.”라는 유명한 명제이자 경구로 구조주의를 탈구축(脫構築)하고자 하는 ‘해체(deconstruction)’을 제시했던 것이다. 따라서 문학작품을 기준으로 하거나 형이상학을 읽는 방법을 기준으로 보면, 데리다의 해체론은 그 자신이 표현하듯이 해체적 독법인 ‘징후 독해(徵候讀解, symptomatic reading)’를 통해서 숨어있는 역설과 모순을 찾아내어 ‘문자기록(에크리튀르, ecriture)’ 속의 편견과 예단(로고스)에서 벗어나는 것에 목적이 있다고 할 수 있다.

2) 『목소리(언어)와 현상』, 『문자기록과 차이』에서의 포스트구조주의 체계

데리다는 또 다른 주요 저서인 『목소리(언어)와 현상(*La Voix et le phénomène*)』(1967), 『문자기록(글쓰기)과 차이(*L'Écriture et la différence*)』(1967)에서 서양의 전통적 형이상학이 언어적으로 이항 대립(二項 對立)의 구조에 있음을 비판하고 해체를 주장한다. 즉 선과 악, 진리와 허위, 이성과 감성, 말과 글(문자) 등은 이항으로 대립하고 서열제도를 구축한다고 비판한다. 이러한 이항대립에는 평등한 것이 없고 후자보다는 늘 전자가 앞서는 ‘폭력적 서열’을 구축하는 특성이 있으며, 쉽게 해체되거나 번복될 수 있는 경계(울타리)가 있음을 주장한다.

‘말’과 ‘글(문자)’ 역시 말이 완전하고 글은 이차적인 것으로 대립하지만 둘 다 현존성(現存性)이 결핍된 의미화의 과정이므로 경계가 무너지면 서열이 전도될 수 있다고 하였다. 따라서 데리다는 기존 서구 사상의 이항 대립적 서열관계에서 서열과 경계를 해체하여 상호보충적인 관계로 재구축되어야 한다고 보는 탈구축적 개념을 제시한 것으로 볼 수 있다. 이를테면 플라톤이 60세경에 쓴 대화편 『파이드로스(*Phaedrus*)』에서 글을 '망각의 치유'로 언급하면서 '파르마콘(pharmakon)'과 같다고 언급하는데, 이 용어가 '치료약(drug)'과 '독약(poison)'의 의미를 동시에 갖고 있듯이, 데리다는 현존과 부재의 경계도 형이상학적 계층 질서에 해당하는 것으로 보는 것이다.

즉 치료약과 독약은 서로 모순되고 대립되는 것인데 '글'은 이러한 모순을 동시에 가진다는 의미가 된다. 소크라테스에게는 파르마콘(pharmakon)이 치료약과 위험한 독약이 될 수 있는 이항대립의 관계로 설정되지만, 플라톤의 문학적 텍스트인 『파이드로스(*Phaedrus*)』에서는 어느 쪽에도 속하지 않는 계기를 마련하게 되는 것을 착안한 것이다.

결국 이러한 데리다의 이항 대립적 서열제도와 양분적 경계에 대한 해체론적 비판은 서양철학이 과거 2,500년간 이어온 형이상학에서만의 문제만은 아니다. 동서양을 막론하고 현대의 주류세력은 자신들의 편견과 예단에 기준하여 상대방을 주홍 글씨(The Scarlet Letter)[15]로 각인시키고 배제시키는 사례가 적지 않기 때문이다.

서양인들은 아시아 · 아프리카 사람들을 야만시하고 자신들의 종교나 사고방식 · 생활방식의 문화를 제국주의 관점에서 주입시키고자 몰입해왔다는 경향이 있음은 주지의 사실이다. 그리고 같은 국가나 민족 내에서도 정치 · 경제 · 시민단체는 물론 종교계에서도 자신들의 이데올로기나 독트린에 따라 상대 집단을 주홍 글씨로 매도하는 경우가 이 시점에서도 많다는 점에서 데리다의 견해는 의미가 있다. 심지어 그러한 이항대립적 논리가 정치운동이고, 노동운동이며, 시민운동인 것처럼 대중들을 선동하여 불안한 사회를 기도한다는 점에서는 더욱 그러하다고 볼 수 있다.

---

15) 『주홍 글씨(*The Scarlet Letter*)』(1850)는 19세기 미국의 대표적인 작가 너새니얼 호손(Nathaniel Hawthorne, 1804~1864)의 장편소설로, 미국 이민 초기인 17세기의 보스턴을 배경으로 간통(adultery)으로 두문자 A라는 주홍글씨를 가슴에 붙여야 하는 형벌을 받았던 헤스터 프린을 주인공으로, 그녀의 남편과 그녀의 애인, 그녀 사이에 태어난 딸로 설정된 펄 등을 뒤섞어서 죄가 인간에게 어떠한 작용을 하는가를 묘사한 이야기이다. 따라서 주홍글씨는 한 여자의 간통을 나타내는 것으로서 한정되는 것이 아니라 인간 모두에게 공통되는 죄의 상징으로까지 확대되고 있다.

3) 〈다른 곶〉 등에서의 포스트구조주의 체계

데리다는 1991년에 출간한 『다른 곶(*L'Autre Cap*)』에서 이항 대립적이고 이분법적인 로고스주의에서 탈구조화하기 위해서는 타자(상대)와의 '차이(difference, 데파랑스)'를 통해 존재해야 한다는 상생의 관점을 제시한다. 데리다는 이 책에서 유럽의 지리적 표상이며 유럽의 본질로 등장하는 '곶'[16]의 의미를 실마리 삼아서 기존의 '곶 담론'을 계승하면서, 다른 한편으로 그것을 해체하여 새로운 유럽의 정체성을 제시하고자 한 것이다. 즉 서양철학사에서의 형이상학의 한계와 모순을 적시하면서 존재와 실천의 근거에는 '차이'를 있는 그대로 받아들이고 새롭고 다른 곶을 향한 내면의 의미화(signified)를 제시하고 있다.

이를 위하여 데리다는 들뢰즈가 제시한 '차이(Différence)'라는 개념에서 더 나아가 '차연(差延, Différance, 데파랑스)'이라는 신조어도 사용한다. 물론 차연은 개념적으로는 '차이'에 속하기도 하지만, 차이의 시공간적 '연속성'의 의미를 강조하기 위하여 '차연'이라는 신조어를 만든 것으로 보인다. 즉 데리다는 '차연' 개념을 불어로는 '차이'와 똑같이 발음되지만 '차이(Différence)'에는 없는 'a'를 강조하는 것으로 설명을 시작한다. 즉 음성적으로는 구분할 수 없지만, 차이(Différence)와 차연(Différance)의 차이는 어원적으로는 분석할 수 있다고 본 것이다.

다시 말하면 이항 대립적인 동일성의 철학이 경계를 허물고, 상대방의 차이를 인정하는 존재인식과 실천으로 '다른 곶'으로 나아가기 위해서는 의미부여 단계에서 시·공간적으로 '연기(postpone, 지연)'의 개념이 포함된 '차연'의 방법에 의할 것을 강조하고 있는 것이다. 따라서 '차연'은 공간적으로 간격과 거리를 만들고 분리적인 효과를 일으키는 운동이며, 시간적으로는 모든 것의 차이를 인정하여 천천히 연기하고 우회시키고 반증하는 움직임(운동)의 개념으로도 파악될 수 있다.

---

16) 포르투갈의 수도인 리스본(Lisbon)을 벗어나 근교에 있는 신트라(Sintra)에서 15분 정도 거리에 대서양을 마주하고 있는 까보 다 로까(Cabo da Roca)는 '땅(Roca)' '시작'과 '끝(Cabo da)'이 공존하는 '곶'이라는 명칭이다.

이는 데리다 자신이 어린 시절에 유대계 프랑스인으로서 인종차별을 당했던 차연적 경험과도 연관된 것으로도 볼 수 있다. 즉 전통적 형이상학(동일성 철학)의 비판과 함께 자신의 '차이(차연) 철학'을 정립한 것으로 보인다. 이러한 관점에서 보면 21세기 다민족사회나 다문화사회에서도 데리다가 제시한 '차연'의 관점은 여전히 요구된다고 볼 수 있다.

이렇게 볼 때 데리다의 간판적인 철학인 '해체(deconstruction)의 철학' 내지는 '차연의 철학(差延哲學)'은 플라톤의 이데아철학에서부터 레비-스트로스의 언어구조주의철학에 이르기까지의 서양 전통철학의 동일성을 수정하는 것에 있다는 점을 알 수 있다. 아울러 데리다는 위선과 금기가 배타적인 권력으로 발전한다는 논리로 종교에 대해서도 반감을 보였다. 그리고 오스트리아-헝가리제국의 체코슬로바키아의 반체제 지식인들을 돕기 위해 방문했다가 당국에 체포되기도 하는 등 좌파적 사회참여 활동도 그의 해체론적 철학의 외연이라고 볼 수 있다.

데리다가 2003년 췌장암 진단을 받고 치료하다 2004년 10월 10일에 75세로 사망했을 때, 당시 프랑스 중도우파 공화당(Les Républicains, LR) 대통령으로 1995년~2007년까지 12년간 집권한 자크 시라크(Jacques Chirac)가 "데리다는 프랑스가 배출한 지구상 가장 위대한 현대 철학자 중 한 명이었다."라고 극찬의 조사를 한 것은 바로 그의 해체철학이 미친 영향성을 대변한다고 볼 수 있다. 그의 '해체(탈구축, 탈구조)' 개념에 기초한 탈중심적 다원적 사고, 탈이성적 사고가 1960년대 이후 남미대륙에서 포스트모더니즘(Postmodernism)으로 활발하게 전개되었고, 여성과 흑인, 동성애에 관한 담론으로도 이어진 것은 데리다의 정치적이고 사회참여적이며, 좌파적인 활동이 기여한 측면이라고 할 수 있는 것이다.

이러한 담론들 중에서 페미니즘(Feminism, 여권주의 혹은 여성주의)은 데리다의 해체론적 포스트구조주의나 포스트모더니즘과 같은 방법의 입장에 서 있는 사상이기도 하다. 남성과 여성이라는 이분법적 대립에 대해서 데리다의 해체주의적이고 후기구조주의적이며 포스트모더니즘적인 시각은 사실상 1990년대 이후의 3물결(세대) 페미니즘(여성주의)[17]의 가장 핵심적인 요소 중 하나가 되었다고 볼 수 있기 때문이다.

데리다에 있어서는 페미니즘도 니체가 『즐거운 학문(*Die fröhliche Wissenschaft*)』(1882)에서 "여성이 학문을 한다면 성적 결함이나 어딘가 심각한 문제가 있어서 학문을 하는 것이다."라든가 "여성은 남성이 만들어낸 이미지이다. 여성은 그 이미지를 남자들이 상상하는 대로 연기해준다."라고 표현하여 반여성주의적 관점을 보이고 있다. 이러한 니체의 여성관은 다섯 살 때 아버지와 사별하고 할머니, 두 고모, 젊은 엄마, 누이동생 엘리자베스로 구성된 여성적인 발달환경 속에서 성장하여 여성에 대해서는 날카로운 감수성을 가지게 되면서 남성적인 철학과 초인의 강인함을 추구한 생애 배경에서도 파악이 될 수 있다.

니체의 이러한 반여성주의적 관점을 데리다는 니체의 여성관을 남성이 생각하는 여성, 남성 같은 여성, 여성 고유의 특이성에 근거한 여성의 세 가지의 유형으로 분석하고 있다. 즉 데리다는 니체적인 여성들을 에쁘롱(뾰족한 돌출부)이라고 칭하며 여성들에 관한 글쓰기를 한 저서 『에쁘롱(*Eperons: Les styles de Nietzsche*)』(1978)에서 "니체, 그에게는 세 부류의 여성이 있었다. 니체는 아마도 거세된 여성이었고, 그런 여성을 두려워했을 것이다. 그는 거세하는 여성이었고, 그런 여성을 두려워했을 것이다. 그는 긍정적 여성이었고, 그런 여성을 사랑했을 것이다. 그는 안팎의 여성들을 사랑했다."고 언급하고 있는 것이다. 데리다가 이러한 분석을 하고 있는 배경에는 니체가 실제로는 여성들을 사랑했지만 소심한 성격 때문에 대부분 짝사랑 형태로 끝나고 마지막 여인이었던 루 살로메(Lou Andreas-Salomé, 1861~1937)[18]에게도 청혼을 하게 되지만 거절당하면서 여성에 대한 극심한 미움의 감정이 있었다는 점에서도 이해가 될 수 있다.

17) 제1세대(물결) 여성주의는 19세기부터 20세기 초반에 등장하여 여성의 법적 불평등과 참정권 확보에 중점을 둔다. 제2세대 여성주의는 1960년대부터 1980년대까지 문화적 불평등, 성적 규범과 여성의 사회적 역할 확대에 대하여 급진적인 태도로 진행된다. 제3세대 여성주의는 1990년대부터 2000년대에 이르기까지 다양한 갈래로 분화된 여성주의 활동을 말한다.

18) 독일의 작가이자 정신분석학자로서 많은 소설과 수필 등의 작품을 남겼으며 니체와 릴케(Rainer Maria Rilke) 등 당대 유럽 최고의 지성인들을 매혹시키며 사랑과 교감을 나누며 이들에게 창조적 영감을 주었던 것으로 알려져 있다.

한편, 페미니즘은 데리다가 활동하기 30여 년 전인 1890년대부터 여성들의 권리회복을 위한 운동의 개념으로 사용되기 시작하여 문학과 철학 부문에서 발전되었는데, 문학적으로는 영국의 여성 소설가 버지니아 울프(Virginia Woolf, 1882~1941)가 선두에 섰다. 그리고 철학적으로는 프랑스의 실존주의 여성학자 시몬 드 보부아르(Simone de Beauvoir, 1908~1986)가 선두 역할을 한 것으로 볼 수 있다.

우선 문학적으로는 버지니아 울프가 허구(픽션)의 이야기를 바탕으로 한 소설이 아니라 사실(논픽션)의 이야기를 바탕으로 쓴 에세이집인 『자기만의 방(*A Room of One's Own*)』(1929)[19]을 들 수 있다. 버지니아 울프는 이 소설에서 "여성이 소설을 쓰기 위해서는 돈과 자기만의 방이 필요하다."는 상징적인 주장을 하면서 여성이 교육의 기회를 박탈당하고 나아가 글쓰기로 생계를 유지할 권리 자체가 허용되지 않았던 당대의 현실을 비판하였다.

실제 버지니아 울프는 그녀의 오빠와 함께 지식인 모임인 런던의 블룸즈버리 그룹(Bloomsbury Group, Bloomsbury Set)에도 참여하고 케임브리지대학의 뉴넘 칼리지(Newnham College)에서도 강연을 했던 내용을 토대로 이 에세이를 썼다. 그러나 오빠들과는 달리 당시 사회에서는 대학입학이 불가능했고 대학도서관에 들어가기 위해서도 소개장이 필요했다는 당시의 상황을 언급하고 있다.

그리고 철학적으로는 장 폴 샤르트르와 자유연애(open relationship)와 계약결혼을 유지했던 프랑스의 시몬 드 보부아르(Simone de Beauvoir, 1908~1986)가 사르트르의 무신론적 실존주의에 영향을 받아 저술한 『제2의 성(*Le Deuxième Sexe, The Second Sex*)』(1949)에 의해 페미니즘이 정립되었다고 볼 수 있다. 오늘날 흔히 '페미니즘(여성주의)'이라는 말로 가리키는 것은 대개 보부아르의 사상에 영향을 받은 영미 권역의 젠더 연구와 문학비평에 토대를 둔 것이라고 할 수 있는 것이다. 따라서 보부아르가 후기구조주의가 아니라 무신론

19) 버지니아 울프는 1925년에 출간된 소설 『댈러웨이 부인(*Mrs. Dalloway*)』에서 '모더니즘 수법 구사하여 알려졌으며, 1938년에 출간한 에세이 『3기니(*Three Guineas*)』도 페미니즘의 고전문학으로 칭해진다.

적 실존주의에 따라 이 책을 썼다는 것은 21세기의 현 시대를 대변하는 사상이 후기구조주의에 있다는 점은 분명하지만 페미니즘에 있어서만큼은 여전히 실존주의적 사상이 건재하다는 점을 말해주는 것이기도 하다.

『제2의 성(*Le Deuxième Sexe, The Second Sex*)』(1949)은 〈제1부: 사실과 신화〉, 〈제2부: 체험〉 등 2부로 나누어져 있는데, 제1부에서는 숙명 · 역사 · 신화의 이론적 측면에서 여성의 위치를 다룬다. 그다음 제2부에서는 각기 다른 입장에서 여성들이 겪게 되는 여러 체험들을 분석하고 있다. 『제2의 성(*Le Deuxième Sexe*)』(1949)에서 그녀가 무신론적 실존주의를 페미니즘과 연결시키기 위해 시도한 노력은 이 책의 여러 장면에서 드러나고 있다. 그중에서도 주요 맥락은 페미니즘을 '여성에 대한 남성들의 타자화, 그리고 여성에 대한 여성들 스스로의 자기타자화'로 정리할 수 있는 것이다.

즉 보부아르에 따르면, 남성과 여성 사이에 대등하지 못한 관계에서 여성의 열등함은 여성의 본질 때문이 아니며 남성들의 타자화에 의한 것이 된다. 그러나 그러한 관계가 형성된 것에는 여성들의 자기타자화에도 원인이 있다는 점을 들고 페미니즘의 당위성은 여기에 있다고 지적하고 있음에도 실존주의적 관점이 보인다.

한마디로 정리하면, 남성이 실존적 주체이자 본질인 '제1의 성'에 위치한다는 것이며. 결국 주체로서 우월한 존재의 입장에서 실존적 객체이자 비본질인 '제2의 성'을 열등하고 예속된 존재로 생각하게 된다는 것이다. 보부아르는 이러한 관점으로 이 책을 저술을 시작했을 당시에는 '제2의 성'이라는 명칭이 아니라 '다른 성'이라는 제목을 설정했던 것으로 전해진다. 하지만 '제3의 성'이 동성애를 지칭한다는 측면에서 남성성에 비하여 부차적인 성이라는 뜻으로 여성성을 지칭하여 『제2의 성』으로 변경했던 것이다.

그러나 출간 당시에는 프랑스 내에서 인기를 얻지 못하고 여러 비판들로부터 스캔들을 일으키는 정도였다가 1953년에 영문판으로 『제2의 성(*The Second Sex*)』(1949)이 나오면서 인기를 얻게 된다. 출간 이후 50년 동안 프랑스에서만 100만 부가 팔려나갔으며, 각국의 언어로 세계적으로도 번역이 되면서 여성해방운동에 이론적 바탕을 제공한 것으로 평가된 것이다.

한편, 보부아르 이후에는 또 다른 여성 페미니스트 철학자들이 주로 후기구조주의 관점에서 페미니즘을 전개하게 되는데, 벨기에 출신 철학자이자 정신분석학자인 뤼스 이리가레(Luce Irigaray, 1930~)가 대표적이다. 그녀는 교황청이 바티칸 밖에 세운 최초의 대학인 벨기에의 루뱅대학을 1954년에 졸업하고, 1974년 파리 제8대학에서 언어심리학으로 문학박사 학위를 취득하였다. 그리고 파리 사회과학고등연구원 교수로 재직하면서 '성적 차이의 페미니즘'을 대표하는 철학자로 자리를 잡게 된 것이다.

『다른 여성의 검시경(*Speculum of the Other Woman*)』(1974), 『하나가 아닌 성(*This Sex Which Is Not One*)』(1977), 『성적 차이의 윤리(*The Ethics of Sexual Difference*)』(1993) 등이 그녀의 대표 저작이다. 이들 저작에서는 영미 권역의 페미니스트들과는 달리 고대 그리스 철학자들이나 현대 철학자 중에서 독일의 니체가 쓴 『즐거운 학문(*Die fröhliche Wissenschaft*)』(1882)[20]이나 프랑스의 라캉의 정신분석적 견해와의 대화 패턴을 통해 페미니즘을 발전시켜서 철학적인 체계를 갖추게 된 것이 특징적이다. 아울러 뤼스 이리가레는 보부아르와 유사하게 프랑스 여성해방운동에도 일찍부터 참여하면서 피임과 임신중절 등 여성 권리 보장에 앞장서는 실천적 활동을 하였다는 점도 업적이라고 할 수 있다.

따라서 뤼스 이리가레(Luce Irigaray)에 있어서 페미니즘은 성차에 따라 불평등한 여성에게 불리한 시민법을 바꾸고 문화적인 차원에서 가부장제를 바꾸는 것으로 전개되었다고 볼 수 있다. 이러한 사상은 자크 데리다에게 영향을 받은 것으로도 볼 수 있다. 왜냐하면 데리다 역시 니체의 사상에 기초하여 전통적인 남근이성주의를 타파하거나 재구축(해체)하려고 노력했고, 여성성이 남성성으로 편입되는 것을 우려하여 이리가레와 유사한 주장을 했기 때문이다.

---

20) 이 책에는 아모르파티(Amor Fati)라는 말이 있다. '당신의 운명을 사랑하라'는 뜻을 가진 라틴어이다. 니체는 자기의 의지대로 주체적인 삶을 살고자 노력했지만, 집도 없이 겨울에도 냉방에서 자야 할 정도로 가난하였다고 한다. 그러나 자기에게 주어진 조건들을 불평하지 말고, 최선을 다해 살아가라'는 경구의 의미로 볼 수 있다.

그러나 데리다와 이리가레의 양자 간에는 차이가 있기도 한데, 데리다의 해체주의적 페미니즘은 니체와 마찬가지로 여성성이 남성성과 같아지려고 하는 남근적 행위로 본다는 점이다. 따라서 데리다의 관점에서는 페미니즘은 해체되어야 할 대상이 되는 것이다. 여기에 비하여 이리가레는 불평등한 성문제에 대하여 여성의 주체성을 갖도록 하는 것에 초점을 맞춘다.

한편, 자크 데리다는 지금까지 논의한 그의 주요 철학이 아니더라도 정치이데올로기적인 저술들도 만년에 이르러 남겼는데, 주로 마르크스주의와 관련된 제목과 내용을 다루었다. 『마르크스의 유령들(*Spectres de Marx*)』(1993)과 『마르크스주의와 해체(*Marx en jeu*)』(1997) 등이 그것이다. 사실은 대중들에게는 이러한 책들이 더 많은 관심과 논쟁을 불러일으키기도 한 후기 사상의 대표저작인 것이다. 그중에서도 1980년대 후반부터 1990년대 초반에 소비에트 사회주의 공화국 연방(Union of Soviet Socialist Republic, USSR) 체제가 무너지면서 냉전이 종식되고[21] 전 세계적으로 우파가 득세할 때 발표된 『마르크스의 유령들(*Spectres de Marx*)』(1993)은 프랑스에서 처음 출간되어 난해하고 도발적인 표현으로 찬사와 비난을 동시에 받았으며, 오늘날까지도 많은 논란의 대상이 되고 있기 때문이다.

이 책에서는 제목처럼 유령이나 망령 또는 환영 등이 마르크스 해석 작업의 중요한 쟁점임을 밝히고, 이를 위해 햄릿의 유령을 차용하여 끊임없이 햄릿을 따라 다니며 사고 깊숙이 자리 잡고 떠나지 않는 유령처럼 자본주의에서도 마르크스의 사상이 끊임없이 출몰하고 있음을 주지시킨다. 소비에트 사회주의 공화국 연방(Union of Soviet Socialist Republic, USSR) 체제가 해체되어 사회주의 국가의 사상이 되었던 마르크스주의는 거의 자취를 감추었지만 마르크스의 유령들은 여전히 현대인들의 삶 속에서 지속되고 있다는 측면을 강조한 것이다.

---

21) 일본인 3세 출신으로 미국의 스탠퍼드대학 교수였던 프랜시스 후쿠야마(Francis Fukuyama, 1952)의 『역사의 종언과 최후의 인간(*The End of History and the Last Man*)』(1992)이 발표되면서 마르크스주의적 역사의 종말을 선언하고 있다.

이에 데리다는 그런 유령들과 화해에 도달할 수 있게 해 주는 정치적인 사유를 제시하고 있는 것이다. 이는 데리다가 정통적 마르크스주의와 이론과 실천 양 측면에서 어느 정도 거리를 두고 있었지만 마르크스주의에 대한 자신의 친연성(親緣性)을 뒤늦게 고백한 것으로도 볼 수 있다.

그리고 1990년대 초반 소비에트 사회주의 공화국 연방(Union of Soviet Socialist Republic, USSR) 체제가 붕괴되기 직전에 모스크바를 데리다가 기행하였던 내용을 1996년에 발간한 『자크 데리다의 모스크바 기행』도 큰 범주에서 보면 그의 해체론적 철학인 탈구축(deconstruction) 문제를 다루고 있지만, 직접적으로는 21세기를 살아가는 현대인들이 갖추어야 할 정치이데올로기와 관련된 지침을 논의하고 있다고 볼 수 있다. 이 책이 나오기 17년 전에 장 프랑수와 리오타르(Jean François Lyotard, 1924~1998)가 『포스트모던의 조건(*La condition postmoderne: rapport sur le savoir*)』(1979)에서 "모던의 대서사시가 끝났다."라고 한 말은 마르크스주의의 원리인 '노동자로서의 인간주체의 해방'도 탈구축의 의미를 포함하고 있다고 볼 수 있다.

따라서 리오타르의 포스트모던론은 마르크스주의적인 혁명사상을 떠나보내는 보내는 장송곡으로도 이해될 수 있다. 왜냐하면 리오타르의 이러한 주장이 나온 지 10여 년이 지난 1991년 8월부터 12월 사이에 러시아를 포함한 소련의 모든 공화국들이 소비에트연방에서 탈퇴하는 상황이 전개되었기 때문이다. 이어서 1991년 12월 25일엔 소비에트연방의 대통령이었던 미하일 고르바초프(Mikhail Gorbachev)가 대통령직을 사임하고 소비에트연방 지도부를 해체하게 된 것은 같은 맥락에서 이해될 수 있다.

Chapter

6 부르디외 / 보드리야르의 포스트구조주의

제1절 피에르 부르디외의 포스트구조주의

1. 피에르 부르디외의 생애 배경

피에르 부르디외(Sepultura de Pierre Bourdieu, 1930~2002)는 프랑스 남서부의 피레네-아틀란티크(Pyrénées-Atlantiques)주의 베아른 지방의 산골벽지 마을인 뎅규인(Denguin)에서 우체국 노동자이자 농민이었던 아버지 알버트 부르디외(Albert Bourdieu)와 가정주부였던 어머니(Noëmie Duhau) 사이에서 1930년 8월 1일에 유일한 자녀로 태어났다. 피에르 부르디외가 성장했던 아동 시기의 정치적 시대 상황을 보면, 9세였던 1939년에는 제2차 세계대전이 일어났다. 아울러 1940년부터 파리는 독일 나치(Nazi)당의 히틀러가 세운 제3제국의 군대에 의해 점령당하게 된다.

따라서 고향 근처의 도시인 포(Pau)에서 15세에 중고등학교인 리세(Lycée)

를 다니다가 파리로 이사를 가게 되어 파리의 명문으로 불리는 루이르그랑 중고등학교(Lycée Louis-le-Grand)로 전학하여 졸업하였다. 그리고 그랑제콜 준비반을 거쳐 1951년(21세)에 파리고등사범학교(École Normale Supérieure, ENS)에 입학하여 철학을 공부하였다. 그가 고등사범학교를 다녔던 1950년대 프랑스에서는 양차에 걸친 세계대전을 경험한 이후 장폴 사르트르로 대표되는 마르크스주의와 실존주의 사조가 유행했다. 하지만 부르디외는 여타의 고등사범학교 동창생들처럼 이러한 시대적 사조에 반감을 가지고 있었다.

그 대신 가스통 바슐라르(Gaston Bachelard, 1884~1962)와 조르주 캉길렘(Georges Canguilhem, 1904~1995)[1]의 과학철학과 인식론 강의에 심취하였고, 같은 마르크스주의자였던 루이 알튀세(Althuser, 1918~1990)의 강의에도 많은 영향을 받게 된다. 이후 프랑스의 교원자격시험인 아그레가시옹(Agrégation)에 통과한 부르디외는 1955년 10월(25세)에 프랑스 군대에 징집되기 전까지 1년 동안 프랑스 중부지역인 일리에(Allier)주 물랭에서 리세 교사로 일했다. 당시의 고등사범학교 출신들은 예비사관학교를 거쳐서 장교신분으로 입대하였지만 부르디외는 자신과 비슷한 사회적 배경을 가진 사람들과 함께 생활하기를 원했기 때문에 많은 동료졸업생들과는 달리 사병으로 입대하기로 결정하게 된다.

부르디외의 군 생활은 처음에는 베르사유 군대의 심리 서비스에 배정되었으나 식민지 알제리 문제와 관련하여 검열된 잡지인 〈L' Express〉를 소지한 것으로 밝혀져 징계 차원에서 프랑스식민지였지만 1954년부터 1962년까지 이어진 독립전쟁(알제리혁명)으로 혼란했던 알제리에서 복무하게 되었다. 부르디외는 처음에는 군사시설을 경비하는 부대에서 복무했으나 이내 사무직으로 옮겨서 복무하게 된다. 알제리에서 약 1년간의 군복무를 마친 그는 알제리의 알제대학(1958-1960)에서 강사 및 연구원 생활을 하면서 1958년부터 알제리 북부의 베르베르인(Berber)의 카바일족에 대한 인류학적 연

1) 과학철학에서 바슐라르는 인식론적 장애와 인식론적 단절(obstacle épistémologique et rupture épistémologique)의 개념을 도입했으며, 캉길렘의 과학철학 분야 주요 저작은 『정상적인 것과 병리적인 것(*Le Normal et pathologique*)』(1943년 초판, 1968년 확장)이 있다.

구를 현지조사를 통하여 진행하여 그의 최초의 저작인 『알제리 사회학(*Sociologie de l'Algérie*)』(1958)으로 출판하였다. 이 책은 충돌에 대한 민족지학적 연구로 평가를 받게 되면서 그의 인류학적 명성이 토대를 마련하게 되는 계기가 되었다. 이에 힘입어 1962년(32세)에는 미국에서 영문판(*The Sociology of Algeria*)으로도 발간이 되었다.

카바일족에 대한 연구 이후 부르디외는 클로드 레비-스트로스(Claude Lévi-Strauss, 1908~ 2009)의 구조주의 인류학의 영향에서 서서히 벗어나 행위자들의 실천에서 드러나는 역동성에 주의를 기울이게 되었다는 평가를 받게 된다. 원래 레비-스트로스(Claude Lévi-Strauss)의 인류학적 구조주의에 많은 영향을 받았던 부르디외는 점차 실제 행위자들의 실천(practice)을 무시하는 구조주의를 비판적으로 바라보게 된 것이다.

부르디외의 인류학적 연구는 사회 위계 재생산 분석이 지배적이었고, 사회질서와 변화의 분석에서 경제적 요인의 중요성을 비판했던 것이다. 이는 부르디외가 자신의 이론으로 종합하기 위해 착수한 많은 전통 인류학과 사회학의 영향을 받았음을 의미한다. 그중에서도 마르크스로부터 는 '사회'에 대한 이해를 사회적 관계의 집합체로 이해하게 되는 영향을 받게 된 것이다. 따라서 알제리에서의 생활은 부르디외가 사회학자로서의 기로 들어서게 된 결정적 계기였다고 볼 수 있다.

1960년에 프랑스 파리로 돌아온 부르디외는 레몽 아롱의 조교생활을 하면서 파리대학에서 1960년부터 1년간, 그리고 릴대학(Lille Nord de France)에서 1964년까지 교수직을 수행하게 된다. 이 시기인 1962년에는 마리-클레어 브리자드와 결혼하여 제롬, 엠마누엘, 로렌이라는 세 자녀를 두었다. 그리고 고등사범학교 출신 선배 사회학자였던 레몽 아롱(Raymond Claude Ferdinand Aron, 1905~1983)에게 발탁되어 1964년부터 고등연구대학원(École Pratique des Hautes Études)[2]에서 연구교수로 재직하며 강의도 맡게 된다.

그는 프랑스 학계의 관행을 거부하며 박사학위를 받지 않았지만, 탁월

2) 파리 사회과학고등연구원(École Pratique des Hautes Études en Sciences Sociales, EHESS)의 전신이다.

한 연구 성과를 인정받아 교수직에 오를 수 있었던 것이며, 이 시기에 부르디외는 프랑스의 교육, 문화 등에 내재한 불평등에 대하여 사회과학적 관점에서 고등연구원의 동료들과 함께 다양한 연구를 시도한다. 그러나 부르디외가 이 시기에 수행한 연구에서는 자본주의 사회 내에서 마르크스주의적 인식에 영향을 받았고 이에 동조했다고 볼 수 있다. 부르디외가 알제리 내전 당시 알제리 지식인들에게 유리한 입장을 취했다는 점도 이를 방증한다.

한편, 레몽 아롱은 장 폴 사르트르와 같이 1905년에 태어나서 에콜 노르말 쉬페리외르(파리고등사범학교)에서 두 사람 모두 철학을 공부하고 1930년대에는 공히 독일에 머무르면서 철학을 연구했지만 1939년부터 그들은 서로 다른 길을 가게 된다. 제2차 세계대전이 종료된 시점인 1945년에는 사르트르와 아롱은 〈현대(*Les Temps modernes*)〉라는 잡지를 만들기 위해 다시 만나기도 했지만 곧 결별한다. 전후 프랑스 지식인 사회는 사르트르를 비롯하여 마르크스주의자들이 압도하는 시기였지만 아롱은 동화되지 않고 우파인 주변인으로 남아서 마르크스주의를 비판하였던 것이다. 아롱은 이러한 환경에서 1955년에 소르본대학 교수로 임명되기는 했지만 좌파들에 의해 비판을 받는 바람에 1960년대 말까지는 지지자들이 많지 않았던 사람이었다.[3)]

이러한 인연으로 부르디외는 아롱이 설립한 유럽사회학연구센터(Centre de Sociologie Européenne)에서 비서관으로 일한 후 1968년에는 인수하여 그가 죽을 때까지 감독하게 된다. 그러나 1968년의 68혁명(5월 혁명)이 일어났을 때 아롱이 사회운동에 참여하는 것을 허용하지 않자 부르디외는 아롱과 결별하게 된다. 아울러 아롱이 설립한 유럽사회학센터와는 분리된 교육 및 문화 사회학센터도 설립하기에 이른다. 부르디외는 이곳에서 열 명 남

3) 아롱은 1970년에 프랑스 최고권위를 가진 교육기관이자 연구기관인 콜레쥬 드 프랑스(Collège de France)의 교수로 임명되면서 그의 자유주의적 메시지들이 주목을 받기 시작하였고, 1970년대 중반 이후에 마르크스주의가 파열되는 모습을 보이기 시작하자 젊은 세대의 지식인들에 의해 재평가되기에 이른다.

짓의 학생들로부터 참가신청을 받아 소규모로 세미나를 진행했다. 세미나 방식은 첫 시간에만 자신이 발제를 하고 그 뒤로는 부르디외의 제자격인 교수들과 학생들이 돌아가며 발제를 하는 형태였다.

이어서 1975년에 그는 유럽사회학연구센터에 자신이 만든 연구그룹, 소위 부르디외 학파와 함께 학제 간 학술지인 〈사회학 연구의 절차(*Actes de la recherche en sciences sociales*)〉를 역사학자 페르낭 폴 아킬레 브라우델(Fernand Paul Achille Braudel, 1902~1985)의 지원을 받아 창간했다. 이 저널을 통해 부르디외는 후기 구조주의 입장에서 사회학을 '구조와 행위의 기능 차원에서 기술하는 학문'으로 파악하고 설명하는 관점을 고수하면서 사회학 연구의 엄격함을 뒷받침하려고 했던 것이다.

이를 뒷받침하기 위하여 이 학술지는 수많은 삽화(사진, 만화 등), 큰 형식 및 레이아웃을 사용하여 전통적인 학술 저널과 다르게 편집이 되는 방법을 취하게 된다. 같은 맥락에서 부르디외는 스스로도 이 학술지에 많은 기고와 발표를 하였는데, 사변적인 프랑스 지식인들과 다르게 자신의 저작에서 통계방법론과 인터뷰 기법을 많이 사용했다. 따라서 이때부터 부르디외는 사회학을 '구조와 기능의 차원에서 기술하는 학문'으로 파악하는 한편, 후기 구조주의 입장에서 구조와 행위의 관계를 설명하는 입장을 취했다고 볼 수 있다. 이러한 작업은 부르디외의 대표작 『구별 짓기』(1979)와 『실천 감각(*Le Sens pratique*)』(1980)에서 결실을 맺었다고 볼 수 있다.

이러한 연구업적의 결과로 51세 때인 1981년에는 콜레주 드 프랑스(Collège de France) 교수 및 사회학 학과장으로 취임하게 된다. 이때 이미 콜레쥬 드 프랑스에 교수로 있었던 미셸 푸코는 부르디외의 저작들에 매우 큰 감명을 받고 그를 선출하도록 힘을 썼다고 한다. 그러나 『실천 감각(*Le Sens pratique*)』에서 '객관주의적 오류'의 대표자로 공격을 받은 레비-스트로스는 임용에 반대한 것으로 전해진다. 부르디외는 소위 자신의 '성찰적 사회학'을 정립하는 과정에서 레비-스트로스의 구조인류학을 '관찰자로서의 사회과학자의 입장이 만들어낸 왜곡된 객관주의의 구현'이라고 비판하였던 것이다.

이후 지식인으로 탄탄한 위치를 확보하게 된 부르디외는 활발한 저술활동을 하는 과정에서도 사회현실 참여에도 관심을 가지게 된다. 즉 텔레비전이나 언론에 출연해 실업자들을 지지하며 문명파괴 반대운동에도 참여하는 등 행동하는 지식인이라는 평가를 받았던 것이다. 아울러 1990년대부터 부르디외는 정치적 논쟁에도 깊숙이 참여하게 되는데, 그중의 하나는 장 폴 사르트르(Jean-Paul Sartre, 1905~1980)와의 논쟁을 들 수 있다. 당시 프랑스 정치에 개입하려는 사르트르의 시도를 '무책임하고 기회주의적'이라고 비난했던 것이다. 이 당시부터 부르디외의 저서들이 영어로 번역[4]되기 시작하면서 영미권역에도 이름을 알리게 된 것으로 보인다.

따라서 부르디외는 이처럼 사르트르와 같은 대중적인 지식인을 비난했지만, 그 역시 처음부터 강력한 정치적 견해를 가지고 있었다고 볼 수 있다. 이러한 논쟁과정에서 그의 정치적 견해는 더욱 명백해졌고 그 역시 대중 지식인으로서의 역할을 수행해야 했기 때문이다. 왜냐하면 1990년대는 유럽대륙뿐만 아니라 미국과 영국중심의 세계화(전지구화)나 신자유주의 사상이 정치적 논쟁에서 지배적인 주제이자 담론이 되었기 때문이다. 이에 부르디외는 학문활동을 대중화시키지 위해 1995년 12월에 '행동하는 이성'이라는 의미의 지식인 연대조직인 레종 다지르(Raisons d'agir)를 결성하였다. 그리고 '자유-행동하는 이성'이라는 뜻의 출판사인 '리베르 레종 다지르(Liber Raisons d'agir)'도 설립하여 전향적이고 학문적인 젊은 연구자들의 저작을 자주 출판하면서 신자유주의에 대한 비판을 진행했던 이유도 여기에 있었다.

이미 비판적 사회학자와 대중 지식인으로서의 자리매김이 된 부르디외로서는 1998년에는 프랑스 국내의 조스팽 총리 등의 신자유주의자들뿐만 아니라 영국의 토니 블레어 총리나 독일의 슈뢰더 총리는 물론 앤서니 기든스(Anthony Giddens) 등의 세계화와 연계된 제3의 길 사상가들을 강하게 비판해야 하는 시급함이 역할로 주어졌던 것이다. 이러한 역할을 해야 하는

4) 프랑스어로 발간된 부르디외의 저서는 주로 Richard Nice라는 매우 훌륭한 전문 번역자에 의해 영어로 번역되어 영미권으로 공급되고, 다시 주요국가의 언어로도 번역이 되었다.

부르디외로서는 언론과 미디어를 통해 이들에 저항하기 위해서는 범세계적인 지식인 연대가 필요하다고 주장하는 한편으로는 프랑스에서의 신자유주의 개혁의 효과나 그에 대응한 피해를 조사하기 위한 프로젝트도 수행해야 하는 이중적인 역할이 요구되었다. 프랑스 내의 실업자 농성을 지지한 것도 그 일환이었다고 볼 수 있다.

이처럼 부르디외는 사회운동과 정치적 논쟁에 참여함으로써 학계를 넘어 명성을 얻게 되었고, 미셸 푸코(Michel Foucault)나 자크 데리다(Jacques Derrida)와 같은 이십 세기 후반의 위대한 프랑스 지식인 중 한 명으로 자리매김이 되었던 것이다. 아울러 부르디외는 프랑스혁명 후 태어나 사회학(Sociology)을 창시한 오귀스트 콩트(August Comte, 1798~1857)와 통계를 적극적으로 현대사회학의 방법론적 기조를 창시한 에밀 뒤르켐(Emile Durkheim, 1858~1917)의 뒤를 이어서 프랑스 사회학의 위치를 굳건하게 한 역할을 하였다고 볼 수 있다. 왜냐하면 제2차 세계대전 이후 탈코트 파슨스(Talcott Parsons, 1902~1979) 등의 미국 사회학자 중심의 사회학5)에 밀려 힘을 잃고 있던 상황에서 부르디외는 유럽의 칼 마르크스, 에밀 뒤르켐, 막스 베버를 잇는 20세기 후반의 대표적인 사회학자로 볼 수 있기 때문이다.

그러나 이러한 부르디외의 명성은 단순히 그 자신만의 업적이라고 한정하기보다는 파리고등사범학교 출신 선배인 사회학의 창시자 에밀 뒤르켐이나 장 폴 사르트르, 모리스 메를로-퐁티와 같은 철학자들의 사상과도 영향이 있었다고 볼 수 있다. 아울러 청년기의 부르디외에게 많은 영향을 미친 루이 알튀세르나 미셸 푸코는 가까운 선배들이었으며, 경험적 자료들을 토대로 1968년 5월 혁명을 전후한 프랑스 대학계에서의 권력 문제를 저술한 책인 그의 『호모 아카데미쿠스(*Homo academicus*)』(1984)를 두고 논쟁을 벌였던 알제리 출신의 자크 데리다(Jacques Derrida, 1930~2004)도 그의 동창생이

5) 현대사회학은 1960년대까지 탈코트 파슨스(Talcott Parsons)의 구조기능분석론, 폴 라자스펠드(Paul Lazarsfeld)의 연구방법론, 그리고 로버트 K. 머튼(Robert K. Merton)의 중범위 이론이 주도하였고, 이후에도 허버트 블루머(Herbert Blumer)의 상징적 상호작용론(symbolic interactionism), 조지 호만스(George Homans)의 교환이론(exchange theory), 알프레드 슈츠(Alfred Schütz)의 현상학적 사회학(phenomenological sociology) 등의 미국중심의 사회학이 주도하고 있었다.

었던 것이다.

하지만 부르디외가 1993년 사회학자로서는 최초로 프랑스 국립과학연구센터(Centre National de la Recherche Scientifique, CNRS)에서 금메달을 수상했으며 1996년에는 미국의 버클리대학에서 고프먼 상을 수상하고, 2001년에는 영국의 왕립인류학연구소에서 헉슬리 메달을 수상한 것이나 1996년 프랑스 시사주간지 설문에서 세계 최고 지식인의 1위로 뽑혔다는 점[6], 그리고 미셸 푸코를 이어 논문 인용률이 2위일 정도라는 점은 부르디외의 개인적인 영향력도 충분히 인정할 수 있다.

그리고 부르디외가 2000년 9월 25일에 한국을 방문하여 세종문화회관에서 대산 문화재단 주최로 열린 '2000 서울 국제문학 포럼'에 참가하여 '위기 속의 문학'이라는 주제로 강연하고 교보문고에서 강연회를 열기도 하였던 것도 같은 맥락에서 이해할 수 있다. 당시 포럼을 주관한 주요 인사들의 일화를 보면, 김대중 대통령의 신자유주의 정책을 자신이 지지하는 것으로 오해받기가 싫다는 이유를 들어서 청와대를 방문을 거부하다가 주변의 권유로 참여했으며, 포럼 자체보다는 한국의 노동운동이나 시민운동, 학생들에게 더 관심을 보였다고 전해진다.

대표적인 저서에는 『재생산: 교육체계 이론을 위한 요소들(*La Reproduction : Éléments d'une théorie du système d'enseignement*)』(1970), 『자본주의의 아비투스: 알제리의 모순(*Algérie 60: structures économiques et structures temporelles*)』(1977), 『구별 짓기: 경험의 판단에 따른 사회적 판단력 비판(*La Distinction: Critique sociale du jugement*)』(1979), 『실천 감각(*Le Sens pratique*)』(1980), 『사회학의 문제들(*Questions de sociologie*)』(1982), 『호모 아카데미쿠스(*Homo academicus*)』(1984), 『텔레비전에 대하여: 저널리즘의 영향에 대한 후속 조치(*Sur la télévision: suivi de L'emprise du journalisme*)』(1996), 『맞불: 신자유주의 침략에 대한 저항하는 목적(*Contre-feux: Propos pour servir à la résistance contre l'invasion néo-libérale*)』(1998), 『맞불 2: 유럽 사회운동을 위해(*Contre-feux 2: Pour un mouvement social européen*)』(2001) 등이 있다.

---

6) 당시 2등으로 뽑힌 사람이 미셸 푸코였고, 3등이 위르겐 하버마스였다.

그중에서도 1979년에 출간된 그의 저서『구별 짓기: 문화와 취향의 사회학』이 대표 저작이라고 볼 수 있다. 이 책은 사회계급과 소비행태 간의 관계를 규명한 역작으로 꼽힌다. 이 책에서는 그의 사회학 및 후기구조주의적인 사상을 대변하는 핵심개념인 아비투스(Habitus)[7)]에 관한 설명이 되고 있다. 아비투스는 부르디외 스스로가 밝히고 있듯이 고대철학자 아리스토텔레스가 제시한 '습관'[8)]이란 개념과 유사하다. 부르디외는 이 개념을 처음에는 독일의 막스 베버(Max Weber, 1864~1920)가 사용했던 에토스(Ethos)라는 용어로 사용하다가 에르빈 파노프스키(Erwin Panofsky)가 쓴『고딕건축과 스콜라 철학(*Schosticism and Gothic Architecture*)』(1951)을 번역하게 되면서 'habitus'라는 용어를 창안하여 사용하기 시작했다.

파노프스키는 독일 출신 미국의 20세기 최고의 미술사학자로 평가받는데, 스콜라철학과 고딕건축을 초기 · 중기 · 후기로 나눈 후 그 둘의 시대별 구분이 일치한다는 점을 주장했다. 이어서 각 시대의 스콜라철학이 강조하는 사상적 지점이 어떻게 고딕건축에 적용되는지를 설명한다. 이렇게 볼 때『고딕건축과 스콜라 철학』은 고딕건축양식이 스콜라철학의 영향을 받았다고 보는 상식적인 명제를 각종 사료를 분석해 최초로 증명해낸 작품이라고 할 수 있다.

부르디외가 이 책을 번역하게 된 이유로는 이 책에서 '심적 습성(mental habit)'이라는 개념이 제시되고 있는데, 이 개념이 미술사학 자체보다도 현대의 역사학자와 사회학자들에게 엄청난 영향을 미쳤다는 점에 있었다. 특히 현대 사회학에서는 심적 습성이라는 용어가 가장 대중적으로 사용되는 용어중 하나가 되었다. 부르디외는 이 책에서 모티브를 얻어서 '아비투스(Habitus)'를 주로 계급적 구조라는 틀에서의 사회적 행위자의 실천을 설명

7) 'habitus'는 한국의 학계에서 아비투스, 아비튀스, 하비투스 등으로 다양하게 번역되고 있다.

8) 아리스토텔레스는 "우리는 우리가 반복해서 행하는 것이다. 그리고 탁월함이란 행동이 아닌 습관이다(We are what we repeatedly do. Excellence, then, is not an act, but a habit)."라고 언급하고 있다. 여기에서 습관이란 에토스(Ethos)와 헥시스(Hexis)의 두 차원으로 부분할 수 있는데, 에토스는 반복에서 비롯되는 기계적인 행위를 지칭한다면, 헥시스는 도덕적 성향 곧 덕과 밀접한 연관을 가진다.

하는 데 사용하고 있는데, '신체화(身體化, embodied)된 성향의 사회적 습관'으로 이해할 수 있다. 따라서 인지, 판단 및 행위의 지속적이고 전이가 가능한 체계, 도식(schème), 틀(frame)이라고도 할 수 있다. 아비투스는 행위자의 육체에 잠재하고 있다가 사회적 실천이 발생할 때마다 현재화되는 개념이기 때문이다. 그러므로 부르디외의 이 개념은 아리스토텔레스의 헥시스(Hexis)부터 중세철학을 거쳐 근대 이후 이성 철학이 서양 지성사의 전면에 부각되면서 덕 개념 곧 아비투스의 개념이 오랫동안 평가 절하되었다가 20세기 중반 이후의 현대철학과 사회과학 등의 다양한 논의를 거쳐 구성된 개념으로 볼 수 있다.

부르디외는 2002년 1월 24일 밤, 파리의 병원에서 인상파 화가 에두아르드 마네(Edouard Manet, 1832~1883)에 대한 글을 쓰다가 지병이었던 폐암으로 병원에서 71세를 일기로 갑자기 사망하였다. 사후에는 미완성 유고인 자전적 작품인 『자기분석을 위한 초고(*Esquisse pour une auto-analyse*)』(2004)가 출판되었고 그가 콜레주 드 프랑스의 사회학 석좌교수로 재직하던 시절의 강의록이 2012년부터 도서형태로 출간되기 시작해 사후 20주년인 2022년에 총 9권으로 완간되었다. 그 외에도 그의 사상은 제자들에 의해서도 이어지고 있는데, 부르디외의 제자이자 사회학자로 미국으로 건너가 캘리포니아 버클리대학 교수로 재직한 로익 바캉(Loic Wacquant, 1960~)의 『가난을 엄벌하다(*Punishing the Poor: The Neoliberal Government of Social Insecurity*)』(2009)는 신자유주의적 세계화와 복지국가의 쇠퇴문제를 비판하고 빈곤층의 증대를 감옥과 형벌 정책에 초점을 맞추어 분석하고 있는데, 19개 언어로 번역돼 각국에서 호평을 받았다.

2. 피에르 부르디외의 아비투스적 포스트구조주의 체계

1) 〈구별 짓기〉에서의 포스트구조주의 체계

부르디외가 사회학 분야에서 창안한 용어로는 아비투스(Habitus) 외에도 구조적 분석대상이 될 수 있는 어떤 사회관계의 덩어리나 사회적 행위자들이 놓인 위치의 체계를 의미하는 장(場, Champ), 지식이나 취향이나 교양이나 권위처럼 경제적인 재산은 아니지만 상징적으로 상대방에 대하여 지배력을 강화하는 무형재산을 뜻하는 상징재(Biens symboliques), 개인의 계급적이고 문화적인 정체성을 드러내어 다른 계급이나 집단과의 차별을 시도하는 전략의 의미를 지닌 구별 짓기(Distinction) 등이 있다. 그리고 부르디외 사회학에서 제시되는 기본개념으로는 아비투스(habitus), 자본(capital), 장(場, champ, field)을 꼽을 수 있다.

이러한 개념들은 그의 많은 저서들에서 집중적으로 혹은 중복적으로 제시되고 있는데, 이러한 개념들의 관계를 릴리(Riley, 2017: 111-112)는 다음에서와 같이 요약하고 있다.

"부르디외가 제시하는 일반적인 개념의 도식은 다음과 같다. 사회적 행위자가 가진 특정한 자원(자본)은 특정한 사회적 게임의 장(場, champ)의 맥락에서 특정한 종류의 실천을 생산해내는 특징적인 구조인 아비투스(habitus)를 만들어낸다. 이러한 상황은 견고하게 재생산되는데, 그 이유는 아비투스(habitus), 자본(capital), 장(場, champ)을 함께 연결하는 과정이 기존의 불평등한 자원분배를 정당화하는 것을 돕는 일상적 이해에서 체계적인 왜곡을 가져오기 때문이다."

이중에서 아비투스(habitus)의 개념을 제시하고 있는 저서로는 『자본주의의 아비투스: 알제리의 모순(*Alg´erie 60: Structures ´economiques et Structures temporelles*)』(1977)과 『구별 짓기: 경험의 판단에 따른 사회적 판단력 비판(*La distinction: Critique sociale du jugement*)』(1979)을 대표적으로 들 수 있다.

『구별 짓기: 경험의 판단에 따른 사회적 판단력 비판(*La distinction: Critique sociale du jugement*)』(1979)는 1963년부터 1968년까지 부르디외가 자신의 경험적 연구를 바탕으로 한 프랑스 문화의 상태에 대한 사회학적 보고서라고 할 수 있으며, 1984년에는 영어 번역본이 처음 출간되었다. 이 책은 1998년 국제사회학회(International Sociological Association, ISA)에서 20세기를 대표하는 가장 중요한 사회학 저서 10권 중 하나로 선정되었다.

부르디외는 이 책에서 기존의 사회학적 연구방법론에 의존하지 않고 엄격한 양적분석법인 설문조사와 실증자료를 통해 이를 달성하려고 했다. 이를 위하여 그는 통계학자인 살라 부에자(Salah Bouedja)와 함께 1963년의 '코닥 조사'와 1967년의 '취향 조사'라는 두 가지 조사의 데이터를 기초로 여러 차례의 대응분석을 하는 접근법을 채택하였다. 이 두 가지의 분석 외에도 부르디외는 데이터의 하위 집합에 대응분석법을 적용했다.

따라서 부르디외의 그러한 설문내용을 한국 사회에 적용하여 조사·분석한 사례가 다수 있다. 그 결과를 종합해 보면, 한국 사회에서 문화적 취향은 소득수준별로 크게 다르지 않은 것으로 나타난다. 오히려 성별 또는 연령별 차이가 더 뚜렷하다. 이러한 결과는 한국 사회에서 아직 계급문화가 형성되지 않았음을 방증한다. 한편 계급을 바라보는 시각에는 전통적으로 두 개의 큰 줄기가 있다. 마르크스는 경제자본을 절대시하는 반면, 베버는 사회적 지위나 평판을 중시한다. 부르디외는 이러한 흐름을 비판적으로 종합하여, 계급이 경제자본과 문화자본의 총합으로 결정된다고 주장한다. 두 자본은 서로 다른 자본으로 전환되는 고리를 가지고 있다. 특히 문화자본은 물밑에서 은밀하게 계급을 구분하고 강화하는 요인으로 작용한다(http://weekly.chosun.com).

부르디외의 이 책은 전체가 서문에 이어서 8개의 장과 결론으로 구성되어 있다. 서문에서는 모든 문화상품에도 '사회적으로 형성된' 경제적 가치위계가 존재한다는 점을 전제하고, 문화적 선호가 사회구조와 맺는 상호관계에 대해 분석하여 그 양상을 드러내야 한다는 후기구조주의적 관점을 보인다. 그 근거로서는 일반적으로 예술작품에 대한 '해석'의 양식 혹은 '지각'의 양식이 모종의 방식으로 구조화되어 있다는 점을 들고 있다.

이 외에도 '구별 짓기'의 문제의식은 '서문'에서 이미 분명히 드러난다. 거기서 그는 칸트의 미학이론을 강하게 비판한다. 칸트는 사람들이 공통감각을 통해 미적 판단에 관한 보편적 능력을 갖게 된다고 주장한다. 반면 부르디외는 미적 취향 자체가 사회적 또는 계급적으로 훈련된다고 반박한다. 이는 부르디외가 이 책의 부제를 '사회적 판단력 비판*(critique social du* *jugement)*'이라고 설정하고 있다는 점은 다분히 칸트의 '판단력 비판'이라는 책 이름을 의식한 것이라고 볼 수 있다. 아울러 기본적으로 사회계급의 형성과 재생산, 사회권력 획득 및 유지가 마르크스가 주장한 것처럼 경제자본에 의해서만이 이루어지는 것이 아니라는 점을 비판한다(http://weekly.chosun.com 재수정).

제1장에서는 프랑스가 1789년에 대혁명을 거친 후 거의 200년이 지났지만, 여전히 귀족적 사회제도를 유지하고 있다는 비판을 '문화귀족의 칭호와 혈통'이라는 주제로 다루고 있다.

제2장에서는 '사회공간과 그 변형'이라는 주제를 설정하고 사회를 설명하고 있는데, 사회계급은 단일 변수나 여러 변수들의 단순한 총합이나 계층적 속성에 의해 구성되지 않고, 관여되는 속성들이 관계를 맺는 '구조'에 의해 정의된다고 주장하고 있다. 즉 사회공간은 계급관계의 장을 말하는데 문학적 장, 정치적 장, 경제적 장, 권력적 장등 위계적으로 조직된 일련의 장들에 의해 구조화된다고 보는 것이다.

제3장에서는 '아비투스와 생활공간 양식'이라는 주제를 설정하고 사회를 설명하고 있는데, 주로 사회변동 방법론을 제시하면서 사회학에서 일상적인 세계를 분석 대상으로 설정해야 하는 이유와 함께 구체적인 문화분석의 사례들을 다루고 있다. 예를 들어 서로 다른 가정의 생활환경에서 만나서 결혼했다가 시집이나 처가와의 갈등을 겪거나 급기야 이혼이나 가정폭력을 당하는 것도 이 아비투스와 관련된 문제가 크다고 볼 수 있다. 따라서 부르디외는 기존의 마르크스주의 사회학의 전통이 수직적인 계급구성으로 사회공간을 개념화했다면 여기에 문화적인 차원을 더하여 사회공간을 다차원적으로 확장시키는 업적을 보였다고 할 수 있다. 이를 통해 사회공간은 경제자본의 크기로 수직적인 구조를 이루는 동시에 문화자본의 양에 따라서 수평적인 구조로도 위치하게 된다고 볼 수 있다.

제4장에서는 '장의 역학'이라는 주제로 문화상품 생산의 장은 취향(Habitus, 아비투스)에 대응하는 소비성향에 의존한다는 논리를 펴고 있다. 즉 문화적 취향은 실천(practice)의 장(field)에서 실현 가능성을 찾게 된다고 보는

것이며. '실현'은 사회계급화와 관련해 유의미한 작용을 하게 된다는 의미이다. 개인들의 문화적 기호의 차별들이 어떻게 사회계급들의 차별을 재생산하고 있는가를 실증적으로 조사 분석하면서 아비투스가 "개인의 습관과는 달리 객관적으로 분류 가능한 실천들의 발생원리인 동시에 실천들의 분류체계"라는 점을 지적한다.

제5장은 지배계급론에서는 지배계급이 문화적이고 예술적 대상을 소유하는 것을 넘어서 전유한다고 보았다. 즉 단순히 객체로서의 상품이나 콘텐츠를 소유하는 데 그치지 않고, 그것의 내재가치를 규정하고 해석할 권한까지 장악한다고 본 것이다. 따라서 지배계급은 여유로움을 과시적으로 드러내고, 주로 기호나 상징 습득에 많은 시간을 요하는 것에 천착하며, 경제자본이 상대적으로 미약한 교수나 예술가 분파로 갈수록 금욕적이고 간소하지만 하위계급과 자신들을 구별하는 문화양식을 전유하는 경향이 있다고 분석한다.

제6장은 중간계급론에서는 중간계급이 처음부터 끝까지 상승지향적인 특성을 보인다는 점을 분석하고 있다. 소위 쁘띠부르주아지(petite bourgeoisie)[9]는 부르주아지의 정통문화를 동경하지만, 그것의 핵심에는 자본소유조건의 제약 등으로 다가가지 못하고, 부차적인 요소에 집착하게 되는 특징이 있다. 중간계급 내에서도 상승하는 분파와 하강하는 분파가 나뉘게 되는데, 대체로 고령의 저학력 장인 및 소상인 계급인 쇠퇴하는 쁘띠부르주아지, 민중계급 출신이며 학력수준이 중간인 사람들로 구성되는 실행 쁘띠부르주아지, 젊은 사무직 노동자나 고학력 일반관리직으로 구성되는 신흥 쁘띠부르주아지가 그것이다. 쁘띠부르주아지 중에서도 하위에 속하는 계급은 학교제도가 아닌 '독학'에 의한 문화자본을 얻게 된다. 독학은 아비투스에 의한 신체화에 미치지 못한다는 점에서 질적으로 열등한 위치에 설 수

9) 영어로는 스몰 부르주아지(small bourgeoisie) 혹은 소시민(petty bourgeoisie)에 해당하며, 원래 18세기와 19세기 초기의 한 사회계급을 가리키던 프랑스어 낱말로, 현재는 부르주아지와 프롤레타리아트의 '중간계급'의 의미로 사용된다. 이들은 부르주아지에 속하지는 않지만 부르주아지적인 사고를 갖고 있다는 특징이 있다.

밖에 없고, 지식의 양적인 측면에만 매달리게 되는 결과를 가져오게 되기 때문이다.

제7장은 민중계급론(피지배계급론)에서 부르디외는 민중계급이 자신의 언어로 자신을 설명하지 못하고, 박탈된 자본과 한정된 자본획득기회에 자신들을 순응시킨다고 분석하고 있다. 따라서 소비행위나 소비대상보다는 한정된 금액 자체에 더 큰 관심을 갖게 되므로 예술이나 형식적 기호에는 전혀 관심을 두지 않게 된다는 것이다. 민중계급의 결핍 상태는 물질적인 것뿐만 아니라 정신적이고 문화적인 것에서도 마찬가지로 유지되는데, 문화자본을 결여한 민중계급은 이론적 수단을 지닌 지배계급의 담론을 조건 없이 따르는 역할에만 충실하거나 동화되는 선택지를 갖게 될 뿐이다. 이렇게 되는 과정에는 '제도적으로 조작하는 교육'이라는 체계적인 사회적 과정이 개입한다고 보고 있다.

이처럼 5, 6, 7장의 계급론은 현대사회에서 계급의 위치와 그들의 행위를 아비투스적으로 설명하고 있는 가장 중요한 부분이라고 할 수 있다. 왜냐하면 계급(class)은 사회를 지배와 복종의 관계에서 파악하는 것인데 아비투스는 특정한 환경에 의해 형성된 취향이나 사고, 인지, 판단과 행동 체계를 의미하는 것으로, 특정한 계급 구성원들의 문화적 상징이나 행동특성을 나타내는 개념으로 보고 있기 때문이다. 부르디외는 여기에서 '진정으로 고전적인' 대학교수, '살아가는 방법을 아는' 젊은 관리직, '매우 검소한' 간호사, '정확하게 중간인' 빵집 부인, '언제나 타인을 위해 일하는' 직공 등과 같이 구체적인 분석을 통해서 각 계급의 아비투스를 보여주고 있다.

제8장은 문화와 정치라는 주제로 정치적 의식이나 '여론'은 계급관계에 따라서 어떻게 영향을 받는가?에 대한 분석을 하고 있다. 즉 문화분석의 사례를 정치적 영역에 적용하고 있는 것이다. 프랑스 사람들이 자신의 계급적 기반과 어긋나는 행동을 하는 것, 예컨대 노동자들이 보수 정당에 투표를 하는 경우를 계급관계와 정치적 의견 표명의 관계는 정치적 발언권의 '자격'인 정치적 교양에 대한 사회적이고 아비투스적인 인식에서 극명하게 드러난다고 부르디외는 해석하고 있다.

부르디외의 이러한 아비투스적인 계급론은 현대사회에서 지배구조 혹은 계급구조가 어떻게 유지되고 재생산되는지, 민중노동계급 혹은 피지배계급이 어떻게 그들의 지위를 '자연스러운' 것으로 받아들이는지에 대한 설명을 문화에 관한 분석이나 해석을 중심으로 제기한다는 점에서 현대 사회학이나 후기구조주의적 사유체계에 시사하는 바가 매우 크다고 할 수 있다.

그리고 『구별 짓기』의 마지막 결론 부분에서는 결국 프랑스가 자유·평등·박애를 기본이념으로 하여 시민혁명을 이루어낸 후 약 200년이 지난 현대사회에서도 과연 이러한 이념들을 제대로 실현하고 있는가를 사회적으로 질문을 던지고 있다. 즉 여전히 불평등이 사회 곳곳에 남아 있다는 점을 분석하며, 이러한 불평등 상태가 과거와는 달리 문화적 생활양식을 통해 개인의 무의식과 습관을 지배하고 있음을 지적하고 있다. 이것이 바로 부르디외가 주장하는 상징적 권력이나 폭력의 실체이다.

지배계급은 그들의 특징적인 문화양식이나 지배유형을 발전시켜서 학교라는 교육의 장에서 아동을 사회화시키고, 세계관을 주입시킨다는 것이다. 이러한 상징적 폭력의 과정에 의해 형성된 아비투스적 문화자본에 의해서 하위의 계급은 학업성취나 미래에 차지할 직업에서도 영향을 받게 된다고 본다. 결국 현대인들은 일종의 보이지 않는 이러한 상징적인 문화권력의 그물망에서 평등의 실체를 망각하고 계급적 불평등에 익숙한 채 살아가고 있는 문제점을 분석하고 있는 것이다.

2) 〈맞불〉에서의 신자유주의 비판적 포스트구조주의 체계

『맞불: 신자유주의 침략에 대한 저항하는 목적(*Contre-feux: Propos pour servir à la résistance contre l'invasion néo-libérale*)』(1998)과 『맞불 2: 유럽 사회운동을 위해(*Contre-feux 2: Pour un mouvement social européen*)』(2001)는 프랑스 최고의 아카데미라 할 수 있는 '콜레주 드 프랑스'의 사회학 교수였던 부르디외가 만년에 주로 신자유주의에 대한 비판 활동을 하면서 언론과 학술잡지 등에도 에세이 등을 기고한 원고를 묶어 출간한 소책자이다. 즉 1970년대 이후 정부의 시장개입을 지지하는 케인스의 혼합경제 이론에 대한 비판과 초국가적 자본의 세계화(전지구화)를 배경으로 등장한 신자유주의가 1980년대에 영국의 대처리즘과 미국의 레이거노믹스를 대표적으로 확산됨에 따른 대한 비판과 함께 지식인의 저항 의무 등을 주제로 다루고 있다. 부르디외는 이러한 신자유주의적 흐름에 대항하기 위해 1992년부터 1998년까지 직접 사회운동의 현장에 참여하여 강연과 대담을 하는 한편으로 짧은 에세이를 기고했던 것이다.

우선 1998년에 발간된 『맞불: 신자유주의 침략에 대한 저항하는 목적(*Contre-feux: Propos pour servir à la résistance contre l'invasion néo-libérale*)』은 소책자로서, 서문에서 언급되고 있듯이 급속하게 확산된 신자유주의에 대한 저항을 지지하는 것을 목표로 한 텍스트들이 포함되어 있다. 부르디외는 세계화를 주도하는 국제금융의 침략적이고 비인간적인 정치경제이데올로기에 의해 지배되는 새로운 경제체재라는 세계적인 불에 맞서기 위한 대응적인 불이라는 의미에서 '맞불(Contre-feux)'이라는 제목을 사용하고 있다.

이러한 부르디외의 아이디어는 고삐 풀린 세계화로 가는 길에 있는 탈산업화 사회에 대한 성찰을 시작하는 데 매우 생산적이라는 평가를 받게 된다. 아울러 복잡하고 정교한 문체로 작성된 글이 아니라 일종의 교양적인 문체로 작성되어 대중들에게도 읽힐 수 있게 하였다는 점이 장점이라고 할 수 있다. 그리고 프랑스인이나 유럽인의 입장에서 보면 부르디외가 좌파 지식인이자 작가의 위치를 유지하면서 반미 이데올로기에 가까운 문화적 전통을 유지하고 있다는 점에서도 매력적일 수 있다고 본다.

유럽인들의 입장에서 보면 미국의 우위가 결코 용인되지 않을 것이며 특히 프랑스인들에게는 특별한 정서로 다가올 수 있기 때문이다. 그중에서도 세계화와 신자유주의적 음영으로서 실업상태에 있거나 투쟁 중인 철도 노동자 등에게는 불안정성에 대한 강력한 맞불의 도구가 될 수도 있는 것이다. 그만큼 부르디외는 신자유주의에 대하여 확실하고 유익한 비판적 내용을 지적 정직성을 바탕으로 중요한 문제를 제기하고 있다고 보아야 하는 것이다.

『맞불 2: 유럽 사회운동을 위해(*Contre-feux 2: Pour un mouvement social européen*)』(2001) 역시 부르디외가 기고하거나 발언한 내용을 연대순으로 묶어놓은 책이다. 신자유주의체재라는 새로운 세계경제질서, 그리고 그것을 지배하는 정치경제이데올로기와 그것의 방향을 제시하는 경제정책들에 대한 체계적인 분석을 통해 정치사회적 행동에 대한 새로운 비전을 제시하고 있는 소책자이다. 즉 세계를 지배하고 있는 신자유주의 경제세력에 대항하여 맞불을 놓을 수 있는 유럽인의 사회운동과 문화운동을 촉구하고 있다.

이렇듯 부르디외는 유럽에서 19세기 후반에 소쉬르에게서 언어학과 기호학의 영역에서 시작된 구조주의 사조가 1900년대 초에 레비-스트로스가 사회인류학의 영역에서 구조주의를 구체화시킨 후 1960년대 이후 탈구조주의(후기구조주의)로 넘어가는 시기에 사회학 분야에서 구조, 행위자 문제를 장, 아비투스의 도식으로 설명함으로써 크게 보면 포스트구조주의자에 속한다고 볼 수 있다.

한편 20세기 후반의 세계화와 신자유주의 이데올로기에 대응하여 비판하기 위하여 부르디외가 소위 '맞불'을 놓아 저항한 것에 비교가 되는 사회학자로는 영국의 앤서니 기든스(Anthony Giddens, Baron Giddens, 1938~)를 들 수 있다. 기든스 역시 런던 북부 에드먼턴(Edmonton, London)에서 여객운송업체의 직원으로 근무한 중하층의 아버지에게서 태어났다는 점에서는 부르디외의 생애 배경과 상통한다. 그리고 자신의 가족 중 처음으로 대학에 진학하여 케임브리지대학 킹스 칼리지에서 박사학위를 받고 20세기 후반에 명성을 얻은 사회학자이기 때문이다.

특히 기든스는 자신의 대표 저작인 『근대성의 결과(*The Consequences of Modernity*)』(1990), 『근대성과 자기정체성(*Modernity and Self-Identity*)』(1991), 『좌파와 우파를 넘어서: 급진적 정치의 미래(*Beyond Left and Right - the Future of Radical Politics*)』(1994), 『제3의 길: 사회민주주의의 쇄신(*The Third Way: The Renewal of Social Democracy*)(1998)』 등을 통해서 신자유주의적 정치경제 이데올로기에 대하여 대안을 제시하여 부르디외와 종종 비교되는 업적을 보였다.

그중에서도 기든스가 제시한 개념이자 이데올로기인 '제3의 길(The Third

Way)'은 흔히 신자유주의적인 중도노선주의(The Middle Way)로 비판을 받기는 하지만 영미권역의 국가에서는 좌파와 우파, 사회민주주의와 신자유주의를 넘는 새로운 정책이념이라는 평가를 받는다.

다만 기든스는 부르디외가 직접적으로 사회운동에 참여하거나 지식인들의 저항을 강조한 것에 비하여 비교적 온건주의자로서 연구활동을 하거나 토니 블레어 총리 등의 정치자문 역할을 많이 했다는 차이점이 있다. 즉 부르디외가 '맞불'을 질러서 신자유주의적인 거대 이데올로기에 저항해야 한다고 했다면, 기든스는 '제3의 길'로 가라고 대안을 제시하고 있는 상징적 차이가 있는 것이다. 하지만 1985년에 기든스는 출판사 〈폴리티(Polity)〉를 공동으로 설립하여 하버마스(Jürgen Habermas, 1929~), 부르디외, 보드리야르 등과 같은 독일과 프랑스의 급진적인 지식인들을 소개하는 활동을 하였다는 점에서 볼 때는 사회참여에 미온적이었다고는 볼 수 없다.

제2절 장 보드리야르의 포스트구조주의

1. 장 보드리야르의 생애 배경

장 보드리야르(Jean Baudrillard, 1929~2007)는 1929년 7월 27일 프랑스 파리에서 북동쪽으로 약 140km 정도에 위치한 랭스(Reims)에서 조부모가 소작농이고 아버지가 경찰이었던 집안에서 태어났다. 중등학교 과정에서는 우등생이었지만 파리고등사범학교에 지원하여 낙방하고 소르본대학에서 독문학을 전공하였다. 보드리야르는 독문학을 공부하면서 니체 등의 철학자들에게 사상적 영향을 받았던 것으로 보이며[10], 대학 졸업 후에는 1958년부터

10) 니체는 '신의 죽음'을 다룬 것에 비하여 바르트는 '작가의 죽음'을, 그리고 보드리야르는 시뮬라시옹의 개념에서 '예술의 죽음'을 말하고 있다.

1966년까지 프랑스의 국립고등학교인 리세에서 독일어 교사로 재직하였다. 그리고 한동안 프랑스 출판사 쇠이유에서 편집 일을 맡기도 했다.

이 시기에 그는 마르크스를 비롯한 독일 철학자들의 저작을 번역하거나 문화비평문을 써서 잡지에 기고하기도 하였다. 뿐만 아니라 1962년에는 자크 라캉과 함께 정신분석 활동을 하다가 다시 질 들뢰즈와 공동 저작활동을 하게 되는 펠릭스 가타리(Felix Guattari, 1930~1992)와 함께 중국인민협회를 만들고 마르크스주의적 마오쩌둥주의자로 활동하기도 하였다. 그리고 68혁명(5월 혁명)이 한창이던 1968년(39세)에 파리 10대학(낭테르대학)에서 조교생활을 하면서 마르크스주의자였던 앙리 르페브르(Henri Lefebvre)의 지도로 사회학박사 학위논문 〈사물의 체계(Le Système des Objets, The System of Objects)〉를 썼다.

그리고 같은 해에 이를 정리하여 '기호로서의 사물의 계급적 소비'에 대한 저서 형태로 출간하면서 저작활동을 시작하게 된다. 이 책에는 자신의 논문 외에도 지도교수였던 르페브르를 비롯한 심사위원을 맡았던 구조주의 철학자 롤랑 바르트(Roland Barthes, 1915~1980)와 피에르 부르디외의 연구 주제들이 일부 포함되어 있다. 당시 바르트는 마르크스주의자이면서 기호언어학자였지만 후기에는 원전 비평가로 활동하게 된다. 바르트는 1960년 『작가의 죽음(*The death of the author*)』을 선언하여 큰 반향을 일으킨다. 이 글에서 작가는 텍스트의 기원이고 의미의 근원이며 해석을 위한 유일한 권위를 가진 존재라는 전통적인 견해를 비판했다. 그는 독자들이 저자의 의도와 관계없이 자신들의 의미를 창출한다고 주장했던 것이다.

한편 보드리야르의 이러한 초기의 마르크스주의적이고 소쉬르에게서 출발한 기호언어학적인 연구 관심은 2년 뒤에 발간한 『소비의 사회: 신화와 구조(*La Société de consommation: Myths and Structures*)』(1970)에서 더욱 발전이 되면서 급진적 사회학자로서의 이름이 알려지게 된다. 보드리야르가 이처럼 마르크스의 정치경제학을 소쉬르의 언어기호학적으로 연구하기 시작한 1960년대의 세계 자본주의는 이미 사물이 아니라 기호를 생산하고 소비하는 단계로 넘어가고 있었다고 본다면 기존의 정치경제학이나 사회학으로는 더 이상 현대적인 생산과 소비체계를 설명할 수 없었던 시기였다고 할 수 있다.

이후 보드리야르는 결혼[11]을 한 후 낭테르대학에서 앙리 르페브르가 그만 든 사회학과 교수로 재직하면서 1981년에는 대표저작인 『시뮬라크르와 시뮬라시옹(*Simulacres et Simulation*)』(1981)을 출간하면서 명성을 얻게 된다. 1986년 낭테르대학을 그만둔 그는 파리 9대학인 도핀대학(Université de Paris-IX Dauphine)의 사회경제 조사연구 및 정보연구소(Institut de Recherche et d'Information Socio-Économique, IRIS)로 옮겨서 풀타임 교육자의 경력을 벗어나 연구교수로서 저작을 하며 후반부 인생을 보내게 된다.

이는 그의 스승인 앙리 르페브르가 초기에는 마르크스의 사상에 관심을 기울였으나 말년에는 파리도시연구소로 자리를 옮겨서 고도 산업사회에서 정보화 사회로 나아가는 현대사회의 특징들에 주목하여 일상성의 문제, 도시 문제 등을 연구했다는 점과도 상관이 있는 것으로 보인다.

주요 저서로는 『사물의 체계(*Le Système des objets : la consommation des signes*)』(1968), 『소비의 사회: 신화와 구조(*La Société de consommation: Myths and Structures*)』(1970), 『기호의 정치경제학 비판을 위하여(*Pour une Critique de I'Economie Politique du Signe*)』(1972), 『생산의 거울(*Le Miroir de la production*)』(1973), 『상징적 교환과 죽음(*L'Échange symbolique et la mort*)』(1976), 『푸코를 잊자(*Oublier Foucault*)』(1977), 『침묵하는 다수의 그늘 아래서(*À l'ombre des majorités silencieuses*)』(1978), 『시뮬라크르와 시뮬라시옹(*Simulacres et Simulation*)』(1981), 『냉정한 기억들(*Cool Memories 1, 2, 3, 4, 5*)』(1987~2005), 『걸프전쟁은 일어나지 않았다(*La Guerre du Golfe n'a pas eu lieu*)』(1991), 『완전범죄(*Le crime parfait*)』(1995), 『사라짐에 대하여(*Pourquoi tout N'a-t-il pas Deja Disparu?*)』(2007) 등 생애에 걸쳐서 50여 권의 저서를 남겼다.

이러한 저작활동은 그의 만년인 1994년에 유럽대학원(European Graduate School, EGS)이 스위스에 설립이 되면서 교수로 참여하여 10년 이상 재직할 때까지도 지속되었다. 그 결과 그의 저작들은 1980년대 중기 이후부터 광범위한 청중을 확보했고, 만년에 이르러서는 지적인 유명인사로서 알려지

---

11) Baudrillard는 두 번 결혼했는데, 첫 번째 아내 Lucile Baudrillard는 Gilles와 Anne이라는 두 자녀를 낳았다. 두 번째 아내인 젊은 Marine Dupuis와는 65세에 결혼했다.

며 프랑스어와 영어를 사용하는 국가에서도 자주 출판되었다. 이처럼 보드라야르는 학술연구에 전력을 다했지만 지칠 때는 락 음악(rock music)이나 바로크 음악(baroque music)을 즐겼으며, 가장 좋아하는 작곡가는 클라우디오 몬테베르디(Claudio Monteverdi)였다고 전해진다. 뿐만 아니라 20여 년간 세계 각국을 다니며 사진을 찍고 전시회도 열었다. 이는 자신의 사진 찍기가 복제된 현실이 일상을 지배한다는 시뮬라크르(Simulacre) 이론을 역설적으로 설명하기 위한 시도였다고도 볼 수 있다. 그가 "사진은 왜곡을 밥 먹듯 하는 매체다, 따라서 사진을 너무 믿으면 안 된다"고 언급하고 있다는 점에서도 미루어 짐작할 수 있다.

따라서 그의 사진에서는 그의 수많은 저서에서 그가 주장하던 바처럼 사진을 통해서 이미지 자체의 순수성을 회복시키기를 원하며 이미지를 해석의 도구로 삼거나 이미 찍혀진 사진에 특별한 시간과 공간의 의미를 부여하는 자체를 거부하고 있다. 그에 의하면 사진작업이라는 것은 빛과 시간의 포착이며, 작가가 피사체를 선택하는 것이 아니라 피사체가 작가로 하여금 피사체를 선택하도록 유혹한다는 것이다. 이는 이미지가 넘쳐나는 세상에 살고 있는 현대인에게 이미지는 하나의 도구에 불과하며 이미지를 해석의 도구가 아닌 이미지 자체로 순수하게 바라볼 때 이미지의 순수성이 회복된다고 이야기하는 것으로 볼 수 있다(http://www.ohmynews. 2005.07.13 재수정)

보드리야르의 이러한 예술가적 활동의 몇 가지 사례를 보면, 2004년에는 독일의 예술 및 미디어 센터인 Karlsruhe에서 그의 사진 작품인 〈보드리야르와 그 예술(Baudrillard and the Arts)〉이라는 주제로 열린 회의에 참석하였다. 그리고 한국 등에서도 사진전을 열기 위해 방문했다. 특히 2007년 3월 6일에 77세의 일기로 누추한 자신의 아파트에서 사망[12]하기 5년 전(73세)인 2002년 9월 25일에도 부인과 함께 한국을 방문하여 서울시립미술관이 주최하는 국제미디어아트비엔날레 '미디어-시티 서울 2002'에 참석하고 이화여대 법정대학 강당에서 개최된 학술심포지엄에서 '이미지의 폭력'을 발

12) 보드리야르는 주로 갈색 옷을 입고 담배를 많이 피웠으며 사망하기 몇 년 전에 암으로 진단받은 것으로 알려지고 있다.

표하기도 했다.

이러한 보드리야르에게 영향을 미친 학자들로는 프랑스 사회학자 에밀 뒤르켐과 지도교수인 앙리 르페브르, 구조주의 철학자 롤랑 바르트, 독일 철학자 카를 마르크스 등이 있고, 미디어 이론과 관련해서는 캐나다 이론가 허버트 마셜 매클루언(Herbert Marshall McLuhan, 1911~1980)의 영향을 많이 받은 것으로 평가된다. 아울러 전체적인 학문적 계파로는 흔히 포스트모더니즘과 포스트구조주의 계열로 분류된다. 이는 보드리야르 스스로가 자신은 사회학자가 아니라 철학자라고 언급했다는 점에서도 그러하다.

물론 이러한 언급에 호의적이지 않은 비평가들은 현학적 전문용어의 뒤범벅과 횡설수설로 가득 차 있는 '지적 사기꾼'으로까지 매도하기도 한다. 아울러 극도의 냉소와 허무주의적 전망 때문에 '진부한 형이상학자'로 혹평하기도 한다.

2. 장 보드리야르의 시뮬라시옹적 포스트구조주의 체계

1) 〈소비의 사회: 신화와 구조〉에서의 포스트구조주의 체계

장 보드리야르(Jean Baudrillard, 1929~2007)는 『사물의 체계』와 『소비의 사회: 신화와 구조』 등 1960년대 말~1970년대 초의 초기 저작을 통해 현대사회의 상품가치를 기능적 효용성이 아니라 지위와 권력을 상징하는 소비기호로 규정함으로써 구조주의자로서 주목받는 학자로 떠올랐다. 특히 『소비의 사회: 신화와 구조(*La Société de consommation: Myths and Structures*)』(1970)는 현대 사회학에서 미국의 하버드대학 교수 데이비드 리스먼(David Riesman, 1909~200)의 『고독한 군중(*The Lonely Crowd*)』(1950)[13] 이후 최고의 걸작으로도 높이 평가받고

13) 이 책에서 데이비드 리스먼은 미국인의 성격과 사회의식이 어떻게 형성되고 나타나는지 분석하고 있다. 아울러 인류의 역사적 사회성격을 인구변동과 관련해 전통지향형(tradition directed type), 내부지향형(inner directed type), 외부지향형(other directed type)의 세 가지로 분류하여 사회가 전통지향형, 내부지향형, 외부지향형 차례대로 발전한다고 분석하였다. 그리고 외부지향형 성격유형을 '고독한 군중'으로 명칭하고 있다.

있다.

보드리야르는 이 책에서 제2차 세계대전 이후 서구 자본주의의 모습을 구조적으로 묘사한다. 이를 위해 그가 사용하는 개념이 바로 '소비(consumption)'이다. 그가 '소비'라는 개념을 사용하는 이유는 '생산(production)'과 대비하기 위한 것이다. '생산'이 얼마나 많이 생산할 것인가라는 19세기 자본주의의 패러다임이었다면 '소비'는 얼마나 많이 사게 할 것인가라는 20세기의 패러다임이기 때문이다. 그러므로 20세기 '소비의 사회'는 19세기 '생산의 사회'를 잇는 자본주의의 새로운 국면인 것이다.

따라서 보드리야르는 현대사회를 소비의 사회라고 정의하고 상품의 소비란 사용가치의 소비를 포함하면서도 그것을 초월하며, 소비에 소비의 본래 의미가 있다고 주장하며 소비의 개념을 통해 현대사회의 본질을 분석하고 있다. 이 책이 저술된 시대적 배경에는 『사물의 체계』를 시작으로 『기호의 정치경제학 비판을 위하여(*Pour une Critique de I'Economie Politique du Signe*)』(1972) 등을 저술했던 1960년대 말부터 1970년대 중반까지로, 1968년 5월의 혁명적 분위기 속에서 네오-마르크스주의자로서 활동했던 시기가 중심이 된다.

이 당시 보드리야르는 스승인 앙리 르페브르로부터 영향을 받은 마르크스주의를 기초로 소쉬르와 레비-스트로스의 기호학과 구조주의를 접목한 저술에 집중했고, 그중에서도 핵심적 관심은 '소비'였다고 할 수 있다. 즉 1960년대에서 1970년대 초반을 '소비사회'로 명명하고, 그 소비사회의 특성을 기호, 신화, 풍요, 낭비, 계급, 차별, 희소성, 개인, 행복, 안락, 성공, 권위, 미디어, 성, 광고, 타자, 폭력 등의 주제어를 동원하여 구조주의 및 기호학적 방법으로 후기자본주의 사회의 소비 형태를 분석하고 있다.

흔히 경제학 차원에서 말하는 소비란 인간의 욕구를 충족시키기 위하여 필요한 재화나 용역을 이용하거나 소모하는 사용가치를 소비하는 행위를 말한다. 그러나 보드리야르가 정의하는 소비의 개념은 사용가치의 소비를 포함하면서도 그것을 뛰어넘어서 상품에 부착된 '기호'를 포섭하거나 오히려 기호에 포섭당하는 행위를 의미한다. 즉 상품이 곧 기호라는 등식이 성립하는 것이다.

그렇다면 상품(사물)에는 기호적인 의미작용들이 포함되어야 하는데, 행복, 유희, 풍요로움, 성공, 권위, 현대성 등의 이미지가 그것이라고 본다. 이렇듯 소비의 영역에서 벌어지는 의미작용의 기호 및 상징체계를 분석함으로써 보드리야르는 현대사회의 특성을 분석하고자 한다. 즉 소비사회는 상품이 소비되지 않으면 지속할 수 없는데, 자본주의의 비약적 발전과 그에 따른 과잉생산은 상품 자체의 사용가치 소비에만 의존할 수 없었고 기호나 이미지의 소비를 필요로 한다는 점을 드러내고 있는 것이다.

따라서 소비사회는 개인들에게 소비를 지속시키기 위한 다양한 전략, 즉 이미지 메이킹(image making)을 통해 소비를 강요하는 일관된 가치체계를 주입시키고 허구적인 이미지를 만들어낸다는 점을 분석하고 있다. 이렇게 되면 개인들에게 있어서 소비는 더 이상 자율적인 주체의 자유로운 활동이 아니며, 희소한 상품에 둘러싸이는 물상화가 이루어져서 사회적 권위 및 가치를 결정하는 의미작용의 질서에 지배를 받게 된다고 본다.

이러한 의미작용 때문에 후기 자본주의사회를 살아가는 개인들은 타자의 재화에 대한 소비패턴과 지속적으로 비교함으로써 그것에 미치지 못할 때 스스로 빈곤하다고 느끼는 사회적 빈곤문제가 발생된다는 점도 사회적 논리도 동시에 분석하고 있다. 보드리야르의 관점에서는 풍요와 빈곤이 사회적 논리에 의해 결정된다고 보는 것이다. 이를 데카르트적 사유방식으로 전환하면 "나는 소비한다. 고로 존재한다."고 표현할 수 있을 정도로 현대인들은 미디어와 광고가 만들어내는 상품의 이미지로 자신의 정체성을 장식하려는 욕망이 있다고 볼 수 있다.

아울러 보드리야르는 폭력의 이미지가 범람하는 이유도 '소비사회'에서 찾고 있다. 이 시대를 정의하는 구조인 소비사회는 TV 등의 매스미디어를 통해서 시시각각으로 벌어지는 폭력적 이미지를 눈앞에서 입체적으로 묘사하고 개인들은 그것을 바라보며 이내 불안해진다고 보는 것이다. 폭력적 이미지를 전달하는 매스미디어가 불안을 조장하는 이유는 그러한 불안에서 벗어나고자 하는 개인들이 새로운 사물들로 주위를 둘러싸게 되면서 특정한 방향으로 편향이 되기 쉽기 때문인 것이다. 따라서 보드리야르는 소비의 주체는 개인이 아니라 기호의 질서라고 보고, 기호가 은폐하는 이 세계는 필연적으로 불안과 공허, 무기력을 생산할 수밖에 없다고 말하고 있다.

이러한 보드리야르의 관점에서 볼 때, 20세기 경제학자들이 수요나 생산의 차원이 아니라 공급에 주목하여 상품의 가치가 수요가 아니라 공급에 의해 결정된다고 본 것을 비판한다. 현대자본주의사회는 수요와 공급이나 생산과 소비로 구분하는 개념이 해체되고 있다는 점을 주목한 것이다. 그에 의하면 소비는 더 이상 사물의 기능적 사용 및 소유가 아니며, 개인의 권위를 나타내기 위한 것도 아니다. 소비는 '경제행위'를 넘어 커뮤니케이션 및 교환의 체계로서 '기호를 사용'하는 행위 코드이자, 언어활동이 되는 것이다. 언어가 그렇듯 코드화된 기호체계는 사회의 모든 구조를 흡수한다. 그러므로 보드리야르의 현대사회에 대한 문화 분석은 구조주의와 기호학을 결합하여 소비를 하나의 기호체계로 보고 있다고 정리할 수 있다.

이는 보드리야르가 소비를 하나의 '언어체제' 혹은 '커뮤니케이션 체제'라고 언급하고 있는 이유이기도 하다. 소비가 기호이자 언어체계라면 인간은 그 체계 속에서 빠져나올 수가 없다는 것이 보드리야르의 주장인 것이다. 개인들이 언어활동 없이 정상적인 사회생활을 할 수 없듯이 소비활동 없이, 즉 소비의 커뮤니케이션 및 교환이라는 메커니즘을 따르지 않고서는 사회에서 정상적으로 살아가기 힘들다고 보는 것이다. 아울러 현대인들이 노동을 통해 생산에 바치는 시간은 점차 줄어들지만, 자기 자신의 욕구와 안락을 위한 소비에 바치는 시간은 점점 많아지고 있다는 점이 소비가 노동 및 생산의 전통적인 강제와 똑같은 강제력의 개념으로 보는 이유도 여기에 있다. 이러한 그의 주장은 비관과 회의, 냉소의 분위기로 이끌고 있고, 그의 시상이 비판을 받는 이유가 되기도 한다.

2) 〈시뮬라크르와 시뮬라시옹〉에서의 포스트구조주의 체계

보드리야르는 구조주의자로서의 전반기 저작활동의 대표 저서인 『소비의 사회: 그 신화의 구조』에 이어서 그의 후반기 저작활동 시기에 발표한 『시뮬라크르와 시뮬라시옹(*Simulacres et Simulation*)』(1981)으로 포스트모더니즘 내지 포스트구조주의의 이론가로서 명성을 확인시킨다. 소비의 사회: 그 신화의 구조』에서 그는 이미 개인들은 자신의 이미지를 관리하고 치장함으로써 자기 존재성을 표현한다고 지적하고 있다. 옷이나 가방도 상품 그 자체가 가지는 가치가 아니라 상징적 가치로 교환된다고 보았으며, 그것을 소유함으로써 자신이 꿈꾸는 행복과 자유 등의 실재 가치도 소유할 수 있을 것이라고 개인들이 상정한다는 점도 분석하고 있다.

그리고 보드리야르는 시뮬라크르와 시뮬라시옹(*Simulacres et Simulation*)』에서 상품과 같은 상징적 가치가 인간이 진정으로 원하는 실재적 가치를 마련해주지는 않는다는 점도 냉소적으로 주장하고 있다. 그의 이러한 주장은 현대사회의 특징을 원본 없는 복제과정으로 설명함으로써 철학과 사회학뿐 아니라 미디어와 예술 분야에도 큰 영향을 미치게 된다. 이 책에서 보드리야르는 "모사(복제)된 이미지가 현실을 대체한다."는 시뮬라시옹(simulation) 이론을 제시하고, 더 이상 모사할 실재가 없어지게 되면서 실재가 더 실재 같은 극사실적 이미지이자 인공물인 하이퍼리얼리티(hyperréalité, 초과 실재)가 생산된다는 이론을 주장했던 것이다.

이처럼 보드리야르가 후반기 저작활동에서 그가 창의적으로 사용하는 용어는 시뮬라크르(simulacre)[14]와 시뮬라시옹(simulation)으로 설명할 수 있다. 우선, 프랑스어 시뮬라크르(simulacre)는 라틴어와 영어로는 simulacrum(복수형은 simulacra 또는 simulacrums)으로서 닮음(모방)의 뜻이 있다. 그러므로 시뮬라크르는 실제로는 존재하지 않는 이미지(image. 그림, 像)이며, 원본 없는 이미지가 그 자체로서 현실을 대체한다는 점을 전제한다. 그리고 보드리야

14) 가상, 거짓 그림 등의 뜻을 가진 라틴어에서 유래한 말로, 시늉, 흉내, 모의 등의 뜻을 지닌다. 이 라틴어 단어는 영어 안에도 그대로 흡수되어서 모조품, 가짜 물건을 가리키는 말로 쓰인다.

르는 현대사회의 많은 시뮬라크르들이 그 원본이 없이 존재하고 있다는 점을 지적한다. 따라서 원본과 복사본의 경계가 모호해지게 되며 결국에는 복제물들이 차츰 원본을 대체하게 되는 사회가 현대사회의 특성임을 주장하고 있다.

보드리야르는 이처럼 이미지에 의해서 지배받는 '시뮬라크르'의 단적인 예로서 현대의 전쟁을 사례로 든다. 미사일 발사는 컴퓨터 모니터를 보면서 작동시키지만 실제 미사일의 움직임을 육안으로는 보지 않는다는 것이다. 이때 화면상의 미사일 궤도는 실제 탄두의 궤도를 나타내는 시뮬라크르이고, 그것을 따라가면 탄두는 목표물에 맞게 된다는 점을 설정하는 것이다. 따라서 현대의 전쟁에서는 실제 탄이 목표에 맞았는지 맞지 않았는지가 중요한 것이 아니라 화면에서 궤도를 나타내는 시뮬라크르를 탄두가 잘 따라가고 있는지가 더 실재적인 것이 되어 버린다는 것이다.

이에 비하여 시뮬라시옹(simulation)은 시뮬라크르(simulacre)가 작용하는 것을 말하는 동사형이다. 즉 실재로 존재하지 않는 것을 마치 실재로 있는 것처럼 만들어놓은 상태를 말하는 개념이다. 그리고 주로 대중 매체가 시뮬라크르(simulacre)를 만들어 내어 시청자에게 각인시킴을 통해 시뮬라시옹(simulation, 가장 혹은 위장)이 작용한다고 보드리야르는 설명하고 있다. 결국 이러한 과정을 현대인들에게 적용하게 되면, 실재의 대상이 아니라 실재로 가장된 '우상'이나 '헛것'으로 모사된 이미지인 시뮬라크르를 따라가게 됨에 따라 현대인의 불안이 노정된다고 볼 수 있는 것이다. 이렇게 보면 보드리야르의 주된 철학사상은 시뮬라시옹 철학으로도 단편화시킬 수 있다.

그런데, 사실 그가 제시한 시뮬라시옹의 대상인 시뮬라크르의 개념은 고대의 플라톤의 사상인 이데아(idea)에서부터 시작된 개념이며, 현대에 와서도 프리드리히 니체(Friedrich Wilhelm Nietzsche, 1844~1900), 발터 벤야민(Walter Benjamin, 1892~1940), 미셸 푸코(Michel Foucault, 1926~1984), 질 들뢰즈(Gilles Deleuze, 1925~1995)에 의해서도 이미 다루어진 된 용어이기도 하다.

먼저 플라톤(Plato, B.C 428?~B.C 348?)의 『국가(*The Republic*)』[15)]에 나타나는 이데아(idea)론에 의하면, 일상에서 접하는 모든 것들은 모두 불완전한 것들이어서 완전한 것은 눈이나 손 등에 의해 느낄 수 있는 감각적인 것들(the sensible)이 아니라 오직 이성을 통해서만 알 수 있는 가치적인 것들(the intelligible)인 원본(이데아)에 있다고 본다. 그리고 감각적 모방의 개념인 '미메시스(Mimesis)'를 원본의 복제인 에이콘(Eikôn)과 또다시 복제의 복제인 판타스마(Phantasma, 시뮬라크르)로 구분하고 있다. 에이콘은 원본에 충실한 참된 모방이며, 판타스마(시뮬라크르)는 모방의 모방(복제의 복제)으로 일종의 거짓된 재현이라고 본 것이다.

이러한 플라톤의 재현주의 사상은 엘레아 학파의 대표 격인 파르메니데스(Parmenides, B.C 515?~B.C 445?)와 소크라테스(Socrates, B.C 470?~B.C 399)의 영향을 받은 것으로서, 이데아를 가장 참된 것으로 간주하고 현실은 이데아의 복제이며, 가상의 이미지(시뮬라크르)는 복제의 복제로서 가장 가치 없는 것으로 본 것이다. 그리고 그의 후기 저작인 『소피스테스(*sophistês*)』[16]에서도 가상의 이미지 종류를 두 가지로 거론하고 있다. 첫째는 원본을 정확하게 모사하여 실재를 충실하게 재현하는 것이고, 둘째는 원본을 의도적으로 왜곡하여 보는 사람에게 모사품이 진짜처럼 보이게 하는 것이다.

니체(Friedrich Wilhelm Nietzsche, 1844~1900)의 『적그리스도 우상들의 황혼(*The Twilight of the Idols-The Antichrist*)』(1889)[17]에서는 '시뮬라크르'라는 단어 자체는 직접적으로 거론하지 않았지만 현실을 왜곡되게 모사하는 철학자들을 질타하는 개념으로서 사용하고 있다. 그러나 모사하는 행위 그 자체는 새로운 정초를 제시하지는 않지만 부정적인 것이 아니라 긍정적이고 즐거운 사건이 될 수도 있다는 긍정적인 입장을 보였다. 그리고 플라톤의 이데아 사상에 맞서서 모사(시뮬라크르)가 끝없이 바뀌고 운동하고 흩어지고 사라지는

---

15) 플라톤의 대화편은 모두 한국어로 번역 발간되었는데, 『향연』과 함께 가장 유명한 대화편이며 10권에 달할 정도로 『법률』 다음으로 분량이 많다. 원제목은 'politeia'로, '국가'보다는 '정치 체제'에 가까운 개념이다.

16) 고대 그리스어로 '지혜를 좋아하는 사람'인 소피스테스(sophistês)는 영어로 소피스트에 해당한다.

17) 부제를 망치로 철학하는 법(How to Philosophise with the Hammer)이라 붙였고, 작품에서 등장인물의 목소리를 빌려 망치(Hammer)를 수차례 언급하였습니다. 이후 니체에게는 자연스럽게 망치를 든 철학자(philosopher with a hammer)란 칭호가 붙게 되었습니다. 서구 사회의 고루한 가치관을 부수고, 새로운 가치를 창조하려 했다는 의미에서 '망치를 든 철학자'라는 별명을 가진다.

변화무쌍한 생성을 낳는다는 주장도 한다. 즉 모사 운동에 의한 변화와 생성이 영원히 움직이지 않는 실재인 존재의 자리를 차지하게 된다는 영원회귀(eternal return)의 사상을 제시한 것이다.

발터 벤야민(Walter Benjamin, 1892~1940)[18]의 마르크스적 사유를 통한 유물론적 문화철학을 대표하는 『기술복제시대의 예술작품(*The Work of Art in the Age of Mechanical Reproduction*)』(1935)에서는 기술 복제 이전의 예술은 대상을 떠올려 모방하는 것일 뿐이라고 주장한다. 그러므로 기술 복제 이전의 시대에는 완전한 모사가 불가능하기 때문에 원본이 가지고 있는 신비한 분위기나 예술의 유일성의 의미가 있는 '아우라(aura)'가 유지된다고 보고 있다. 그러나 목판화와 석판화, 사진과 영상 기술이 등장함에 따라 예술작품들이 거의 원본과 유사하게 대량으로 복제(모사)됨에 따라 예술작품 원본의 아우라나 진실성(authenticity)을 위협한다고 지적하고 있다.

미셸 푸코(Michel Foucault, 1926~1984)는 벨기에의 초현실주의의 대표적인 화가 르네 마그리트(Rene Magritte, 1898~1967)의 〈이미지의 배반(La trahison des images)〉(1926)[19]이란 그림에 대한 사유에서 시작하는 푸코의 책 『이것은 파이프가 아니다(*Ceci n'est pas une pipe*)』(1973)에서 여러 가지 '애매성(ambiguities)'을 거론하며 유사성(resemblance)과 상사성(similitude)을 구분하고 있다. 즉 푸코는 마그리트가 그린 파이프 그림을 소개하며 원본에 대한 해체론적인 논의를 하면서 유사성은 원본을 전제하는 한에서 그 원본과의 가까움을 말하는 개념이고, 상사성은 처음부터 원본이 존재하지 않고 각 존재들 사이의 같음과 다름만이 있는 개념으로 정의한다. 이 책에서 푸코가 "저 위에 있는 것에서 진짜 파이프를 찾으려 하지 마시오. 그것은 파이프의 꿈이며, 화폭에 있는 데생, 아주 뚜렷하고 정밀하게 그려진 그림, 바로 이 그림이야말로 명백한 진실로 보아야 할 것이오."라고 언급하고 있는 것이 이를 상징한다.

18) 독일계 유대 철학자로 히틀러 집권의 정치개입으로 프랑스로 이주하여 활동하다가 1940년 9월 27일에 모르핀 과다 복용으로 사망하였다.

19) 마그리트는 파이프 그림을 연작으로 그렸는데. 1926년의 작품에는 직접적으로 시뮬라르크라는 말이 없이 단순한 파이프가 그려져 있지만 그 아래에는 'Ceci n'est pas une pipe(이것은 파이프가 아니다)'라고 쓰여 있다.

질 들뢰즈(Gilles Deleuze, 1925~1995)는 『차이와 반복(*Différence et répétition*)』(1968)에서 플라톤의 재현주의 사상과는 정반대의 입장에서 현대는 곧 시뮬라크르의 시대라고 언급하며 시뮬라크르를 옹호한다. 그는 애초에 이데아 자체를 인정하지 않기 때문에 원본과 시뮬라크르 간의 대조 자체가 무의미하다고 보았던 것이다. 즉 시뮬라크르(Simulacre)를 원본의 개념에 상응한 복사물의 개념으로 보는 것에 문제를 제기하고 있다. '원본-복제-복제'의 연쇄고리 속에서 시뮬라크르는 단순히 재현의 차원에서 복제하는 것에 그치지 않고, "원본과 복제 사이의 일치(재현)라는 인식의 이상마저도 무너뜨린다."라고 말하고 있다. 이는 플라톤의 영구불변의 진리이론인 이데아론에 도전하여 현대사회를 현실과 가상의 구분이 없는 객관적 진리에 대한 부정의 시대로 본 것이라고 할 수 있다. 아울러 니체의 '영원회귀(eternal return)'의 개념을 시뮬라크르와 동질의 개념으로 끌어오면서 시뮬라크르는 재현되는 가상(허상)이 아니라 반복되기 때문에 차이가 있다는 견해를 보였다.

그리고 매스 미디어(mass media)적으로 보면, 20세기 과학 소설의 한 장르인 사이버 펑크(cyberpunk)[20] 영화 〈매트릭스(The Matrix)〉(1999)에서는 도입 장면에서 인류를 구원하여 시온으로 인도하는 네오(NEO) 역할을 맡은 배우 키아누 리브스(Keanu Reeves)가 컴퓨터 디스켓을 보드리야르의 『시뮬라크르와 시뮬라시옹』 책에 숨겨 놓는 장면을 설정하고 있다. 영화를 제작한 라나 워쇼스키(Lana Wachowski)와 릴리 워쇼스키(Lilly Wachowski) 자매(형제)는 매트릭스 개념을 보드리야르 철학인 시뮬라크르에서 빌려왔다고 밝히면서 매트릭스에 출연하는 모든 배우들에게 촬영 전에 보드리야르의 『시뮬라크르와 시뮬라시옹』을 읽을 것을 권유했다고도 한다. 그 이유는 이 영화에서는 화려한 액션 장면 이외에도 시뮬라크르와 관련하여 '실재란 무엇인가?'라는 철학적 질문을 하고 있기 때문이다.

---

20) '사이버네틱스(인공두뇌학, Cybernetics)'와 '펑크 (1970년대식 반항적 패션경향, Punk)'를 합하여 만든 낱말로 미국 작가 브루스 베스키(Bruce Bethke,)의 단편 과학 소설 <사이버펑크>(1980년)에서 비롯하였다.

한편, 보드리야르의 시뮬라크르 개념은 과학적 내용과 공상적 줄거리를 테마로 하는 사이언스 픽션 영화(science fiction film, SF 영화)의 내용에서 반복적으로 다루는 '현실과 꿈', '실재와 가상' 등의 주제에서도 시뮬라크르의 무서운 힘에 대한 인간의 공포를 보여준다. 대부분 주류 과학에서는 완전히 받아들여지지 않은 현상인 외계 생명체, 외계 세계, 지각을 넘어선 인식, 시간여행과 함께 미래적 요소인 우주선, 로봇, 사이보그, 성간 여행을 다룸으로써 현실과 가상(시뮬라크르)의 경계선이 모호해짐에 따라 우리가 살고 있는 세계가 실재의 세계가 아닐지 모른다는 불안감으로 다가오기 때문이다.

그러나 미디어는 이처럼 현대인들에게 더 많은 것을 알려주기 위해 애쓰고 있는 것처럼 보이지만 사실은 미디어 때문에 잘못된 지식이나 편견을 갖게 되는 경우가 많다는 점을 직시할 필요가 있다. 왜냐하면 미디어는 사람들에게 늘 정교하게 편집된 영상만을 보여주는 한계가 있기 때문이다. 이러한 현대사회에 대한 보드리야르의 분석은 시뮬라크르가 작용하는 과정인 시뮬라시옹이 원본이 없는 복제로서 진짜와 가짜, 원본(원형)과 복제본, 실제와 가상세계 사이의 차이를 위협한다고 한다는 것이다. 즉 원형이나 실재 없이도 모형들에 의해 만들어진 것들이 실재보다 더 실재와 같이 받아들여지는 과잉현실이나 과잉실재(Hyper-reality)를 지적하는 것이다.

따라서 보드리야르는 인간은 주체로서의 세계를 변화시키려고 하는 전략과 환상을 버리고 점점 더 사물의 전략을 받아들여야 한다고 냉소적으로 말한다. 따라서 이제 이러한 보드리야르의 냉소적 태도에 제4차 산업혁명 시대를 살아가는 21세기의 현대인들은 어떻게 대응해야 할 것인가에 대한 철학적 방법론을 할까를 논의하는 과제가 남아 있다고 볼 수 있다. 보드리야르가 현대인들이 이미지, 기호를 소비하려고 하면 할수록 현실의 자리는 기호체계가 그 자리를 대신할 것이라고 분석하고 있는 그의 말은 냉소적이라고만 할 단계가 아니라 이미 현실이 되었기 때문이다.

이처럼 보드리야르의 구조주의적이고 포스트구조주의적인 사상은 크게 소비가치, 기호가치(이미지), 하이퍼리얼리티(시뮬라크르)라는 세 가지의 개념으로 정리할 수 있다. 물론 보드리야르 사상의 토대를 이루는 이 핵심적인 개념들을 이해하는 것만으로 보드리야르 사상 전체를 면밀히 파악할 수 있는 것은 아니다. 그는 세계 유수의 다양한 학술지와 웹진 등에도 꾸준히 기고하는 등 글쓰기와 강연을 계속해 왔기 때문이다. 그중에서도 『걸프전쟁은 일어나지 않았다(*The Gulf War Did Not Take Place*)』(1991)에서 1990년 8월 2일부터 1991년 2월 28일까지 벌어진 걸프전쟁(The Gulf War)에 대해 전쟁은 이라크에서 아무것도 변화시키지 못했고 어느 쪽도 승리하지 못했으므로 걸프전은 일어나지 않았다고 주장하여 논쟁을 불러오기도 했다.

즉 걸프전쟁은 TV 이미지에 의한 시뮬라크르 전쟁이었을 뿐 실제로 정치적 변화는 없었다는 견해를 제시하여 영미권의 질타를 받았던 것이다. 사실 걸프전은 미국 주도의 34개국의 다국적군이 최첨단 정보기술을 동원하여 최신예 무기의 정밀타격으로 민간인과 다국적군의 희생을 최소화한 전쟁으로, 이라크 지상군은 15만 명이 전사하고 포로도 10만 명에 이를 정도로 피해를 입혔지만 다국적군의 전사자는 125명에 불과한 전쟁이었다. 당시 미국의 CNN은 폭격장면을 미디어로 실시간 보도했다. 그럼에도 불구하고 보드리야르의 관점에서 보면, 걸프전쟁은 미국 주도의 국가들과 미디어가 만들어 낸 이미지(시뮬라크르)에 불과한 것이 되는 것이다.

그리고 2001년 미국에서 일어난 9 · 11 테러 이후 쏟아졌던 수많은 담론들 중에서도 9 · 11 테러는 세계화가 자신과의 싸움을 시작한 것이라는 해석을 내놓기도 했다. 다시 말하면 미국 뉴욕 9.11 테러에 대해서는 테러와 그것을 야기한 세계화를 동시에 부도덕한 것으로 비판해 또 한 차례 논쟁을 불러일으켰던 것이다.

이처럼 보드리야르는 대중과 대중문화 그리고 미디어와 소비사회에 대한 포스트모더니즘적인 이론으로 유명한 철학자이자 사회학자, 미디어 이론가이지만 정치사회적으로 급진적인 성향은 그를 도발적이면서도 독특한 이론가로 자리매김이 되도록 하였다. 이는 21세기를 살아가는 현대인들의 삶에 대한 새로운 성찰적 사유의 모티브로서의 다양성을 제공할 것으로 보인다.

이는 21세기가 날이 갈수록 발전하는 인공지능 테크놀로지(Artificial Intelligence technology)와 라디오나 텔레비전, 영화와 통신, 컴퓨터 등의 매체들이 한꺼번에 어우러져서 정보의 고속도로를 타고 국경을 넘나드는 메가 미디어시대에 살고 있는 메타버스(metaverse)[21] 사회로 간주할 수 있다는 점에서도 그러하다. 『메가미디어 충격(메가미디어 대전쟁, *Megamedia shakeout*)』이라는 책을 펴낸 〈뉴스위크〉 칼럼니스트이자 첨단기술 전문 저널리스트 케빈 매니(Kevin Maney)가 20세기가 매스 미디어의 시대였다면 21세기는 메가 미디어의 시대가 될 것이라고 예견하고 있다는 점도 시의성이 있는 견해이다.

다른 한편으로는 21세기에 접어든 2002년에는 아비투스적 포스트구조주의자인 피에르 부르디외가 사망하고, 2007년에는 시뮬라시옹적 포스트구조주의자였던 장 보드리야르마저도 유명을 달리했다는 시대적 배경에서도 다가오는 사회에 대한 철학적 성찰이 요구된다고 할 수 있다. 이로써 21세기에 최 근접한 현대의 지도적 프랑스 사상가들은 상당수 사라졌고, 구조주의에서 포스트구조주의에 이르는 현대사상의 흐름도 또 다른 전환기에 왔다고도 볼 수 있는 것이다.

그러나 19세기 독일의 철학자 헤겔(Georg Wilhelm Friedrich Hegel, 1770~1831)이 『법철학 강요(*Elements of the Philosophy of Right*)』(1820)[22]에서 "미네르바의 부엉이는 황혼이 깃들 무렵에야 비로소 날기 시작한다(Die Eule der Minerva beginnt erst mit der einbrechenden Dammerung ihren Flug)."라고 언급한 경구는 현재나 미래사회에서도 여전히 철학의 유의미성을 선언적으로 보여준다고 할 수 있다. 즉 그리스 신화의 아테나(Athena)에 해당하는 로마 신화에서의 여신 미네르바(Minerva)[23]와 함께 다니는 부엉이(철학과 지혜)처럼 철학은 현실에서 이상

---

21) 미국 작가 닐 스티븐슨(Neal Town Stephenson)이 1992년에 출간한 소설 『스노 크래시』에서 가장 먼저 사용한 용어로, 가상, 초월을 의미하는 '메타(meta)'와 세계, 우주를 의미하는 '유니버스(universe)'를 합성한 신조어이다.

22) 이 책은 헤겔이 처음부터 출판을 위해 저술한 것이 아니라 1818년부터 1825년까지 베를린대학에서 개설한 '자연법과 국가학'이라는 강의록을 1820년에 처음으로 출판한 것이다. 주요 내용은 프랑스의 나폴레옹 정권이 몰락한 이후 독일이 취할 정치적 태도에 관한 보수적 입장과 진보적 입장 간의 갈등을 배경으로 한다.

적인 활동이 이루어지도록 직접적으로 개입하지는 않지만 결국 21세기나 그 이후의 세기에도 시대적 인식자로서의 그 역할을 다할 것은 자명하기 때문이다.

23) 그리스-로마신화에서 아테나와 미네르바는 공예, 직업, 예술, 전쟁의 여신으로 상징이 된다. 따라서 보통 갑옷을 입고 투구를 쓰고 방패와 창을 들고 있는 모습으로 표현된다.

에필로그

이 책은 100세 시대를 살아가고 있는 21세기의 호모 헌드레드(Homo-Hundred)가 생애의 종결 시점까지 신체건강과 정신건강을 아우르는 전인건강적인 삶을 살아갈 수 있는 사유체계를 제시하기 위해 설계되었다. 왜냐하면 철학사는 원칙적으로 문학 · 역사 · 철학으로 구성되는 인문학 중에서도 역사와 철학을 동시에 다루는 특징이 있기 때문에 혼란한 시대적 상황에서 살아가는 현대인들에게는 인생의 지침서가 될 수 있기 때문이다. 특히 21세기 이후의 현대인들은 지난 세기의 인생주기보다는 거의 30년 정도가 늘어난 기간을 어떻게 살 것인가에 대한 삶의 목적 설정이 무엇보다 중요한 인생과제가 된다는 점에서도 그러하다.

그러나 이러한 인생과제는 현대인 누구에게나 경험이 없다는 점에서는 과학적으로 검증한 후에 생활에 옮기는 방법은 선택이 될 수가 없는 한계가 있다. 따라서 고대에서부터 현대까지의 역사 속에서 살아간 현인들의 사유방식이나 삶의 태도를 탐색하는 학습을 통하여 자신의 삶으로 실천하는 통찰이 요구된다. 하지만 상당수의 현대인들은 자신의 고착화된 생활양식 속에서 진지한 사유과정 없이 일상을 살아가는 데 익숙하다. 다시 말하면 범인들이 합리적인 사유방식을 얻기 위해서는 무엇보다 훌륭한 삶에 대한 태도와 사유체계를 학습하는 것이 관건이 되지만 물질문명에 익숙한 현대인들은 여전히 물질문명에서 비롯되는 욕망(desire)과 정치적 혼란(chaos) 속에서 벗어나지 못하고 살아가는 것에 익숙한 것이다.

21세기는 20세기의 양 차에 걸친 세계대전과는 달리 국제정치적인 평화상태는 어느 정도 유지하고 있지만 여전히 혼란하고 위험한 사회에 살고 있다는 점에서도 개인들의 세계관이나 철학적 가치관 정립은 중요하다. 특히 21세기가 시작된 2001년 9월 11일에 중동의 이슬람 원리주의 테러조직 알카에다가 미국 민항 여객기 4기를 납치(hijacking)하여 뉴욕시 맨해튼(Manhattan)의 쌍둥이 빌딩 세계무역센터와 워싱턴 D.C.의 근교인 버지니아주 알링턴 카운티에 있는 미국국방부 청사 건물(Pentagon)을 자폭 공격한 9·11 테러 사건이 일어났다는 점에서도 그러하다.

아울러 소비에트 사회주의 공화국 연방(Union of Soviet Socialist Republic, USSR)이 주도했던 사회주의 체제가 20세기 말에 붕괴되어 소위 이데올로기의 종언을 가져왔지만, 블라디미르 푸틴(Vladimir Putin)이 러시아 대통령으로 집권한 이후에는 주변 국가들을 침공[1)]하면서 유럽의 서방국가들과 대립된 새로운 국제질서를 구축하려는 시도가 이어지고 있다는 점도 그러하다.

그뿐만 아니라 같은 사회주의 국가인 중국(중화인민공화국) 역시도 패권주의(覇權主義, hegemonism)를 가시화하고 있다는 점도 이 시대의 위험과 불안을 상징하고 있다. 그 외에도 2020년 1월 31일에는 독일, 프랑스와 함께 유럽연합 최대 최강 국가들 중의 하나인 영국이 그룹에서 탈퇴한 이른바 브렉시트(Brexit) 사태가 유럽연합(EU)을 넘어서서 전 세계적인 이슈로 발전할 수 있다는 점도 경제 산업적인 위험요인이 되고 있다.

이러한 정치적 위험상황 외에도 21세기의 인류는 트랜스휴먼(Transhuman)에 이어서 포스트휴먼(Posthuman)[2)] 시대의 인공지능이 선도하는 새로운 산

1) 대표적으로 러시아-우크라이나 전쟁을 들 수 있는데, 2014년 2월 20일에 러시아가 우크라이나 정권 교체 과정에서 러시아인을 보호한다는 명분으로 우크라이나 남부의 크림 반도를 점령하면서 시작되어 2021년 10월에는 러시아가 우크라이나 국경에 대규모 병력을 집중시키면서 양국 간의 갈등과 위기가 고조되었고 2022년 2월 24일에 러시아는 우크라이나를 또다시 침공하게 된다.

2) Posthuman은 인간을 뛰어넘는 능력을 가진 신인류를 뜻하는 학문상의 용어이며, 트랜스휴먼(Transhuman)은 인간과 포스트휴먼(posthuman) 사이의 존재로 개조에 의해 인간보다 훨씬 뛰어난 능력을 획득한 사람을 말한다.

업혁명의 시작점에 서 있다는 점도 현대인들의 철학하기의 과제라고 볼 수 있다. 2016년 봄에 구글(Google) 딥마인드(DeepMind)가 개발한 인공지능(artificial intelligence, AI) 바둑 프로그램인 알파고(AlphaGo)의 등장은 현대사회에 커다란 충격을 안겨주었다. 인간에게 유용하고 똑똑한 도구 정도로 인식되던 인공지능이 인간지능을 훨씬 뛰어넘어 자율적 행위자로서 인간을 위협할 수도 있다는 공포심을 낳게 된 것이다.

인공지능 시대는 사람들이 예상했던 것보다 훨씬 앞당겨졌고, 인공지능의 개발 속도는 무서울 정도로 빨라지고 있다. 인공지능 시대의 거대한 변화와 혼란 앞에서 현대인들은 무엇을 알아야 하고, 어떻게 준비하고 대비해야 하는가에 대한 올바른 이해와 통찰은 현대인들의 올바른 사유에 영향을 미치는 요인들임은 부정할 수 없는 사실이다.

근대의 데카르트(René Descartes, 1596~1650)가 『방법서설』에서 "나는 생각한다, 고로 존재한다(Cogito ergo sum)."라고 선언한 이후 철학은 '생각하는 방법'이라는 것이 현대 철학에까지 이어졌다. 즉 데카르트에 의하면 정신은 생각하는 존재이고 물질은 물체를 뜻하지만 인공지능시대가 갑자기 열리면서 인간지능은 과거와는 다른 생각을 해야 하는 시대에 도달했기 때문이다. 다시 말해서 기계가 인간이 가질 수 있는 같은 방법으로 마음, 심적 상태, 의식을 가질 수 있을까? 등의 인공지능 철학(philosophy of artificial intelligence)이 대두하고 있는 것도 같은 맥락에서 '철학하기'의 과제라고 할 수 있는 것이다.

어떻게 보면 삶의 태도나 사유방식을 학습한다는 것은 도덕적 행위나 윤리적 행동에만 한정된 부분으로만 인식될 우려가 있고, 타인과 경쟁이 치열한 상황에 있는 현대인들의 입장에서 본다면 가치 있는 것이 아닌 것으로 받아들일 개연성도 있다. 그러나 고대에서부터 현대에 이르기까지의 모든 인간은 수많은 위험과 불안, 그리고 타인과의 경쟁관계 속에서 삶을 유지해야 했던 인생과제가 있었음은 사실이다. 이러한 관점에서 인문학의 학습은 바로 현대인들이 가지고 있는 인생과제를 해결해 줄 수 있는 도구가 될 수 있다는 점도 분명하다.

하지만 모든 일에 성급한 현대인들은 학습에서도 복잡하거나 시간을 소요하는 방식을 선택하는 데는 주저한다. 따라서 체계적인 학습서를 바탕으로 독서를 해야 한다는 점에는 동의하지만, 상당수 독자들은 재미가 있으면서도 짧은 분량으로 학습하기를 원하는 경향이 있다는 점이 문제가 된다. 그러나 쉽게 읽어서 체득될 수 있는 수준이라면 자기개발서 종류에 한정이 되며, 철학사를 비롯한 인문학의 경우에는 재미 위주의 학습으로는 통찰이나 자기성찰에 이르기에는 한계가 있음을 인지할 필요가 있다.

이러한 문제점은 출판시장에도 그대로 적용이 되는데, 저자 역시 이 책을 처음 설계할 때는 이러한 경향에 맞추어 한 권 정도의 분량으로 쉽게 독자들에게 다가설 수 있는 저술방식을 택하고자 시도하였음을 밝힌다. 그러나 한 권 정도의 짧은 용량으로 올바른 철학의 지식체계를 갖추도록 하겠다는 저자의 의도는 저술과정에서 전면적으로 수정이 될 수밖에 없었다. 왜냐하면 국내에 소개되고 있는 다양한 서양철학 서적들을 검토하면서 크게 두 가지의 한계가 있음을 발견하게 되었기 때문이다. 그중의 하나는 순수철학의 입장에서 철학자들의 사상사 중심으로 썼지만, 너무 어렵고 전개방식이 난삽하여 중간에 다 읽지 못하고 포기할 개연성이 많았다. 다른 하나는 알기 쉽게 쓴다고 간추린 방식으로 쓴 것이지만 철학의 이름을 빌었을 뿐이지 너무 깊이가 없는 생애사 위주로 정리한 수준에 불과하다는 점이 그것이다.

하지만 이러한 한계와 문제점은 순전히 저자들의 지식적 한계에서 오는 책임만은 아니다. 철학의 접근방법이 사회과학이나 자연과학에서처럼 경험적이고 인과관계가 명한 분석적인 방법을 주로 사용하는 것이 아니라 일관된 접근방법이 적용되지 않는다는 근본적 한계를 가지고 있기 때문인 것이다. 따라서 이 책은 서양철학사를 철학자들의 생애사와 사상사를 균형적으로 다루는 방향으로 재설정되었고, 그에 따라 책의 권수나 분량도 총 7권의 시리즈로 늘어나게 되었다.

이처럼 저자가 철학사를 생애사와 사상사를 동시에 다루는 저술방법은 마치 음악에서 대중음악인 팝(Pop)과 관현악단의 반주를 중심으로 이루어지는 오페라(Opera) 방식을 조화롭게 취하는 팝페라(Popera) 방식에 비유될 수 있다. 음악에서 정통 클래식음악과 대중음악이 분명 다른 영역을 차지하고 있기는 하지만 어느 한편에서만 존재성을 주장하기는 어렵듯이 철학 역시도 사상사 중심의 정통성과 생애사 중심의 대중성이냐를 두고 논쟁하는 것은 '올바른 철학하기'에는 어긋나기 때문이다. 이러한 이유로 저자는 서양철학사를 전체적으로 일곱 권(고대 · 중세 철학사, 근세 철학사 Ⅰ, 근세 철학사 Ⅱ, 근대 철학사, 현대 철학사 Ⅰ, 현대 철학사 Ⅱ, 현대 철학사 Ⅲ)으로 설계하여 저술하게 되었다.

그중에서 제1권(고대 · 중세 철학사)은 총 여섯 권의 분량 중에서 고대에서 중세까지의 철학사상사를 다루었다. 목차의 구성 체계를 보면 고대와 중세의 시작 부분에서는 전체적인 사상 흐름을 다룬 프롤로그 부문을 배치한 다음에 본론으로 진입하는 방식으로 저술하였다. 그리고 맨 마지막 장에서는 요약정리부문을 두어 이해를 용이하게 하였다. 아울러 철학연구의 근본적 한계와 철학학습의 난해성에서 벗어나기 위해서 철학이 추구하는 공통적 맥락을 찾고자 고심하였다. 그 결과 '사랑하기'와 '고백하기'라는 두 가지의 주제어로서 철학하기의 목적을 설정하게 되었다. 책의 이름을 『플라톤처럼 사랑하고 어거스틴처럼 고백하기』로 정한 것도 하나의 접근방법이 없는 철학의 근본적인 특성을 극복하고 누구나 쉽게 철학 속으로 들어갈 수 있는 통로를 제시한 것이다.

제2권(근세 철학사 Ⅰ)에서는 근세 전기의 르네상스 사상을 인문주의, 예술사상, 과학사상이라는 삼각구도 속에서 다루게 된다. 왜냐하면 근세 전기의 철학은 14세기의 인문주의에서부터 시작되어 예술사상과 과학사상 영역으로 확산이 된 특징이 있기 때문이다. 제2권에서도 제1권에서와 마찬가지로 철학자들의 사상사와 생애사를 균형적으로 다루면서도 하나의 공통된 접근방법을 유지하기 위해 '통찰하기'와 '상상하기'라는 두 가지의 키워드를 중심으로 전개를 하게 된다. 따라서 책 이름도 『마키아벨리처럼 통찰하고 뉴턴처럼 상상하기』로 정하였다.

제3권(근세 철학사 Ⅱ)에서는 근세 후기의 종교개혁사상과 절대왕정사상에 이은 계몽절대주의를 다루게 되는데, '개혁하기'와 '깨어나기'라는 두 가지의 키워드를 중심으로 전개를 하게 된다. 왜냐하면 근세 전기가 중세의 로마 가톨릭적인 신 중심 사회에서 벗어나기 위한 소극적 사상이 전개되었던 것에 비하여 근세 후기는 루터와 같은 신학자들이 복음주의에 따른 개혁을 하고 그 과정에서 구축된 절대왕정사상에서도 깨어나기 위하여 로크와 같은 계몽주의자들의 활동이 적극적으로 전개되었던 시대였기 때문이다. 이에 따라 책 이름은 『루터처럼 개혁하고 로크처럼 깨어나기』로 정하였다.

제4권(근대 철학사)에서는 근세 후기와 연접되기도 하는 근대의 계몽사상을 영국의 경험론적 계몽주의와 대륙의 합리론적 계몽주의로 나누어 전개한 후, 이 두 가지의 사상적 흐름을 비판적으로 수용한 독일관념론과 함께 현대와 연접되는 공리주의까지를 다루었다. 마찬가지로 철학연구의 근본적 한계와 철학학습의 난해성에서 벗어나기 위해서 철학이 추구하는 공통적 맥락을 찾고자 고심한 결과, '생각하기'와 '비판하기'라는 두 가지의 주제어로서 철학의 목적을 설정하게 되었다. 이에 따라 책 이름은 『데카르트처럼 생각하고 칸트처럼 비판하기』로 정하였다.

제5권(현대 철학사 Ⅰ)에서는 근대철학을 완성한 것으로 평가되는 19세기 중반의 헤겔의 '절대적 관념론' 이후 헤겔이 사망한 이후에 헤겔좌파로부터 비롯된 현대 철학인 독일유물론의 흐름을 포이어바흐의 인간학적 유물론과 마르크스의 변증법적이고 역사적인 유물론으로 다루는 것으로부터 시작하여 프랑스와 영국 지역 중심으로 전개된 실증주의 흐름을 먼저 분석하였다. 그리고 20세기 전환점에서 니체와 베르그송에 의해서 전개된 생의 철학(삶의 철학)을 다룬 후에 제1차 세계대전을 전후하여 20세기 초반 이후부터 나타난 후설과 셸러 등의 현상학과 제2차 세계대전 전후까지 확산된 하이데거나 사르트르, 카뮈 등의 실존주의 사상을 다루었다. 이러한 저술과정에서도 철학자들의 사상사와 생애사를 균형적으로 다루면서도 하나의 공통된 접근방법을 유지하기 위해 '긍정하기'와 '반항하기'라는 두 가지의 주제어를 설정하여 독자들의 철학하기를 안내하고자 시도하였다. 책의 이름을 『니체처럼 긍정하고 카뮈처럼 반항하기』로 정한 것도 독자들이 쉽게 '철학하기'에 다가설 수 있도록 안내하기 위한 하나의 방편이라고 할 수 있다.

제6권(현대 철학사 Ⅱ)은 미국에서 영국의 경험론적 공리주의에 기초하여 찰스 퍼스에 의해서 창시가 되어 윌리엄 제임스와 존 듀이를 거치며 20세기 전반에 철학사적 위치를 잡게 된 실용주의(實用主義, Pragmatism)를 비롯하여 비슷한 시기에 영국에서 무어와 러셀이 헤겔의 영향을 받은 브래들리의 신관념론을 비판하면서 창시하고 비트겐슈타인에 의해 논리실증적으로 완성된 분석철학(分析哲學, Analytic Philosophy)을 다루었다. 두 사상은 유럽대륙 중심의 실존주의가 철학계에서 그 세력이 약화되면서 20세기 중반 이후의 세계관을 주도하는 흐름을 보인다. 아울러 그 과정에서 분석철학이 한때는 실용주의를 통합하는 시기를 겪기도 하지만 리처드 로티 등에 의해 실용주의는 신실용주의로 나아가게 되는 또 다른 맥락이 나타난다. 이러한 저술과정에서도 주요 분석철학자와 실용주의 철학자들의 생애사와 사상사를 균형적으로 다루는 방식을 유지하였다. 그리고 현대인들의 인문학적 학습의 키워드로서 '행복하기'와 '침묵하기'를 배치하여 『러셀처럼 행복하고 비트겐슈타인처럼 침묵하기』로 책 이름을 정하였다.

제7권(현대 철학사 Ⅲ)에서는 제6권에서 다루어진 영미철학사와 유사한 시대적 배경이지만 프랑스와 독일을 비롯한 유럽 대륙에서 제2차 세계대전 종전 이후에 실존주의와 현상학을 비판하면서 프랑스의 레비-스트로스와 라캉 등이 주도한 구조주의(Structuralism)와 푸코와 들뢰즈 등에 의해 포스트구조주의(後期構造主義, Post-structuralism)로 이행되는 철학사를 다루었다.

이 시기는 제2차 세계대전 이후 유럽 중심의 세계 질서가 미국과 소비에트 사회주의 공화국 연방(Union of Soviet Socialist Republic, USSR)으로 옮겨가는 냉전질서의 시작이 되면서 미국을 중심으로 하는 자본주의 체제가 유럽사회에도 확산되었지만 공해문제, 인간소외 문제들이 드러나는 자본주의의 실패국면을 노출했던 음영이 있다. 뿐만 아니라 소비에트 사회주의 공화국 연방(Union of Soviet Socialist Republic, USSR)을 중심으로 한 사회주의체제도 1991년에 연방이 해체되면서 붕괴되는 21세기와 최 근접한 시기이다.

이러한 시대적 상황은 사상적으로 이성중심주의에 기초한 구조주의 사조에 대한 근본적인 회의를 불러오게 하였다. 즉 푸코, 들뢰즈, 데리다 등에 의해 대두되기 시작한 포스트구조주의(Post-structuralism)는 구조주의가 폐쇄체계를 구축하는 경향이 있음을 비판하면서 21세기에 최 근접한 사상으로서의 위치를 차지하게 된 것이다.

이러한 제7권의 저술과정에서 저자는 철학자들의 사상사와 생애사를 균형적으로 다루면서도 하나의 공통된 접근방법을 유지하기 위해 '욕망하기'과 '리좀하기'이라는 두 가지의 본체(本體)적인 주제어를 설정하여 독자들의 철학하기를 안내하고자 시도하였다. '욕망'은 이 시대뿐만 아니라 인류가 존재하는 한 언제나 있으며 없어지지 않는 실체(實體)이며 본체라는 것은 분명하며, '리좀' 역시 21세기의 호모헌드레드들은 한 직장(직업)에서 은퇴하고도 또다시 낯선 환경에서의 새로운 일과 직장을 찾아서 이동하고 정착해야 하는 '리좀형(유목형)'의 삶을 살아가야 한다는 점에서 실재(實際)이기 때문이다. 즉 20세기 산업사회의 현대인들이 같은 직장에서 평생 동안 정착하여 은퇴 시기까지 이어지는 '직선형(수목형)'의 삶을 살았던 방식은 21세기의 지능정보화사회에서는 더 이상 유효하지 않게 된 것이다.

이 책의 이름을 『라캉처럼 욕망하고 들뢰즈처럼 리좀하기』로 정한 것도 21세기를 살아가는 현대인들에게 요구되는 '철학하기'가 더 이상 산업화사회에서 정해진 '소유'와 '증식'이라는 '수목형(Tree)'의 '욕망'에 한정될 것이 아니라는 점을 강조하는 의미가 있다. 즉 21세기의 지능정보화사회에서는 지피식물이 지속적으로 자신의 덩굴줄기를 새로운 대지에 뿌리 내려서 정착해나가는 것처럼 '리좀형(Rhizome)'의 창조적으로 살아야 함을 강조하면서 총 7권의 서양철학사 시리즈를 종결하고자 하는 의미가 있다.

참고문헌

강응섭, 자크 라캉의 세미나 읽기: 파리 생탄병원에서 행한 세미나들(1953.1.13~1963.7.3), 세창미디어, 2015.

고수현, 니체처럼 긍정하고 카뮈처럼 반항하기(현대 철학사 I), 양서원, 2021.

고수현, 데카르트처럼 생각하고 칸트처럼 비판하기(근대 철학사), 양서원, 2018.

고수현, 러셀처럼 행복하고 비트겐슈타인처럼 침묵하기(현대 철학사 II), 동문사, 2021.

고수현, 루터처럼 개혁하고 로크처럼 깨어나기(근세 철학사 II), 양서원, 2017.

고수현, 마키아벨리처럼 통찰하고 뉴턴처럼 상상하기(근세 철학사 I), 양서원, 2016.

고수현, 사회복지윤리와 철학, 양서원, 2022.

고수현, 사회복지윤리와 철학, 양지, 2002.

고수현, 생명윤리학, 양서원, 2019.

고수현, 플라톤처럼 사랑하고 어거스틴처럼 고백하기(고대·중세 철학사), 양서원, 2019.

권택영 외 편역, 자크 라캉 욕망이론, 문예출판사, 1994.

김동일, 피에르 부르디외, 커뮤니케이션북스, 2016.

김보현, 데리다 입문: 서구 사상체계를 뒤흔든 사유의 이해, 문예출판사, 2011.

김보현, 데리다의 마르크스의 유령들 읽기, 세창미디어, 2019.

김용수, 자크 라캉, 살림, 2008.

김현권, 소쉬르와 역사언어학 전통(1)-통시론의 분석, 언어학 22호, 한국언어학회, 191~215, 1998.

김현권, 소쉬르의 〈인구어 원시 모음체계 논고〉와 〈일반언어학 강의〉의 인식론적 비교, 소쉬르 탄신 150주년 기념 국제학술대회—소쉬르의 현재성과 탈현재성, 한국기호학회 2007년 춘계 국제 학술대회 발표집, 87~102, 2007.

니콜러스 로일, 자크 데리다의 유령들, 오문석 옮김, 2007.

도승연, 후기 푸코의 윤리적 문제설정에 있어서의 자유와 비판의 의미, 사회와 철학 제13호, 107~148, 2007.

디디에 에리봉, 미셸 푸코 1926~1984, 박정자 옮김, 그린비, 2012.

루이 알튀세르, 비철학자들을 위한 철학 입문, 현실문화, 2020.

루이 알튀세르, 철학적 맑스주의, 서관모 · 백승욱 옮김, 새길, 2012.

레비 스트로스, 레비-스트로스 인류학 강의, 류재화 옮김, 문예출판사, 2018.

레비 스트로스, 레비-스트로스의 말, 류재화 옮김, 마음산책, 2016.

레비 스트로스, 슬픈 열대, 박옥줄 옮김, 한길사, 1998.

레비 스트로스, 신화학 1: 날것과 익힌 것, 임봉길 옮김, 한길사, 2005.
레비 스트로스, 신화학 2: 꿀에서 재까지, 임봉길 옮김, 한길사, 2008.
레비 스트로스, 신화학 3: 식사예절의 기원, 임봉길 옮김, 한길사, 2021.
미셸 푸코, 감시와 처벌, 오생근 옮김, 나남출판, 2011.
미셸 푸코, 광기의 역사, 이규현 옮김, 나남, 2003.
미셸 푸코, 담론의 질서, 이정우 역, 서강대학교 출판부, 2002.
미셸 푸코, 말과 사물, 민음사, 이규현 옮김, 2012.
미셸 푸코, 성의 역사 1: 앎의 의지, 이규현 옮김, 나남출판, 1994.
미셸 푸코(M. Foucault), 성의 역사 2: 쾌락의 활용(HS2), 문경자 · 신은영 역, 나남, 2004.
미셸 푸코, 주체의 해석학, 박정자 옮김, 동문선, 2007.
미셸 푸코, 지식의 고고학, 이정우 옮김, 민음사, 2001.
보드리야르, 사물의 체계, 배영달 옮김, 지식을만드는지식, 2011.
보드리야르, 소비의 사회: 그 신화와 구조, 이상률 옮김, 문예출판사, 2015.
보드리야르, 시뮬라시옹, 허태환 옮김, 민음사, 2012.
부르디외, 구별짓기: 문화와 취향의 사회학, 최종철 옮김, 새물결, 2005.
부르디외, 맞불, 현택수 옮김, 동문선, 2004.
부르디외, 맞불 2, 김교신 옮김, 동문선, 2003.
부르디외, 언어와 상징권력, 김현경 옮김, 나남, 2020.
부르디외, 자본주의의 아비투스: 알제리의 모순, 최종철 옮김, 동문선, 1995.
부르디외, 호모 아카데미쿠스, 김정곤 · 임기대 옮김, 동문선, 2005.
박병준, 불안과 철학상담, 철학논집, 제46집, 9~39, 2016.
박상현 외, 알튀세르의 철학적 유산, 공감, 2008.
박영식, 서양철학사의 이해 : 탈레스의 아르케에서 비트겐슈타인의 언어까지, 철학과 현실사, 2008.
박영욱, 데리다 & 들뢰즈: 의미와 무의미의 경계에서, 지식인마을, 2009.
박정욱, 데리다 & 들뢰즈: 의미와 무의미의 경계에서, 김영사, 2009.
박준용, 프레게의 논리주의와 수의 동일성 기준, 여훈근 외 논리와 진리, 381~403, 1996.
백승영, '실존의 미학'으로서의 삶의 윤리 : 니체와 푸코, 니체연구 23, 131~156, 2013.
브누아 페터스, 데리다, 해체의 철학자, 변광배 옮김, 그린비, 2019.
브린튼 크레인(Brinton, C), 서양사상의 역사, 최명관 · 박은구 옮김, 을유문화사, 1984.
서동욱, 들뢰즈의 철학, 민음사, 2002.
서울대학교 철학사상연구소 엮음, 데카르트에서 들뢰즈까지: 이성과 감성의 철학사, 세창출판사, 2015.
심세광, 푸코에게 "주체"란 무엇인가? 실천이론으로서 푸코의 주체이론의 변모, 문화과학 제

65호, 89~125, 2011.
안재훈, 지혜를 얻는 철학여행, 새날, 1998, 2001.
알렉스 캘리니코스, 알튀세의 마르크스주의(녹두신서 51), 녹두, 1992.
앤서니 기든스, 제3의 길, 한상진 옮김, 책과함께, 2015.
앤서니 기든스, 좌파와 우파를 넘어서, 김현옥 옮김, 한울, 2008.
앤서니 케니, 현대 철학, 이재훈 옮김, 서광사, 2013.
양석원, 미셸 푸코 이론에서의 주체와 권력: 응시의 개념을 중심으로, 「비평과 이론」, 8(1): 31~64, 2003.
윤효녕 외 지음, 주체 개념의 비판: 데리다 · 라캉 · 알튀세 · 푸코, 서울대학교 출판부, 1999.
이진경, 노마디즘 1, 휴머니스트, 2002.
이진경, 노마디즘 2, 휴머니스트, 2002.
이진우 편, 포스트모더니즘의 철학적 이해, 서광사, 1993.
이혁구, 권력의 장치로서의 사회복지: 푸코의 권력이론에 입각한 권한부여 비판, 한국사회복지학, 43: 328~357, 2000.
자크 데리다, 마르크스의 유령들, 진태원 옮김, 이제이북스, 2007.
자크 데리다, 법의 힘, 진태원 옮김, 문학과지성사, 2004.
자크 데리다, 불량배들, 이경신 옮김, 휴머니스트, 2003.
자크 데리다, 에코그라피 : 텔레비전에 관하여, 김재희 · 진태원 옮김, 민음사, 2002.
자크 데리다, 환대에 대하여, 남수인 옮김, 동문선, 2004.
자크 라캉, 세미나 11: 정신분석의 네 가지 근본 개념, 맹정현 · 이수련 옮김, 새물결, 2008.
자크 라캉, 자크 라캉 세미나 1: 프로이트의 기술론, 맹정현 옮김, 새물결, 2016.
정형철, 들뢰즈와 가타리: 포스트구조주의와 노매돌로지의 이해, 세종출판사, 2003.
질 들뢰즈, 니체와 철학, 이경신 옮김, 민음사, 2001.
질 들뢰즈, 들뢰즈가 만든 철학사: 생성과 창조의 철학사, 박정태 옮김, 이하사, 2007.
질 들뢰즈, 주름, 라이프니츠와 바로크, 이찬웅 옮김, 문학과 지성사, 2004.
질 들뢰즈, 푸코, 권영숙 · 조형근 옮김, 새길 아카데미, 2012.
질 들뢰즈 · 펠릭스 가타리, 천 개의 고원, 김재인 옮김, 새물결, 2001.
클레어 콜브룩, 들뢰즈 이해하기: 차이생성과 생명의 철학, 한정헌 옮김, 그린비, 2007.
파스칼 질로, 알튀세르와 정신분석, 정지은 옮김, 그린비, 2019.
프로이트, 꿈의 해석, 김인순 옮김, 열린책들, 2020.
프로이트, 새로운 정신분석 강의, 임홍빈·홍혜경 역, 열린책들. 2004.
프로이트, 새로운 정신분석 강의: (프로이트 전집), 임홍빈 옮김, 그린비, 2020.
프로이트, 성욕에 관한 세 편의 에세이, 박종대 올김, 열린책들, 2020.
프로이트, 정신분석 강의, 임홍빈·홍혜경 역, 열린책들, 2007.

프로이트, 정신분석학 개요, 박성수·한승완 역, 열린책들, 2010.
프로이트, 정신분석학 입문, 서석연 옮김, 범우, 2017.
프로이트, 정신분석학의 근본개념, 윤희기 · 박찬부 역, 열린책들, 2009.
프로이트, 히스테리 연구, 김미리혜 역, 열린책들, 2010.
한국브리테니커, 브리테니커 세계대백과사전 1, 한국브리테니커 회사, 1992.
한국철학사상연구회, 철학대사전, 동녘, 1989, 1997.
학원사 편집부, 세계철학대사전, 학원출판공사, 1983.
한스 요아킴 슈퇴릭히, 세계철학사(하), 임석진 옮김, 분도출판사, 2006.
현택수, "피에르 부르디외 아비튀스와 문화자본의 사회학", 김호기 엮음, 현대 비판사회이론의 흐름, 한울, 2010.
홍준기, 라캉과 현대 철학, 문학과 지성사, 1999.
홍준기, "알튀세르 맑시즘에 관한 새로운 정치윤리적 독해의 시도", 라깡과 현대정신분석 8권 2호, 독해의 시도, in 라깡과 현대정신분석학, 8권 2호, 2006.

Anthony Giddens, *The Third Way: The Renewal of Social Democracy,* Cambridge: Polity, 1998.
Anthony Giddens, *Beyond Left and Right: The Future of Radical Politics,* Polity Press, 1994.
Anthony Giddens, *The Consequences of Modernity*, Cambridge: Polity, 1990.
Althusser, Louis, *Lenin and Philosophy and Other Essays*, Monthly Review Press, 1971.
Althusser, Louis, *Writings on Psychoanalysis,* Columbia University, 1996.
Althusser, Louis, *The Humanist Controversy and Other Writings*, Verso, 2003.
Ashley Montagu, ed., *Science and Creationism*, Oxford University Press, Oxford, 1984.
Baudrillard, Jean, *The System of Objects,* London: Verso, 1968.
Baudrillard, Jean, *The Consumer Society*, Paris: Gallimard, 1970.
Baudrillard, Jean, *The Mirror of Production,* St. Louis: Telos Press, 1973.
Baudrillard, Jean, *Simulacra and Simulation*, Ann Arbor: The University of Michigan Press, 1994.
Baudrillard, Jean, *The Gulf War Did Not Take Place*, P. Patton(trans.), Sydney: Power Publications, and Bloomington: Indiana University Press, 1995.
Bourdieu, Pierre, *Algérie 60: structures économiques et structures temporelles*, Paris: Éditions de Minuit, 1977.
Bourdieu, Pierre., *La Distinction: Critique sociale du jugement*, Paris: Éditions de Minuit, 1979.

Bourdieu, Pierre, *Le Sens pratique*, Paris: Éditions de Minuit, 1980.

Bourdieu, Pierre, *Homo academicus*, Paris: Éditions de Minuit, 1984.

Bourdieu, Pierre, "The Forms of Capital", ed. J. Richardson, *Handbook of Theory and Research for the Sociology of Education.* Greenwood Press, 1986.

Bourdieu, Pierre, *Language and Symbolic Power,* trans. G. Raymond and M. Adamson, edited and introduced by John B. Thompson. Cambridge: Polity Press, 1991.

Bourdieu, Pierre, *Contre-feux: Propos pour servir à la résistance contre l'invasion néo-libérale*, Paris: Raison d'agir Éditions, 1998.

Bourdieu, Pierre, *Contre-feux 2: Pour un mouvement social européen,* Paris: Raison d'agir Éditions, 2001.

Bourdieu, Pierre, *Esquisse pour une auto-analyse*, Paris: Raisons d'agir.

Chomsky, Noam, *Syntactic Structure,* Hague: Mouton, 1957.

Deleuze, Gilles, *Présentation de Sacher-Masoch*, Les Éditions de Minuit, 1967.

Deleuze, Gilles, *Foucault, Trans, Seán Hand, Minneapolis*, University of Minnesota Press, 1986.

Deleuze, Gilles, *Francis Bacon: The Logic of Sensation, Trans*, Daniel W. Smith, Minneapolis: University of Minnesota Press, 1997.

Deleuze, Gilles and Guattari, Félix, *A Thousand Plateaus, Trans*, Brian Massumi, Minneapolis: University of Minnesota Press, 1987.

Deleuze, Gilles, *Proust et les signes*, Paris: P.U.F., 1964, 프루스트와 기호들, 서동욱 · 이충민 역, 민음사, 2004.

Deleuze, Gilles, *Différence et répétition*, Paris: P. U. F., 1968, 차이와 반복, 김상환 역, 민음사, 2004.

Deleuze, Gilles, *Francis Bacon, Logique de la sensation*, Paris: Ed. de la Difference, 1984, 감각의 논리, 하태환 역, 민음사, 2008.

Deleuze, Gilles and Guattari, Felix, *Was ist Philosophie? Aus dem Franzosischen v. Bernd Schwibs und Joseph Vogl*, Frankfurt a. M.: Suhrkamp, 2000.

Derrida, Jacques, *De la grammatologie*, Minuit, 1967a.

Derrida, Jacques, *Force et signification*, in J. Derrida, L'Ecriture et la différence, Seuil, 1967b.

Derrida, Jacques, *Politics of Friendship*, translated by G. Collins, London/New York : Verso, 1997.

Derrida, Jacques, *Of Grammatology*, transl, by Gayatri Chakravorty Spivak, Baltimore/London: The Johns Hopkins University Press, 1976.

Derrida, Jacques, *Grammatologie*, ubersetzt v. Jorg Rheinberger u. Hanns Zischler, Frankfurt a.M.: Suhrkamp, 1983.

Derrida, Jacques, *Memoirs of the Blind,* The Self-Portrait and Other Runins, trans l, by P.-A. Brault/M, Naas, Chicago/London: The University of Chicago Press, 1993.

Foucault, Michel, *Madness and Civilization,* Trans, Richard Howard, NY: Pantheon, 1965.

Foucault, Michel, *Discipline and Punish: The Birth of the Prison*, Trans, Alan Sheridan, NY: Random House, 1977.

Foucault, Michel, *Les mots et les choses,* Paris, Gallimard, 1966.

Foucault, Michel, *La volonté de savoir*, Paris, Gallimard, 1976.

Foucault, Michel, *Deux essais sur le sujet et le pouvoir*, in Michel Foucault, Un parcours philosophique, Dreyfus H, et P, Rabinow P., Paris, Gallimard, 1984.

Foucault, Michel, *The Subject and Power,* in Hubert L., Dreyfus and Paul Rabinow, Michel Foucault: Beyond Structuralism and Hermeneutics, London: Harvester Wheatsheaf, 1982.

Foucault, Michel, *Truth and Power,* Foucault Reader, Paul Rabinow(ed.), New York: Pantheon Books, 1984a.

Foucault, Michel, *What is Enlightenment?*, Foucault Reader, Paul Rabinow (ed.), New York: Pantheon Books, 1984b.

Foucault, Michel, *Madness and Civilization: A History of Insanity in the Age of Reason*(MC), New York: Vintage Books, 1965.

Foucault, Michel, *The Archaeology of Knowledge*(AK), New York: Pantheon Books, 1972.

Foucault, Michel, *Discipline and Punish: The Birth of the Prison*(DP), New York: Vintage Books, 1977.

Foucault, Michel, *Power / Knowledge,: Selected Interviews and Other Writings 1972~1977* (PK), New York: The Harvester Press, 1980.

Foucault, Michel, *The History of Sexuality: An Introduction*(HS1), New York: Vintage Books, 1990.

Foucault, Michel, *The Ethic of Care for the Self as a Practice of Freedom*(ECS), 1~20 in The Final Foucault. The MIT Press, 1994.

Foucault, Michel, *The Subject and Power*(SP), pp. 326~348 in Power: Essential Works of Foucault 1954~1984(Vol. 3), New York: The New Press, 2000.

Freud, Sigmund, *Die Traumdeutung, 2*, Aufl. Frankfurt am Main, 2010d.

Freud, Sigmund, Das Ich und das Es, *Metapsychologische Schriften, 2*, Aufl. Frankfurt am Main, 2010e.

Lacan, Jacques, *Ecrits*, Paris : Seuil. Alan Sheridan(1977 ed. and trans.). New York: W. W. Norton & Company, 1966.

Lacan, Jacques, *Notes italiennes in Autres Écrits*, Paris: 2001.

Lacan, J., *Le Séminaire*, Livre XVI: D'un Autre á l'autre. Éditions du Seuil, 2005.

Levi-Strauss, *Claude, Structural Anthropology*, Claire Jacobson & Brooke Grundfest Schoepf (tr.), Harmondsworth: Penguin Books Ltd, 1963.

Putnam, Hilary, *The Many Faces of Realism*, Open Court, 1987.

Putnam, Hilary, *Realism with a Human Face*, Harvard University Press, 1990.

Putnam, Hilary, *Ethics without Ontology*, Harvard University Press, 2004.

Riley, Dylan. "Bourdieu's Class Theory: The Academic as Revolutionary", *Catalyst Journal*, vol. 1, no. 2, 2017.

Rorty, Richard, *Introduction, Metaphilosophical Difficulties of Linguistic Philosophy in: Ders.(*Hg.), *The Linguistic Turn*, Chicago/London, 1992(Original: 1967).

Saussure, Ferdinand de, T*roisième cours de linguistique générale (1910-1911): d'après les cahiers d'Émile Constantin*, French text edited by Eisuke Komatsu, English translation by Roy Harris, Oxford: Pergamon. First published 1910-1911, 1993.

Saussure, Ferdinand de, *Cours de linguistique générale*, Paris: Payot & Rivages. First published 1916, 1995.

Saussure, Ferdinand, *Cours de linguistique générale,* Charles Bally and Albert, 1972.

Saussure, Ferdinand de. 1978. Course in General Linguistics, translated by Wade Baskin, rev. edn. London: Fontana. First published 1916.

Sechehaye(eds.), 일반언어학 강의, 최승언 번역, 민음사, 1990.

Wacquant, Loïc, *Punishing the Poor: The Neoliberal Government of Social Insecurity*, Durham: Duke University Press, 2009.

https://www.google.co.kr.

http://100.daum.net.

찾아보기

인명

용어

저자 소개

고 수 현(高洙玄)

◈ 주요약력

영남대(경제학사)에서 예비역장교훈련단(ROTC) 교육을 거쳐 제1보병사단의 제15연대 제3대대에서 소대장, 중대장, 교육장교로 근무하였다. 그리고 대구대(문학석사), 연세대(교육학석사), 경북대(문학박사)에 이르기까지 인문사회과학을 융복합적으로 연구하였으며, 1999년부터는 성덕대, 한국사이버대(현, 숭실사이버대)를 거쳐 금강대학교 교수 및 대학원장직을 수행하고 있다.

◈ 학술연구

〈인문과학〉『사회복지윤리와 철학』, 『생명윤리학』과 서양철학사 시리즈(전 7권)인 『플라톤처럼 사랑하고 어거스틴처럼 고백하기(고대 & 중세 철학사)』, 『마키아벨리처럼 통찰하고 뉴턴처럼 상상하기(근세 철학사 Ⅰ)』, 『루터처럼 개혁하고 로크처럼 깨어나기(근세 철학사 Ⅱ)』, 『데카르트처럼 생각하고 칸트처럼 비판하기(근대 철학사)』, 『니체처럼 긍정하고 카뮈처럼 반항하기(현대 철학사 Ⅰ)』, 『러셀처럼 행복하고 비트겐슈타인처럼 침묵하기(현대 철학사 Ⅱ)』, 『라캉처럼 욕망하고 들뢰즈처럼 리좀하기(현대 철학사 Ⅲ)』 등의 저서가 있다.

〈사회과학〉『사회복지조사론』, 『지역사회복지론』, 『100세 시대 노인복지론』, 『사회복지법제와 실천』, 『사회복지정책 이행과정』, 『청소년유해환경론』, 『사회복지상담론(사회복지상담 이론과 실제)』, 『정신건강상담론(정신건강론)』, 『가족상담 및 가족치료』 등의 저서가 있다.

◈ 사회참여

〈정부〉 국무조정실 정부업무평가위원, 교육부 대학평가인증위원, 보건복지부 보건복지통계위원, 보건복지부 사회보장실무위원, 보건복지부 자체평가위원(사회복지정책위원장)을 비롯하여 충청남도 복지환경정책자문위원장, 충청남도 자체평가위원(복지환경정책위원장), 충청남도 저출산대책위원 등을 역임하였다.

〈민간〉 사회복지공동모금회 충청남도 부회장, 대한노인회 충청남도연합회 이사 및 노인지도자대학장, 충청남도 사회서비스지원단 운영위원장 등을 역임하였다.

〈학회〉 한국사회복지학회 학술이사(복지개혁위원), 한국노인복지학회 학술이사, 한국가족복지학회 학술이사(편집위원장), 한국복지행정학회장 등을 거쳐 한국복지상담교육학회장, 한국행복상담아카데미 학장으로 활동하고 있다.

라캉처럼 욕망하고 들뢰즈처럼 리좀하기
현대 철학사(Ⅲ)

초판 1쇄 인쇄 / 2022년 12월 17일
초판 1쇄 발행 / 2022년 12월 24일

저 자 / 고 수 현
발행인 / 이 중 수
발행처 / **동 문 사**

서울특별시 서대문구 홍제원 1길 12
(홍제동 137-8)
Tel: 02)736-3718(대), 736-3710, 3720
Fax: 02)736-3719
등록번호: 1974.04.27. 제9-17호
가격: 16,000원

ISBN: 979-11-6328-472-7 (03370)
E-mail: dong736@naver.com
www.dongmunsa.com